高职高专工科类"十三五"规划教材

现代与国际企业管理

Modern and international enterprise management

◎ 主　编　宋　科　张雪燕
◎ 副主编　宋　睿　孙宏伟　张迪茜　刘　熹
◎ 主　审　桂明军

华中科技大学出版社
http://www.hustp.com
中国·武汉

内 容 简 介

本书是普通高等院校教学用书,是为适应高职高专工科类各专业企业管理课程改革的需要而编写的。本书吸收了国内外企业管理的先进经验,全面、系统地阐述了现代企业管理领域的新进展。本书共八章,内容包括:现代企业管理概述、现代企业管理法律环境、现代企业战略管理、现代企业人力资源管理、现代企业市场营销管理、现代企业新产品开发、现代企业质量管理、国际化企业管理。本书特点是:案例丰富,理论实践统一,结构严谨,难度适中,坚持"新颖性"和"适用性"原则,内容精简,突出基本概念。

本书可以作为高职高专经济管理类和工科专业的教材,也可以作为各类企业管理人员培训教材或从事企业管理工作的相关人员的参考用书。

图书在版编目(CIP)数据

现代与国际企业管理/宋科,张雪燕主编.—武汉:华中科技大学出版社,2018.7(2023.7重印)
ISBN 978-7-5680-4372-4

Ⅰ.①现… Ⅱ.①宋… ②张… Ⅲ.①跨国公司-企业管理 Ⅳ.①F276.7

中国版本图书馆 CIP 数据核字(2018)第 171998 号

现代与国际企业管理　　　　　　　　　　　　　　　　　宋　科　张雪燕　主编
Xiandai yu Guoji Qiye Guanli

策划编辑:郑小羽
责任编辑:舒　慧
封面设计:孢　子
责任监印:朱　玢
出版发行:华中科技大学出版社(中国·武汉)　　电话:(027)81321913
　　　　　武汉市东湖新技术开发区华工科技园　　邮编:430223
录　　排:华中科技大学惠友文印中心
印　　刷:武汉邮科印务有限公司
开　　本:787mm×1092mm　1/16
印　　张:14.25
字　　数:360千字
版　　次:2023年7月第1版第3次印刷
定　　价:38.80元

本书若有印装质量问题,请向出版社营销中心调换
全国免费服务热线:400-6679-118　竭诚为您服务
版权所有　侵权必究

前言
PREFACE

随着经济一体化和全球化的发展,管理工作已越来越受到世人的重视,企业之间的竞争更加激烈。在21世纪的市场经济中,企业的生存和发展在一定程度上取决于能否及时、准确地了解和把握市场信息,以优于竞争者的策略应对市场。企业的外部环境和内部条件都在发生着重大变化,企业面临着新的挑战。加强企业管理、提高管理水平已成为企业的迫切需要,而培养和造就优秀的管理人才是实现这一任务的关键。

管理在生产力发展中起着重要作用,是提高经济效益和社会效益的决定因素。对于企业来说,管理是永恒的主题,切实强调管理科学和管理教育,也是兴邦之法、兴企之道。职业教育培养的是社会主义市场经济建设所需要的劳动者,而任何一名劳动者都离不开"管理"。可见,对职业院校学生进行全员性的管理教育有一定的必然性,这既反映了我国社会主义市场经济的发展及其对职业教育的新要求,又反映了毕业生就业主要以企业为主,特别是私营企业、外资企业显著增长。

本书坚持"以就业为导向,以能力为根本"的指导思想,充分体现职业教育的特性,力求突出实用性、创新性、趣味性等特点,以企业管理学为理论基础,以大量案例和相关知识为补充,对企业管理理论进行了全面、系统的论述,加强了实战性,增强了可操作性。

本书由四川航天职业技术学院宋科及成都航空职业技术学院张雪燕担任主编,由四川航天职业技术学院宋睿、孙宏伟、张迪茜、刘熹、杜俊鹏担任副主编,由四川航天职业技术学院桂明军担任主审。其中第一、二章由宋科编写,第三章由张雪燕编写,第四章由宋睿编写,第五章由孙宏伟编写,第六章由张迪茜编写,第七章由刘熹编写,第八章由杜俊鹏编写。全书由宋科、张雪燕统稿、修改、定稿。

本书在编写过程中参阅了大量国内外文献资料,参考和引用了许多国内外有关的教材、专著、案例材料,吸收了国内外最新的管理理论与研究成果,在此谨向其作者表示深切的敬意和谢意。

尽管做了很大努力,但由于编者水平有限,书中难免会有不足之处,敬请读者批评指正,以便修订时改进。如有其他意见或建议,恳请不吝赐教。

编 者
2018 年 3 月

目录
CONTENTS

第一章 现代企业管理概述 1
 第一节 企业管理基础知识 3
 第二节 管理与工业企业管理 12
 第三节 现代企业管理 17
 第四节 现代企业管理思想的新发展 26

第二章 现代企业管理法律环境 31
 第一节 现代企业法律概述 32
 第二节 现代企业法律制度 40
 第三节 现代企业合同法律制度 46
 第四节 现代企业工业产权法律制度 54
 第五节 现代企业劳动法律制度 60
 第六节 现代企业税收法律制度 66

第三章 现代企业战略管理 71
 第一节 现代企业战略管理基本理论 74
 第二节 现代企业战略管理过程 77
 第三节 现代企业战略环境分析方法 79
 第四节 现代企业经营战略策略 82
 第五节 现代企业文化 84

第四章 现代企业人力资源管理 91
 第一节 企业人力资源概述 93
 第二节 企业人力资源规划 100
 第三节 招聘 103
 第四节 培训与开发 109
 第五节 绩效评估与管理 114

第五章 现代企业市场营销管理 123
 第一节 营销管理的基本理论 125
 第二节 市场调查 129
 第三节 市场细分与市场选择 135
 第四节 营销管理策略 137

第六章　现代企业新产品开发 ·········· 143
第一节　企业新产品开发管理 ·········· 146
第二节　企业新产品开发流程 ·········· 151

第七章　现代企业质量管理 ·········· 155
第一节　企业质量管理概论 ·········· 157
第二节　全面质量管理 ·········· 159
第三节　质量管理的常用工具 ·········· 165
第四节　企业质量管理发展的新趋势 ·········· 169

第八章　国际化企业管理 ·········· 177
第一节　国际化企业管理理论 ·········· 180
第二节　三来一补企业 ·········· 201
第三节　三资企业概述 ·········· 207

参考文献 ·········· 218

第一章
现代企业管理概述

XIANDAI YU GUOJI
QIYE GUANLI

案例　营收过千亿的亚马逊为什么还能像创业公司一样拼命

很多公司在成长到一个临界点后,都会患上"大公司病",烦琐的流程、缓慢的决定,使得公司失去了当年作为创业公司的激情。亚马逊 CEO 杰夫·贝索斯(Jeff Bezos)对此有一套自己的解决方法。

一个月前,随着亚马逊的股票价格超过 1069.48 美元/股,亚马逊 CEO 杰夫·贝索斯所持股票价格短暂超过比尔·盖茨,虽然在半天后股票回落,杰夫·贝索斯的个人财富滑落到世界第三,但他还是成为最近十年来为数不多的财富超过比尔·盖茨的人。那么,这个被视为"乔布斯第二"的人,是如何管理亚马逊,并让亚马逊始终像创业公司一样高效运行的呢?

把每一天都当作创业"第一天"

从最开始起,杰夫·贝索斯就一直在提醒他的团队:在亚马逊,每一天都是第一天。他每年都会强调公司对这个概念的重视,同时每年都会向员工发布 1997 年写给股东的信。在这封信当中,除了会解释"第一天"这个概念外,也会描述他对亚马逊的愿景。

以下是杰夫·贝索斯对"亚马逊"的愿景:

"这是互联网的'第一天',如果我们执行良好,这也将是 Amazon.com 的'第一天'。如今,电商已经可以帮助用户节省金钱和宝贵的时间;而在未来,电商将通过个性化推荐,让用户可以更快地发现商品,节省购买时间。

"亚马逊正在利用互联网为用户创造真正的价值,同时我希望这项业务能长期进行下去,哪怕会在一个成熟的市场里面临许多挑战……

"目前虽然我们的业绩比较乐观,但我们必须保持警惕,保持紧迫感!正是这种紧迫感,让亚马逊在 20 多年后仍然像进取心旺盛的初创公司那样行事,尽管亚马逊每年都可以赚到 1000 多亿美元。"

通常情况下,当企业获得一定程度的成功时,就会变得松懈,他们的营收数字已经达到一个里程碑,员工人数也达到临界点,然后他们就会试图采取"成熟公司"的行事方式。而这样做的代价则是:抛弃了那些一开始让他们获得成功的特质。

其实,成为一家大公司并不意味着你必须放弃初创公司的进取精神,也不意味着你必须放弃在创业早期阶段的紧迫感。亚马逊已经证明,这是可以做到的。

避免走向"第二天"的四个方法

有人问贝索斯:"第一天"过去后,"第二天"是什么样子的?他在 2016 年给股东的一封信中坦率地回答说:"第二天"是停滞,继而是丧失重要性,然后就是痛苦的衰落,最后必然是死亡。这就是为什么要把每一天都当作创业的"第一天"。

也许一个公司的衰退,从时间上来看并没有这么夸张,但可以肯定的是,这种衰退是会在极度缓慢的过程中发生的。一家成熟的公司可能会在"第二天"中熬几十年,但最终结果依然是走向灭亡。

那么要如何避免公司走向"第二天"呢?贝索斯给出了明确的建议。

1. 痴迷于用户

每一个产品的核心都是为用户创造价值。要持续做到这一点,你就必须坚持不懈地帮用户解决问题。你必须为他们创造更好的体验,让他们觉得没有其他产品可以取而代之。贝索斯认为,这是成为"第一天公司"最重要的一条。

他指出:"即使用户自己没有意识到他需要什么,但无可否认的是,他们都想拥有更好的东西,而你想为用户带来快乐的愿望,将会持续推动你做得更好。"

2. 不要被流程蒙蔽

流程很重要,因为它们有助于你高效地开展经营活动,它们能帮助你长期保持同样的质量水准。但是如果你不细心思考,流程就会蒙蔽你的眼睛。

贝索斯在他的信中解释了这种做法的危险性:"这种情况在大型组织中很容易发生。流程正确的重要程度超越了结果,这使得人们不再去注重结果,而是把精力放在确保流程的正确性上。卓越的用户体验开始于喜好、直觉、好奇心、玩耍、勇气和品味,这其中任何一个因素都无法在问卷调查表上找到。"

3. 拥抱外部趋势

除了公司内部发生的事情以及你对公司的愿景之外,还有一些外部力量也会改变做生意的方式。你需要看到这些趋势,拥抱它们,而不要等到迫不得已的时候才参与。

贝索斯在他的信中解释了这一条的重要性:"如果你抗拒这些趋势,你可能就是在抗拒未来,只有拥抱它们,你的道路才会顺风顺水。"

4. 快速做出决定

在你刚开始创业的时候,有很多信息你都没有掌握。所以你必须尝试依靠自己已经掌握的那些信息,做出尽可能好的决定。即便是当你拥有更多的信息资源,可以提供更高的确定性的时候,你也必须习惯于快速做出决定。

贝索斯极为强调这一条,他在信中指出:"大多数决定都应该在掌握70%左右的信息时做出。如果要等到掌握了90%的信息再行动的话,基本上就已经慢了。"

无论你的公司规模有多大,创办有多久了,现在是时候回到创业的第一天了。

案例讨论
1. 营收过千亿的亚马逊为什么还能像创业公司一样拼命?
2. 根据企业财产组织形式和所负法律责任划分,亚马逊属于什么类型的企业?主要经营目的是什么?

第一节 企业管理基础知识

一、企业的起源与含义

企业是从事生产、流通、服务等经济活动,以产品或劳务满足社会需要并获取盈利,自主经营、自负盈亏、依法设立的经济实体,是社会经济的基本单位。

从企业产生的历史渊源来看,企业是个历史概念,它是生产力发展到一定水平的产物。企业是作为取代家庭经济单位和作坊而出现的一种更高生产效率的经济单位。从原始社会到封建社会,自给自足的自然经济占统治地位,社会生产和消费主要是以家庭为经济单位,或是以手工劳动为基础的作坊,它们均不是企业。随着生产力水平的提高和商品经济大发展,交通运输、信息和金融市场的迅速发展,到了资本主义社会,企业成了社会的基本经济单位。其特征是由资本所有者雇用许多工人,使用一定的生产手段,共同协作,从事生产劳动,从而极大地提高了生产效率。

从社会资源配置的方式上看,企业是商品经济发展到一定阶段的产物。企业是作为替代市场机制的一种更低交易费用的资源配置方式。"交易费用"这一概念是美国经济学家科斯在分析企业的起源和规模时,首次引入经济分析的。根据科斯的解释,交易费用也可称交易成本,是运用市场价格机制的成本。它包括两个主要内容:发现贴现价格,获得精确的市场信息的成本;在市场交易中,交易人之间谈判、讨价还价和履行合同的成本。在商品经济发展的初期,无论是原始的物物交换,还是以货币为媒介的商品交换,由于市场狭小,利用市场价格机制的费用几乎不存在,这时的商品生产一般以家庭为单位。但随着商品经济的发展、市场规模的扩大,生产者在了解有关价格信息、市场谈判、签订合同等方面利用价格机制的费用显著增大,这时,生产者采用把生产要素集合在一个经济单位的生产方式,以降低交易费用,这种经济单位即是企业。企业这种组织形式之所以可以降低市场交易的费用,是因为它用内部管理的方式将各种生产要素有效结合。因此,从交易费用的角度来看,市场和企业是两种不同的组织生产方式:一种是内部管理方式,另一种是协议买卖方式。这两种方式都存在一定的费用,即前者是组织费用,后者是交易费用。企业之所以出现,正是由于企业的组织费用低于市场的交易费用。因此,交易费用的降低是企业出现的重要原因之一。

二、企业的特征

现代企业作为商品生产者和经营者,在不同社会制度下,虽然具有不同的社会性质,但作为商品经济条件下的劳动组织形式,一般都具有以下几个共同特征。

1. 企业是经济实体,以盈利为主要目的

企业不同于事业单位、政府部门,它必须获取盈利,追求经济效益。盈利是企业创造附加价值的重要组成部分,也是社会对企业所生产的产品和服务能满足社会需要的认可和报酬。企业提供的产品和服务越能满足社会需要,所得到的利润就越多;反之,利润少的企业则对社会贡献也小。亏损的企业不仅没有为社会创造财富,相反是在消耗和浪费社会资源。没有盈利的企业不仅自身不能扩大生产,职工生活水平难以提高,而且将会导致国家和地方财政收入减少,从而使国家和地方的经济建设发展受到限制,甚至停滞或倒退。从这个角度来看,确保获得合理的利润,不仅是企业的目标,也是企业对社会承担的重大责任。

2. 企业必须自主经营、自负盈亏

企业要获取利润,就必须保证自己的产品和服务在品种、质量、成本和供应时间上能随时适应消费者和社会的需要。为此,企业除了加强内部管理外,还必须能对市场和社会环境的变动及时、主动地做出反应,也就是说要具有经营上的自主权。企业的权利和义务是对等的。企业要有经营自主权,就必须进行独立核算,承担其行使经营自主权所带来的全部后果,即必须自负盈亏。如果企业只负盈不负亏,就不可能有负责任的经营行为和正确地行使自主权。

3. 企业必须承担社会责任

对企业概念中的"满足社会需要"应有较广泛的理解,它不仅指满足顾客和客户的需要,而且应包括满足股东、职工、供货者、交易对象、银行、政府、地区,以及一切与之有关的社会团体的需要。当然,这些需要有时是相互矛盾的,企业必须妥善处理才能得以生存和发展。这就决定了企业不能只为自身谋取利益,而应该承担社会各方面利益的责任。企业的社会责任还表现为为社会提供就业机会、防止环境污染及节约资源等。

4. 企业必须依法设立、依法经营

企业分为法人企业与非法人企业,其区别在于是否能够独立承担民事责任。企业是依法设立、依法经营的经济实体。首先,企业开办必须得到政府有关部门的批准,并按规定的业务范围进行经营;其次,企业必须拥有法定的资金、资产,在银行有自己的账户,并能独立行使财产支配权;最后,企业能以自己的名义参加民事活动,企业正常的生产经营活动受法律保护。

三、企业的类型

1. 根据企业财产组织形式和所负法律责任划分

1) 个人独资企业

个人独资企业,也称单个业主制企业,或个体企业,或独资企业,是最早产生的也是最简单的一种企业。它是指由业主个人出资兴办,完全归业主个人所有,自己经营,收益归自己,风险也由自己承担的企业。如果经营失败,出现资不抵债的情况,业主要以其全部的个人财产或家庭财产对企业承担无限责任。

2) 合伙企业

合伙企业是指依法在中国境内设立的由各合伙人订立合伙协议,共同出资、合伙经营、共享收益、共担风险,并对合伙企业债务承担无限连带责任的营利性组织。合伙人可以用货币、实物、土地使用权、知识产权或者其他财产权利出资,但合伙人的出资应当是合伙人的合法财产及财产权利。

3) 公司

公司是指由两个以上的出资者(称为股东)出资兴办并组成一个法人,能够独立自主经营、自负盈亏,对共同出资经营的财产享有民事权利、承担民事责任的经济实体。公司在法律上具有独立人格,是法人,而个人独资企业和合伙企业是非法人企业,这是公司与个人独资企业及合伙企业的重要区别。公司以"资合"为特征,特别是在承担有限责任方面与后两者不同。

2. 根据企业所属行业划分

1) 工业企业

工业企业是从事工业性产品生产和劳务活动的企业,包括采掘工业企业、加工工业企业和技术服务性工业企业。工业性产品生产和劳务活动,是指运用物理、化学、生物等技术,对自然资源、农业产品和它们的中间产品进行加工,使其转化为生产资料和生活资料或维持其功能的活动。工业企业是在手工业作坊的基础上发展起来的。随着社会生产力的发展,在生产中使用机器,又产生了大机器工业企业,即现代工业企业。

2）农业企业

农业企业是从事农、林、牧、渔、采集等生产经营活动的企业，它可分为粮食生产企业、棉花生产企业、林木生产企业、橡胶生产企业、养猪生产企业、海洋捕捞生产企业、淡水养殖生产企业等。

3）运输企业

运输企业是指利用运输工具专门从事运输生产或直接为运输生产服务的企业。按运输的方式，运输企业可分为铁路运输企业、公路运输企业、水上运输企业、民用航空运输企业和联合运输企业等。运输是实现人或物的位置移动，其他企业内部的运输，是生产过程的直接组成部分。运输企业承担的运输是其他企业外部的运输，是生产过程在流通领域的继续，运输劳动消耗是所运产品价值的追加。

4）建筑安装企业

建筑安装企业是指主要从事土木建筑和设备安装工程施工的企业，它通常包括建筑公司、工程公司、建设公司等。

建筑安装企业的产品是各种工厂、矿井、港口、铁路、桥梁、管线、道路、住宅，以及公用建筑等建筑物、构筑物和设施，它们可形成各种生产性和非生产性的固定资产，是国民经济各部门和人们生活的重要物质基础。建筑安装企业产品的特点是：固着一地，不便移动；复杂多样，彼此各异；形体庞大，整体难分；经久耐用，使用期长。

5）邮电企业

邮电企业是指通过邮政和电信等业务服务于社会的企业。邮电企业的经营业务主要分为邮政和电信。邮政业务主要有：邮件业务、函件业务、储蓄业务、电子汇款、邮政代理、报刊发行等。电信业务主要有：电话业务、互联网业务、电话卡业务、企业数据通信业务等。随着社会生产力的不断提高，邮电企业也正向着现代化方向迈进。

6）商业企业

商业企业是指社会再生产过程中专门从事商品交换活动的企业。商业企业通过商品买卖活动，把商品从生产领域送到消费领域，实现商品的价值，满足社会生产和人们生活的需要，并获得盈利。

7）旅游企业

旅游企业是指凭借旅游资源，以服务设施为条件，通过组织旅行游览活动，向游客出售劳务的服务性企业。它的主要业务是招揽游客，组织游客按一定路线游览，从中获得效益。它具有投资少、利润高、收效快的特点。

8）金融企业

金融企业是指专门经营货币和信用业务的企业。它所经营的各种金融业务包括：吸收存款，发放贷款，发行有价证券，从事保险、投资信托业务，发行信用流通工具（银行卡、支票），办理货币支付、转账结算、国内外汇兑，经营黄金、白银、外汇交易，提供咨询服务及其他金融服务等。

9）咨询企业

咨询企业是指专为企业、政府及个人的决断、决策行为提供科学、可靠的智力服务的专业机构。在国外，咨询业已成为经济发展的支柱产业，但在我国尚属新兴产业。咨询企业的主要业务是投资咨询、管理咨询、信息咨询、决策咨询、人力资源管理及其他专业事务咨询等。

3. 根据企业使用的主要经营资源划分

1）劳动密集型企业

劳动密集型企业主要是指技术装备程度低、用人多及产品成本中活劳动消耗所占比重大的企业,它是相对于技术密集型企业而言的。

2）资金密集型企业

资金密集型企业是指产品成本中物化劳动消耗所占比例较大或资金有机构成较高的企业。资金密集型企业的特点是:投资大,占用资金多,现代化技术装备程度高,容纳劳动力相对少,劳动生产率高。如钢铁企业、重型机械企业、汽车制造、有色冶金企业、石油化工企业、房地产企业等均属于资金密集型企业。

3）技术密集型企业

技术密集型企业是指企业技术装备程度比较高,所需劳动力或手工操作的人数比较少,产品成本中技术含量消耗占比重比较大的企业。企业的技术密集程度与企业的机械化水平和自动化水平成正比,同企业的手工操作人数成反比。技术密集型企业的特点是:企业内部员工主要由具有较高的专业技术知识与技能的人员构成,拥有大量高、尖、新技术设备,产品具有较高的知识与技术含量,生产与管理内容和环节主要依赖于知识与技术活动,企业的无形资产占有相当的比重。

要说明的是,技术密集型企业往往又是资金密集型企业,一般具有生产规模大、劳动生产率高的特点。

4）知识密集型企业

知识密集型企业是建立在现代科学技术基础上,生产高、尖、精产品,集中大量科技人员,科研设备先进的企业。知识密集型企业的特点是:技术设备复杂,科技人员比重大,操作人员的素质比较高,使用劳动力和消耗原材料较少。在知识密集型企业中,科学知识、科研成果、技术开发将转化为现实的生产力。知识密集型企业的发展程度,往往标志着一个国家的现代科学技术发展水平和经济实力的强弱。

另外,知识密集型企业按照企业规模划分,可分为大型企业、中型企业、小型企业;按照生产资料所有制的性质划分,可分为国有企业、集体所有制企业、私营企业、股份制企业、联营企业、外商投资企业、港澳台投资企业;按照企业运用的主体技术划分,可分为传统技术企业和高新技术企业等。

四、公司

1. 公司的含义

公司是指由两个以上的出资者(称为股东)出资兴办并组成一个法人,能够独立自主经营、自负盈亏,对共同出资经营的财产享有民事权利、承担民事责任的经济实体。公司在法律上具有独立人格,是法人,而个人独资企业及合伙企业是非法人企业。这是公司与个人独资企业及合伙企业的重要区别。公司以"资合"为特征,特别是在承担有限责任方面与后两者不同。

2. 公司的主要优缺点

1）公司的主要优点

（1）实行有限责任制度。对于股东而言,以其出资额为限对公司的债务承担有限责任;对于公司法人而言,以其全部法人财产为限对公司的债务承担有限责任。相对于个人独资企业和合伙企业而言,公司出资者的风险要小。

(2) 筹资能力强。公司可以通过发行有价证券(如股票)的方式来筹集资金,这样容易筹集到大额资金,可满足公司大规模扩张的需要。

(3) 具有独立寿命。公司作为法人,除非出现法律和公司章程规定事项,否则公司可无限存续下去,个别股东或高级职员的死亡、转业等不会影响公司的存亡。同时,公司的法人财产是不可分割的,投资者投入公司的资本不可抽回,只能转让,因此公司的法人财产不会因股东的变动而变动,保持了一定的整体性、稳定性和连续性。当今世界上具有百年历史的公司很多,如美国美孚石油公司成立于1870年,美国通用电气公司始创于1878年。

(4) 管理效率高。公司实行股东所有权与法人财产权相分离的策略,股东资金投入到企业后,其所有权通过股权证书或股票等体现出来,公司对所有股东投入的资产拥有法人财产权。这使得公司的所有权与经营权相分离,公司各项经营管理工作由各方面的专业人员负责,他们能够比股东更有效地管理企业,使企业更能适应市场变化剧烈的经营环境。

2) 公司的主要缺点

(1) 手续繁杂。创办公司的手续比较复杂,组建费用高昂,《中华人民共和国公司法》对此做出了专门规定。

(2) 政府限制较多。为了保证投资者(尤其是上市公司的中、小投资者)及相关权益人的合法权益,政府对公司的设立和运作一般监管非常严格,这在一定程度上给企业的运作带来障碍和困难。

(3) 财务信息公开。特别是股份有限公司中的上市公司,按照有关法律规定,政府要求其财务报表定期向公众公开,这样就导致企业一些商业秘密的泄露。

(4) 双重缴纳所得税。公司的利润在分配前要缴纳公司所得税,公司以税后利润向投资人支付利润时,股东还要缴纳个人所得税。

3. 公司的形式

依照股东所负责任的不同,可以将公司分为无限责任公司、两合公司、股份两合公司、有限责任公司、股份有限公司。

(1) 无限责任公司是指由两个以上的股东所组成,全体股东对公司债务负连带无限责任的公司。

(2) 两合公司是指由无限责任和有限责任股东共同组成的公司,无限责任股东对公司债务负连带责任,有限责任股东则以其出资额为限对公司负责。

(3) 股份两合公司是指由一部分有限责任股东和一部分无限责任股东组成,无限责任股东对公司债务负连带无限责任,有限责任股东以其所认购的股份为限对公司负责的公司。

以上三种类型的公司在现代数量较少。

(4) 有限责任公司是指由一定人数的股东所组成,股东以其出资额为限对公司负责,公司以其全部资产对公司债务负责的企业法人。

(5) 股份有限公司是指由一定人数的股东所组成,公司的全部资产分为均等的股份,股东以其所认购的股份为限对公司负责,公司以其全部资产对公司债务负责的企业法人。

有限责任公司和股份有限公司是现代企业中最主要的形式。《中华人民共和国公司法》仅规定了这两种类型的公司。

依照公司信用基础的不同,可以把公司分为人合公司、资合公司、人合兼资合公司。

人合公司是指其信用着重于股东的个人条件(如名誉、地位、声望等)的公司。无限责任公司是典型的人合公司,其信用基础在于股东个人,与公司资产多少无关。资合公司是指其信用基础着重于公司资产数额的公司。也就是说,资合公司的信用主要取决于公司的资产额,股东的个人条件并不重要。股份有限公司是最典型的资合公司,公司以其全部资产对公司的债务负责,股东不对债权人负个人责任。有限责任公司实质上也属资合公司。人合兼资合公司即两合公司,是指公司的信用同时强调人的信用和资产的信用两个方面,无限责任股东以个人信用为基础,有限责任股东以其出资额作为信用基础。

根据公司之间的控制与被控制关系,可以把公司分为母公司与子公司。母公司是指掌握另一公司的多数股份,从而能够实际控制另一公司的公司;子公司就是受其他公司实际控制的公司。母公司和子公司各自为独立法人。

根据公司的组织管辖关系,公司可以分为总公司和分公司。总公司,通常又称本公司,是指管辖系统内全部分支机构的总机构。分公司是指受总公司管辖的分支机构,如分店、经营部等。总公司具有法人资格,分公司不具备法人资格。总公司对所属分公司的人事安排、业务经营等行使管理权。

根据公司经营业务的内容,公司可分为工业公司、商业公司、运输公司、保险公司、咨询公司等类型;根据公司业务分布情况,公司可分为地区性公司、跨地区性公司、全国性公司和跨国公司等类型;根据公司所属企业的生产技术经济联系,公司可分为专业公司、联合公司和综合性公司等类型。

4. 公司的治理结构

1) 股东会

股东会是依照公司法和公司章程规定,由全体股东组成,决定公司重大问题的最高权力机构,是股东表达意见、利益和要求的场所和工具。对于股份有限公司而言,股东会也称股东大会。股东会有定期会议和临时会议两种基本形式。股东会一般由董事长主持,在召开股东会之前,一般要提前15天通知全体股东。股东会的主要职权如下。

(1) 人事权:公司的董事和监事由股东会推举和更换,并且由股东会决定他们的报酬。

(2) 重大事项决策权:例如,批准和修改公司章程,批准公司的财务预算、决策方案,决定公司投资计划等。

(3) 收益分配权:股东会批准公司的利润分配方案和亏损弥补方案。

(4) 股东财产处置权:例如,公司增加或减少注册资本,公司合并、分立、解散或破产清算等涉及股东财产的重大变动,需由股东会做出决议。

2) 董事会

董事会是由董事组成的负责公司经营管理活动的合议制机构。在股东会闭会期间,它是公司的最高决策机构,是公司的法定代表,对外代表公司。

董事会由股东会选举产生。按照《中华人民共和国公司法》规定,董事会设董事长1名,副董事长若干名。不同类型的公司,董事长、副董事长产生的办法不尽相同。例如,国有独资公司的董事长、副董事长由国家授权的投资机构或国家授权的部门从董事会成员中指定,有限责任公司的董事长、副董事长的产生办法由公司章程规定,股份有限公司的董事长、副董事长由全体董事的过半数选举产生。

董事会由股东会负责,执行股东会的决议,其主要职权如下。

（1）对公司经营做出决策,如经营计划、投资方案等。

（2）决定公司内部管理机构的设置和基本管理制度的制定等。

（3）制订公司财务预算、决策方案、利润分配和亏损弥补方案、公司增减资本和发行公司债券方案等。

（4）人事权：负责任免公司（总）经理、副（总）经理、财务负责人等,并决定其报酬。

董事会实行集体决策制度,一般采取每人一票和简单多数通过的原则。每个董事会成员对其投票要签字在案并承担责任。董事会决议违反法律、法规和公司章程,致使公司遭受严重损失的,参与决策的董事对公司负赔偿责任。但在表决时曾表明异议并记录在案的,可免除责任。

3）总经理

总经理依照公司章程和董事会授权,统一负责公司的日常生产经营和管理工作。总经理由董事会聘任或解聘,对董事会负责。总经理的主要职权如下。

（1）组织实施董事会决议。

（2）组织实施公司年度经营计划和投资方案。

（3）人事权：总经理提请董事会聘任或解聘公司副总经理和财务负责人,直接聘任或解聘其他管理人员。公司总经理可从企业外部聘任,也可经公司董事会决议,由董事会成员担任。

4）监事会

监事会是公司治理结构中的监督机构,成员一般不少于3人。监事会可由股东代表和职工代表组成,职工代表的比例不得低于1/3,具体比例由公司章程规定。监事会中的职工代表由公司职工通过职工代表大会、职工大会或者其他形式的民主选举产生。监事会成立后,应设置主席1人,由全体监事过半数选举产生。监事会的职权如下。

（1）对公司董事、经理执行公司职务时,违反法律、法规、公司章程或股东会决议的行为进行监督,防止他们滥用职权,发现其行为有损公司利益时,监事会有权要求予以纠正,必要时可向股东会报告,提议召开临时股东大会,提出解决办法。

（2）检查公司的财务。为保证监督的独立性,公司的董事、经理及财务负责人一律不得兼任监事。

（3）向股东会会议提出提案。

（4）依照公司法的规定,对董事、高级管理人员提起诉讼。

（5）公司章程规定的其他职权。

上述公司治理结构的各个组成部分之间的相互关系是很密切的。一方面,从产权关系看,股东会对董事会是委托代理关系；董事会对总经理是授权经营关系；监事会代表股东会对财产的受托人,即对董事会和总经理进行监督,是一种监督关系。另一方面,从职权关系看,它们各自有不同的职权范围,职权具体明确。因此,公司的治理结构,以纵向的财产负责关系与横向的职权限定关系结合在一起,构成公司内部的制约机制。

五、企业社会责任

1. 企业社会责任的定义

企业社会责任（corporate social responsibility，CSR）是指企业在创造利润、对股东承担法律责任的同时，还要承担对员工、消费者、社区和环境的责任。企业的社会责任要求企业必须超越把利润作为唯一目标的传统理念，强调在生产过程中对人的价值的关注，强调对消费者、对环境、对社会的贡献。

2. 企业社会责任的体现

企业社会责任的内涵十分丰富和广泛，除法律规定的企业行为规范外，所有可能影响社会福利的企业行为都应纳入企业社会责任中。企业社会责任大体可以体现在以下五个方面。

（1）办好企业。增强企业的竞争力，不断创新，向社会提供更好、更新、更多的产品和服务，满足人们物质和文化生活需要。

（2）经营管理行为符合道德规范，包括企业内部管理、产品设计、制造、质量保证、广告用语、营销手段、售后服务及公关工作等。

（3）社区福利投资。根据企业经营状况，支持企业所在社区或其他特定社区的建设，如社区医院、学校、幼儿园、养老院、公共娱乐和健身场所、商业中心、图书馆等设施的投资，不以谋取商业利益为目的，促进社区的发展。

（4）社会慈善事业。对社会教育、医疗公共卫生、疾病预防、福利设施，以及由于特殊的天灾人祸所导致的一切需要帮助的人，企业应该根据自身优势适当定位，及时伸出援助之手，尽到应尽的社会责任。

（5）保护自然环境。主动减少能源和其他不可再生资源的消耗，尽可能减少企业活动对生态的破坏，积极参与节能产品的研究和开发，参与地球环境荒漠化和变暖所引发的各种灾害的研究和治理。

3. 企业履行社会责任的意义

1）有利于实现企业利益最大化

在理论界，长期存在着一种否认企业应该承担社会责任的观点，其中最为典型的代表就是诺贝尔经济学奖获得者弗里德曼的观点。他认为企业是假想人，无责任可言，企业承担社会责任违背了股东的利益，企业唯一的目的就是赚钱。然而更多的学者则认为，企业履行社会责任，从根本上讲，不仅不会与企业利益最大化相矛盾，而且有利于实现企业利益最大化。大量研究表明，企业的社会责任同经济绩效之间存在着一种正相关关系。履行社会责任能帮助企业获得一系列的实际利益，包括销售额和市场份额的增加、品牌地位的稳定及营运成本的降低。

2）有利于塑造良好的企业形象

企业形象是企业对外影响力的综合表现，是包括消费者在内的社会公众对企业的综合印象，也是企业竞争力的重要内容，对企业在市场中的兴衰成败有重大影响。企业形象的好坏，不仅仅看这个企业多么会赚钱、赚了多少钱，还要看企业在长期生产经营过程中逐渐被消费者接受和认同的企业精神与理念、企业经营思想与行为，这些往往是企业在自觉履行社会责任过程中逐渐形成的。因此，企业要获得成功，管理者在做出决策时，必须把承担社会责任作为战略思想的重要组成部分。

3）有利于增强企业的内聚力

企业形象是企业的对外影响力，内聚力则是企业生存和发展的根本力量和原因。企业的内聚力如何，取决于多种因素，但企业能否自觉履行社会责任则是其中非常重要的因素。企业履行社会责任对内最根本的就是始终坚持以人为本的管理思想，了解员工的需要，善待每一位员工，创造条件，不断改善员工的福利待遇，营造一个安全、洁净的工作环境，给每位员工的提高和发展提供广阔的空间。

4）有利于社会的可持续发展

建立可持续发展社会，是一项利在当代、功在千秋的伟大事业，也是全人类共同奋斗的目标。企业作为自然资源的主要消费者，建设可持续发展社会更是责无旁贷。企业在经营过程中自觉承担起节约自然资源、科学利用和保护自然资源、保护生态平衡、防治环境污染等责任，以促进社会的协调发展。

第二节 管理与工业企业管理

一、管理的概念

1. 管理的含义及作用

什么是管理？人们从管理实践中感悟到管理的意义，对其做了许多朴实的解释：有人认为，管理就是决策；有人认为，管理是一种程序，是通过计划、组织、控制、指挥等职能实现既定目标；也有人认为，管理就是领导；还有人认为，管理就是管辖和处理。

从科学的角度给管理下定义，比较系统的解释应该是：所谓管理，是指管理者或管理机构在一定范围内，对组织所拥有的资源进行有效的计划、组织、指挥、协调和控制，以期达到预定组织目标的活动。

这一定义包括5层含义：

（1）管理是一个过程；
（2）管理的任务是达到预定目标；
（3）管理达到目标的手段是运用组织所拥有的各种资源；
（4）管理的本质是协调；
（5）管理的核心是处理好人际关系。

管理活动与人类的生产、生活密切联系。今天，世界上无论是发达国家，还是发展中国家，都从自己的社会经济发展实践中认识到，管理具有极其重要的作用。"管理也是生产力""向管理要效益"，这些并非时髦的口号，而是人们的共识。没有高水平的管理相配合，任何先进的科学技术都难以充分发挥其作用，所以在一定意义上，管理的作用比增加设备和提高技术的作用更大。

2. 管理的性质

1）管理的两重性

马克思认为，任何社会的管理都具有两重属性——自然属性和社会属性。

(1) 管理的自然属性。

管理作为一种独立的社会职能，是生产力发展和社会分工的结果。只要存在着共同劳动和分工协作，就必然会产生管理。管理是合理组织生产过程，使劳动对象、劳动手段和劳动力得以有效组合，以形成生产力的条件。随着生产力的发展、企业规模的扩大、社会分工的细化、科学技术的广泛运用，生产活动越来越复杂，社会化程度越来越高，对管理工作的要求也就越来越严格。没有专门的人从事管理的职能活动，就会使物不能尽其用，人不能尽其才，生产力发挥不出最大效力。因此，管理具有与生产力相联系的、社会化大生产所共有的自然属性。

(2) 管理的社会属性。

由于企业的生产经营活动是在一定的社会中进行的，所以它必然受到所处社会的生产关系、社会制度、社会文化及各种社会关系的影响和制约。管理必须服从生产资料所有者的利益和意志，必须始终是生产资料所有者实现某种目的的一种手段，这就是管理的社会属性。它是由生产关系和社会制度所决定的，在生产关系不同的企业中存在着根本的区别。社会主义企业管理是为了完善社会主义生产关系，发展社会生产力，提高经济效益，满足人们日益增长的物质生活和文化生活的需要。从管理的社会属性分析，社会主义企业管理和资本主义企业管理具有本质的区别。

(3) 管理两重性原理的指导意义。

马克思关于管理两重性的理论，是指导人们认识和掌握管理的特点和规律、实现管理目标的有力武器。只有认识和掌握管理两重性原理，才能分清资本主义管理与社会主义管理的共性和个性，正确地处理批判与继承、学习与独创、吸收国外管理经验与结合中国实际之间的关系，实事求是地研究和吸收国外管理中有益的东西，做到兼收并蓄、洋为中用。认识和掌握管理两重性原理，可以指导人们探索管理活动的规律，正确组织管理活动，既要科学、合理地组织生产力，发展现代化大生产，提高我国现阶段的经济发展水平，又要重视社会主义生产目的和民主管理性质，尊重劳动者的意志和维护劳动者的切身利益，维护社会主义的生产关系，促进社会主义生产力的发展。

2) 管理的科学性与艺术性

(1) 管理的科学性。

科学是指系统化的知识。人们经过一百多年来的努力实践和总结，将管理的概念、原理、原则和方法逐渐系统化，形成了一个比较完整的理论体系。这个理论体系提供的系统化理论、定量分析方法，有效地指导着管理人员的实践活动，解决了管理实践中的大量问题，大大地解放了生产力，促进了社会经济高速发展。与自然科学相比，尽管管理还不够精确，但它已成为一门科学是毋庸置疑的。

(2) 管理的艺术性。

管理是一种艺术，一方面是强调管理的实践性，另一方面是强调管理是一项创造性的劳动。没有实践则无所谓的艺术。像其他技艺一样，管理工作必须将系统化的知识根据实际情况加以运用，才能达到预期的效果。管理是一项技巧性、灵活性、创造性很强的工作。管理工作就是要运用管理知识，发挥创造性，针对现实情况，采取适当措施，谋划出一种有用的方法，高效地实现组织目标。

实践证明，管理既是一门科学，又是一种艺术，有效的管理人员是两者的有机结合，让没有掌握管理理论的人来进行管理活动时，必然要靠经验、凭直觉、碰运气，是难以取得有效成果的。

二、工业企业管理

1. 工业企业管理的概念

工业企业管理是指企业的领导者和全体员工,为了充分利用各种资源,保证整个生产经营活动的统一协调,实现企业管理任务,达到提高经济效益的目的而进行的决策、计划、组织、控制、激励和领导等一系列综合性活动。

由此可知:

(1) 工业企业管理作为一个过程,是通过决策、计划、组织、领导和控制等职能来实现的;

(2) 工业企业管理的对象是企业中的各种资源,包括人力、物力、财力、时间、信息等,还包括供应、生产和销售等各个环节,工业企业管理的过程就是有效地获得并充分利用这些资源的过程;

(3) 工业企业管理的目的是达到企业的经营目标;

(4) 工业企业管理是在一定的社会和自然环境下进行的。

工业企业管理的任务总的来说就是:根据市场需要为社会生产产品、提供服务,满足人们的物质文化生活要求,在为国家积累资金、为企业员工谋求经济利益、为企业自身发展创造条件的同时,还应为环境保护、社会公益事业及社会精神文明建设做出相应的贡献。

2. 工业企业管理的职能

工业企业管理的职能是指企业管理工作在生产经营管理活动中所具有的职责和功能。

1) 决策职能

管理学中的决策,是指管理者为了达到一定的目标,在掌握必要的信息并对其进行科学分析的基础上,拟订不同的行动方案,并从两个以上的方案中选定一个合理方案的过程。决策是企业管理的首要职能和中心环节,决策的正确与否将直接关系到企业管理的其他职能是否有效,将直接关系到企业的前途和命运。因此,甚至有管理学家说,管理就是决策。

决策是针对未来的行动制订的,任何决策都是在预测的基础上进行的,而未来的行动往往受到环境的影响,预测的准确性也受各种因素的制约,因此决策总会具有一定的风险。所以为了提高决策的正确性,就必须以概率统计为基础,依据一定的数学方法进行科学的计算,最大限度地保证决策者所追求的价值前提和经营目标。

2) 计划职能

计划实际上是决策的具体化,即将决策内容变成量的指标,以便实施,将企业的整体目标和各部门的目标变成可以实现的行动方案。人们通俗地将计划职能的任务和内容概括为"5W1H"——"What to do?(做什么?)""Why to do?(为什么做?)""When to do?(何时做?)""Where to do?(何地做?)""Who to do?(谁去做?)""How to do?(怎么做?)"。

计划是指导企业管理者从事各项生产经营活动的具体行动指南和标准。任何企业都必须制订准确、完善的计划,并据此建立起正常的生产秩序和工作秩序。

3) 组织职能

组织作为管理的一项基本职能,它的含义是静态的人的集合组成的机构和动态的组织活动过程的统一。它是指为了实现企业经营目标而将企业生产经营活动中的各个要素、各个环节、各个部门,从劳动分工和协作上,从纵横交错的相互联系上,从时间和空间的连接上,按照一定的原则和方式,形成一个有机的整体。

组织是实现企业计划、达到企业目标的保证。组织职能的具体内容包括设计组织结构、建立适当的管理层次和管理幅度、健全各项规章制度、确立各部门的职责范围和相互关系、确定各部门之间信息沟通和相互协调的原则及方法,以及人员调配、组织任用、人员考核、奖惩制度等。其目的在于充分调动人的积极性,使组织系统最有效地发挥作用。

4) 领导职能

领导是指管理者运用权力施展影响,指导各级、各类人员努力达到企业目标的过程。领导职能包括指挥和协调两项功能。

指挥是指企业领导者、管理者根据企业决策、目标和要求,对其下属相应的层次、部门、环节和人员发布命令、指导、沟通、激励,以使企业组织正常、高效运作的过程。企业管理的指挥能促使企业成员有效行动和发挥积极性。

要实现科学、有效的指挥,就必须建立统一、高效、强有力的指挥系统,并对企业的生产经营活动实行统一领导、统一指挥和调度,并及时解决生产经营过程中出现的各种问题。在执行统一指挥的过程中,必须坚持下级只接受一个上级的领导的原则,不搞多头指挥;坚持一级领导一级,不搞越级指挥。这样既可以使指挥建立在发扬民主权利的基础上,又有利于维护指挥的权威,从而充分发挥指挥的作用。

协调是指企业管理者为保证企业生产经营的正常进行而对各部门、各单位、各环节之间出现的各种不平衡、不和谐的现象进行调节、帮助的过程。管理者通过发现、解决生产经营活动中的各种矛盾、纠纷和问题,协调生产经营活动中生产力各要素之间的关系,以有效地保证企业目标的实现。领导工作是管理活动中最富有科学性、艺术性的工作。领导者必须提高自身素质,加强思想作风和工作作风的修养,掌握领导艺术,了解企业中个体和群体的行为规律及沟通方式,运用适宜的激励方法去调动人的积极性,这样才能实现有效的领导。

5) 控制职能

控制是一个信息反馈的过程。控制职能是指不断接收企业内部和外部的有关信息,按照既定的目标和标准对企业的生产经营活动进行监督、检查,一旦发现偏差,就立即采取措施纠正,从而使工作按预订计划进行;或适当调整计划与行为,以达到企业预期的经营目标。

任何企业、任何经营活动都需要控制。控制工作一方面保障执行和完成企业计划,另一方面还会促使制订更加完善的新计划、新目标和新控制标准。控制工作穿插于生产经营活动之中,存在于企业管理活动的全过程。

实施控制有两个前提,即必须有控制标准和控制机构。它包括三个步骤,即拟订标准、衡量成效、纠正偏差。决策和计划是制订控制标准的依据。企业的组织机构和规章制度,以及明确的责、权、利相结合的经济责任制是实施控制的保证。

工业企业管理的五种职能是相互联系、相互制约、相互依赖、缺一不可的有机整体。通过决策,企业才有明确的经营目标和方向;通过计划,企业才有具体的行动指南,才能贯彻实施企业的决策;通过组织,才能使企业形成一个有机的整体,建立完成任务、实现目标的手段和正常的生产秩序;通过领导,才能使企业员工的个人工作与所要达到的企业目标协调一致;通过控制,才能检查计划的实施情况,保证企业目标的实现。

3. 工业企业管理的基础工作

工业企业管理的基础工作是指为实现企业经营目标和有效地执行各项管理职能而提供资

料依据、共同准则、基本手段和前提条件等工作的总和。它是企业开展经营活动所不可缺少的经常性工作。

由于各企业所处的行业和环境不同，生产力发展程度和管理水平不同，所以基础工作的内容与要求也不尽相同。目前我国普遍开展的工业企业管理基础工作大致包括如下6项内容。

1）信息工作

信息是指管理工作有用资料的总和，一般包括原始记录、各类技术经济资料、数据和科技情报、市场信息、国家政策法令等。信息是企业经营决策的依据，是生产过程中进行控制和调节的工具，是生产者与消费者的沟通桥梁。信息工作系统是企业开展经营活动的神经系统。

2）标准化工作

标准化工作是指技术标准和管理标准的制定、执行和管理等工作。技术标准是指对生产对象、生产条件、生产方法等所做的必须共同遵守的规定，主要包括基础标准、产品标准、零部件标准、原材料标准、工艺及工艺装备标准、安全环保标准及设备使用维修标准等；管理标准是指对企业各种岗位、各项管理业务的工作责任、工作程序、工作方法等所制定的必须共同遵守的行为准则，包括基础标准、工作质量标准、业务及工作程序标准、生产组织标准等。

3）定额工作

定额工作主要是指在一定的生产和技术条件下，为合理利用企业资源，对各类消耗标准、占用标准等技术经济指标予以制定、执行和管理的工作。它是编制计划的依据之一，是科学地组织生产的重要环节。企业的定额门类繁多，主要有劳动定额、生产量定额、物资供应定额、设备利用定额、资金占用定额、费用开支定额等。

4）计量工作

计量是指为了实现标准化测量，通过技术和法制相结合的手段，保证量值准确一致。计量工作就是运用科学的方法和手段，对产品的量和质的数值加以控制和管理。它主要包括检定、测试、化验分析等。计量工作关系到产品质量、安全生产、能源消耗、经济核算、环境保护等诸多方面。

5）规章制度

规章制度是指用文字形式描述的为企业生产、技术、经济、人事等各项活动所制定的各种规则、条例、程序、办法等的总称。它是企业全体员工必须共同遵守的行为准则，具有一定的强制性。企业的规章制度内容繁多，且因企业而异，主要包括岗位责任制度、技术管理制度、人事管理制度、劳动制度、分配制度、奖惩制度、财务制度、物资管理制度等。企业必须根据自身的实际情况，建立纵横交错、互相协调的责任体系和规章制度，做到责权明确，制度简洁、清晰，便于贯彻执行。

6）职工教育

职工教育是指企业为了提高员工的素质，对每个成员从事本职业、本岗位工作所必需的道德品质、科学文化和专业技术等所进行的培训教育。因为人是企业发展的关键，而只有加强职工的基础教育，不断提高全体员工的素质，才能更好地发挥企业员工的积极性和创造性，才能保证企业目标的圆满实现，企业才能在激烈的竞争中立于不败之地。

做好企业管理的基础工作，才能确保企业的正常生产秩序，才能促使我国企业在较短时间内迅速进入科学管理以及现代化管理的轨道，也是有效地提高我国企业管理水平和企业效益的快捷途径。

4．工业企业管理的内容

工业企业管理的内容，就是工业企业的生产经营活动。工业企业的生产经营活动主要包括供、产、销、人、财、物等方面。因而工业企业管理的内容如下。

1）物流管理

物流管理包括原材料的供应、物料的运输、半成品和成品的库存等管理工作。它是生产过程得以顺利进行的保证，也是提高企业经济效益的重要一环。

2）生产管理

生产管理是指对企业的全部生产活动进行综合性管理，包括制订生产计划和生产作业计划、进行生产控制和生产现场管理等。做好生产管理工作，合理组织企业的生产活动，可以充分利用企业的资源，提高生产效率。

3）质量管理

质量管理就是将生产技术、经营管理和数理统计等科学方法结合起来，建立一整套行之有效的质量管理工作体系，以确保最经济地生产出满足用户要求的高质量产品。质量管理对于提高企业的竞争力、提高企业的效益、实现企业可持续发展的战略有着极其重要的作用。

4）销售管理

销售管理是指企业按计划将生产的产品销售出去，并做好售后服务，以实现产品的价值。销售管理是企业经营活动获取利润的中心环节。

5）劳动管理

在任何工业生产过程中，劳动力都是最基本的生产要素。劳动者直接或间接地运用劳动手段，使劳动对象发生物理的、化学的变化，成为满足社会需求的产品。加强劳动管理，是提高劳动生产率、提高企业经济效益的重要措施。

6）设备管理

机器设备是工业企业的生产工具，是企业的物质技术基础。加强设备管理、合理使用设备、及时维修设备、努力提高设备利用率，是企业提高产品质量、提高生产效率、提高资金利用效果的重要保证。

7）技术管理

在激烈的市场竞争中，工业企业的竞争优势无不来源于产品的技术优势、成本优势，而这些优势的获得，根本在于技术管理。所以做好技术管理工作，不断开展技术创新，不断开发新产品，是企业在竞争性市场中存在和发展的保障。

8）财务管理

工业企业的财务管理是指利用货币及其价值形式，对企业的生产经营活动进行综合管理，它是企业资金的形成、分配和使用过程中的各项管理的总称。加强财务管理和经济核算，对于促进企业的生产发展、增加利润、节约资金，有着至关重要的作用。

第三节　现代企业管理

自从有了人类社会，人们的社会实践活动就表现为集体协作劳动形式，而有集体协作劳动的地方就有管理活动。在长久而重复的管理活动中,管理思想逐步形成。随着社会生产力的发展,人们把各种管理思想加以归纳总结,进而形成了管理理论。人们又运用管理理论去指导管理实践,以期取得成效,并在管理实践中不断修正和完善管理理论。

一、企业管理制度

1. 企业制度的含义

企业制度是以财产组织形式体现的,是用于调节生产要素所有者之间的权利和利益分配关系的"契约"。企业制度有广义和狭义之分。

(1) 广义企业制度:泛指一切有关企业组成与运行的规定与规范系统的总和。从广义上说,企业制度在大的方面包括企业的产权制度,在小的方面包括岗位责任制,外延是极其广泛的。

(2) 狭义企业制度:特指反映企业基本构成与基本管理关系本质属性的总体规定与规范,即企业制度是指以产权制度为基础、以治理结构为核心的基本组织与管理制度。这里所讲的企业制度,是从"建立现代企业制度"角度所特辑的概念,是专指企业产权制度等企业的最基本制度,不包括各种具体的管理制度。

2. 企业制度的实质

(1) 企业制度实质上是一种具有特定属性与功能的内在机制。一定的企业制度,作为一套有特定属性与功能的规定与规范体系,规定或构建了企业相关权益主体或要素之间的关系及作用性质与形式,必然形成相应的经营管理机制。

(2) 企业制度决定着企业的行为及其绩效。某种企业制度一经确立,这种制度体系所决定的经营管理机制就会发挥相应的作用,从而决定着企业的各种经营管理行为。企业的这些经营管理行为的效率与成功程度,最终决定着企业的整体绩效。

二、现代企业与现代企业制度

1. 现代企业的特点

(1) 拥有现代先进技术。现代企业是在社会化大生产的条件下产生的。它最基本的标志是拥有现代技术,反映现代生产力的要求。古典企业与现代企业中生产力要素的集合方式的最显著区别就在于技术作用的本质差别:技术在现代企业中的作用越来越重要,一直在发挥着革命性的作用。两者的差别可用下式表示

$$古典企业生产要素:土地+劳动力+资本+技术$$
$$现代企业生产要素:(土地+劳动力+资本)\times 技术$$

(2) 股权结构的分散化与多元化。业主企业与合伙制企业的股权是较为单一的,而现代企业的资本结构是分散化、多元化的。现代企业的投资主体不但数量多(如大量发行股票的上市公司),而且身份各异(从社会法人到公司员工,均可成为股东)。这种资本结构,不但有利于企业更好地融资,而且也有利于企业法人的自主经营。

(3) 所有权与经营权相分离。在传统企业中,企业的所有者直接经营管理企业,所有权与经营权集于一身;而适应现代化大生产与市场经济需要的现代企业,其所有者无法直接经营企业,必须将企业的经营管理权交给职业经理人进行管理,这就实现了所有权与经营权的分离。这是现代企业在管理体制上的本质特征。

(4) 实现管理的现代化。现代企业在管理上必须是现代化的。现代企业的管理,应是管理理念的现代化、管理组织的现代化、管理方法的现代化、管理手段的现代化和管理人才的现代化。

(5) 具有较大的规模、实力和成长能力。这是和社会化大生产与现代市场经济要求相适应的一个特征。

只有具备以上五个方面特征的企业,才是现代企业。

2. 现代企业的形态

(1) 公司制企业是现代企业的主体形态。规范的公司制企业基本具备现代企业的主要特征,它构成了现代企业的主体。当然,这决不意味着当前社会上所有挂着公司招牌的企业都是现代企业。只有依照《中华人民共和国公司法》、按照公司标准与规范建立起来的公司才是真正的现代企业。

(2) 股份有限公司是现代企业的典型形态。规范的股份有限公司,较为充分地体现了现代企业的各项要求,是现代企业的典型形态。

3. 现代企业制度

1) 现代企业制度的概念

现代企业制度是指以完善的法人财产权为基础、以有限责任为基本特征、以专家为中心的法人治理结构为保证、以公司制为主要形态的企业制度。它包括企业的产权制度、组织制度、领导制度、管理制度、财务会计制度、劳动人事制度,以及处理企业与各方面(政府、投资者、职工、社会各界等)关系的行为准则和行为方式。现代企业制度是指适应社会化大生产需要,符合市场经济规范,具备现代企业特征的企业基本制度体系。显然,这是就狭义的企业制度而言的,指的是现代条件下具有现代属性的企业基本制度,讲的不是具体管理制度。

2) 现代企业制度的构成

现代企业制度是涉及企业基本构成与总体管理关系的基本制度,主要包括两大类。

(1) 企业产权制度。企业产权制度是关于企业资本构成、由其所决定的企业财产权的分配以及相应的组织形态等内容的制度体系。

(2) 企业法人治理制度。企业法人治理制度通常称为公司法人治理制度,它是关于企业相关权益主体之间如何建立制衡关系和实现有效治理等内容的制度体系。

现代企业产权制度是现代企业法人治理制度的基础,公司法人治理制度是现代企业产权制度在管理中的体现,如图1-1所示。

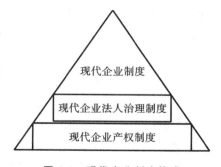

图1-1 现代企业制度构成

三、现代企业产权制度

1. 现代企业产权制度概述

1) 产权的概念

(1) 产权,即财产权,是指法定主体以占有财产为基础,对其财产所拥有的各项权能的总和。

(2) 产权的权能。

产权一般可分为所有权、使用权、收益权和处置权四项权能。所有权是指法定主体实际拥有财产的权利；使用权，也称经营权，是指在法定范围内使用财产的权利；收益权是指获取财产带来收益的权利；处置权，也称支配权，是指通过一定形式将财产的有关权利让渡给他人，以获得收益的权利。

产权以所有权为基础与核心，各项权能既可以统一，又可以分离。

2) 产权制度

(1) 产权制度的地位。建立现代产权制度，是建立现代企业制度的基础。大力推进产权制度的改革，是当前深化国有企业改革，建立现代企业制度的关键环节。

(2) 产权制度。产权制度是指以一定的财产组合为基础，构建特定的权能关系体系的制度系统。应在如下两个层次上理解产权制度：

① 构建产权制度的基础是财产组合，即资产所有者形式，如投资主体的多寡、各自投资数额的大小等，是构建产权制度的基础；

图 1-2　现代产权制度构成

② 构成企业产权制度的实质内容是特定的权能关系体系，即产权结构，如图1-2所示。

(3) 产权结构。产权结构是指建立在财产组合基础之上的资产所有者的权能构成体系，如所有权、使用权、收益权和处置权四项权能的统一或分立及其具体的组合形式。产权结构是产权制度的核心问题。

(4) 产权结构的效率。企业的产权结构不同，会使企业的经营绩效与企业相关权益主体的利益关系有很大的差别。这就是产权结构的效率问题。在我国传统计划经济体制下的企业，其产权高度非人格化，与经营者和职工关联度极低，缺乏有力的利益激励，是一种低效的产权结构。提高产权结构效率的途径是，通过企业产权制度的改革，变更产权结构，为企业的各权益主体提供尽可能大的利益激励。

2. 资产所有者形式与产权结构

1) 投资主体多元化与资产所有者形式

(1) 投资主体的多元化与组合。

企业是由投资者投资组建的。除业主制或独资企业外，大多数企业都是有多个投资者的，包括个人投资者和法人投资者。他们构成了多元化的投资主体。投资主体的构成不同，各自投资的额度不同，投资组合方式不同，就会构成不同的企业资产所有者形式，进而形成不同的企业产权制度。

(2) 企业资产所有者形式。

企业资产所有者形式是指企业投资主体的构成与资产的组合方式，即在前面产权制度概念中所讲的"财产组合"方式。按照这一标准进行分析，企业产权制度有三种类型。

① 个人业主制。投资主体为一个自然人，企业资产完全归其所有与控制。

② 合伙制。由两个以上的投资主体共同组建，按合约投资，并划分权利与责任。按合伙人

是否参加管理、是负有限责任还是无限责任,合伙可以分为普通合伙、有限合伙和其他合伙等形式。

③ 公司制。公司是由多人投资组建的,实现了投资主体的多元化;企业投资是以股份形式组合的。公司是以法人身份独立存在的,并独立拥有法人财产权,属于法人企业。此外,国有独资公司是一种特殊的类型,它既有类似个人业主制企业唯一投资主体的一面,又有法人制主体、非自然人企业的一面。我们讲的建立现代企业制度,主要是说建立公司制企业制度。

2) 权能分离与产权结构

(1) 财产权能的分离是企业制度进步的重要标志。

在企业制度的初级形式中,如个人业主制企业,企业老板就是企业管理者,所有权与经营权合一;而在企业制度的高级形式中,如公司制企业,企业所有权与经营权是分离的。企业产权的分离是现代企业制度的重要标志。

(2) 企业产权的两次分离。

随着社会的进步、企业规模的扩大,对企业管理者的要求越来越高,企业产权出现两次分离。

① 原始所有权与法人产权的分离。公司法人的出现,使其拥有法人财产,对其经营的资产拥有完全的经营权和支配权,即法人财产权;而投资者则失去了对资产的实际占有权和支配权,其所有权转化为原始所有权。

② 法人财产权与经营权的分离。当企业法人拥有法人产权后,为了更好地提高经营管理绩效,就聘任职业经理人,将企业实际经营管理的权力交给他们,这样就实现了原始所有权与法人财产权的分离、法人财产权与经营权的分离。

(3) 现代企业的产权结构。

现代企业的产权结构是三种产权主体实行三种产权权能分离的复合结构:企业的投资者拥有原始所有权;企业作为独立法人,拥有法人产权;企业经营者拥有企业经营权。

企业的所有者形式与企业的产权结构构成了企业产权制度。

3. 企业产权运营

企业产权的运营,主要是通过产权运营市场化实现的。

1) 公司产权运营的市场化

(1) 产权的股权形态与实物形态。

① 产权的股权形态是指通过购买股票来实现对公司资产的占有。股票形态的产权具有相对独立性,股票的买卖、股权关系的变动并不影响公司财产的完整性。这是一种较高级的股权形态。

② 产权的实物形态是指对公司资产实物的直接占有。以实物形态存在的产权关系发生变化,会影响公司财产的变化。

(2) 公司产权运营的市场化。

公司产权运营的市场化是指运用市场机制对公司的产权变换进行运作与经营。公司产权运营的市场化主要包括:

① 所有权运营的市场化,即企业的股份化。公司产权以股票的形式加以表现,股票在一级市场上发行,在二级市场上交易,实现了公司产权的市场化。

② 法人产权运营的市场化，即以产权转让市场为中介，实现公司资产的转移和让渡。这是对公司资产物质形态的运用，包括采用出售、出租、抵押、交换、转让等方式处理公司的部分资产或全部资产。

③ 公司产权运营评价的市场化。在证券市场上，股东会依据企业的绩效购入或抛出股票。这种用"脚"投票评价的方式，就是一种市场化评价方式。

2) 产权市场交易的形式

产权市场交易的形式是指公司在进行资产运作时，对产权进行转移和让渡的具体方式，主要包括：

① 合并。合并是指两个或两个以上的公司，依据法律规定或合同约定，合并为一家公司的法律行为。合并后，原来的两家公司的法人主体资格同时丧失，取而代之的是新公司法人主体资格的成立。公司合并的目的是增强企业实力、独占市场、节省有关费用等。

② 兼并。兼并是指一家实力雄厚的公司作为存续公司，吸纳其他公司，组建实力更强的公司的合并方式。其他公司消灭原有法人主体资格后并入存续公司。兼并是合并的一种特殊形式。兼并一般适用于一家公司实力雄厚，要发展自己，而被吸收的公司已陷入经营困境的情况。

③ 租赁。租赁是指一家公司通过租赁契约，将其全部或部分资产出租给另一家公司的经济行为。租赁在本质上是指出租资产的经营权。

④ 拍卖。产权拍卖是指采用拍卖的交易方式，由产权拥有者向产权需要者转移产权的行为。

四、现代企业治理制度

1. 现代企业治理制度概述

党的十六届三中全会审议通过的《中共中央关于完善社会主义市场经济体制若干问题的决定》指出，要完善公司法人治理结构。按照现代企业制度要求，规范公司股东会、董事会、监事会和经营管理者的权责，完善企业领导人员的聘任制度。股东会决定董事会和监事会成员，董事会选择经营管理者，经营管理者行使用人权，并形成权力机构、决策机构、监督机构和经营管理者之间的制衡机制。

1) 现代企业治理制度

(1) 现代企业治理制度的概念。

现代企业治理制度是指为维护以股东为核心的权益主体的利益，对企业的权力制衡关系和决策系统所做出的制度安排。其核心是如何对企业进行有效控制的问题。

(2) 对企业法人治理制度概念的基本理解。

① 企业法人治理制度的目标与依据就是维护以股东为核心的相关权益主体的利益。

② 企业法人治理制度所规范的基本内容包括：各相关权益主体之间的权力制衡关系、为保证企业绩效最大化而建立的科学决策系统。

③ 企业法人治理制度的基本构成为法人治理结构与法人治理机制，如图1-3所示。

2) 企业法人治理制度的重要性

(1) 改革与完善企业法人治理制度是建立现代企业制度的核心。

建立现代企业制度是我国国企改革的方向。产权制度的改革只是为建立现代企业制度提

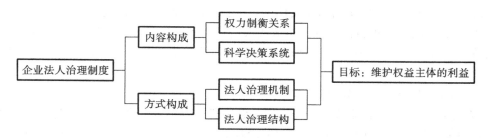

图 1-3 企业法人治理制度的基本构成

供了基础,而要真正建立起规范的现代企业制度,核心环节在于改革与完善现代企业法人治理制度。如果不能建立有效的法人治理制度,企业的相关权益者不能形成合理的权力制衡关系,不能建立科学的激励机制、约束机制和决策机制,那么建立现代企业制度就成为一句空话。

(2) 企业法人治理制度构成现代企业管理系统的关键环节。

现代企业的一个重要特征就是现代化管理,而企业法人治理制度既包括治理结构,又包括治理机制,从而使其成为企业实行现代化管理的最为关键的环节。

(3) 企业法人治理制度对企业绩效起决定作用。

企业的绩效在相当程度上取决于企业经营者和员工的积极性。科学的企业法人治理制度,就会形成有效的激励、约束机制与科学的决策机制,这样既会调动经营者和员工的积极性,又会提高决策的效率与科学性,从而显著地提高企业的绩效。

3) 现代企业法人治理模式

现以理想的企业形态分析现代企业法人治理模式。

(1) 现代企业法人治理的缘由。

由于现代企业实行所有权与经营权分离的体制,股东不再直接经营管理企业,而将企业委托给经营者进行管理,这样就产生了委托代理关系。所有者为保障自己的利益,必须对代理行为进行控制,于是就产生了对企业的治理问题。所有者要通过合理的企业治理结构,监督、激励经营者,以确保所有者的利益。

(2) 现代企业法人治理的主体。

现代企业法人治理的主体是以股东为核心的相关权益主体。所谓相关权益主体,是指与企业存在直接或间接利害关系的组织与个人。显然,与企业存在最直接利益关系的就是股东,这是最主要的权益主体。同时,还有企业的经营管理者和员工。此外,企业外部的一些成员,如债权人、供应商、竞争者、社区与政府等,都同企业的利益存在这样或那样的联系,也成为广义上的企业相关权益主体(主要通过社会责任来体现)。

(3) 现代企业法人治理的目标。

现代企业法人治理的目标是维护以股东为核心的相关权益主体的利益。要实现这样的目标,就必须通过治理激励经营者,约束其行为,引导、规制其进行科学而有效的决策,从而降低治理成本、提高企业绩效。这些就构成了现代企业法人治理的直接目标。

(4) 现代企业法人治理结构与治理机制。

现代企业法人治理主要是在公司领导层建立关于权力与利益的分配与制衡的关系及规制决策的系统。这一系统主要由治理结构与治理机制构成。

① 现代企业法人治理结构。现代企业法人治理结构是公司领导层关于权力与利益的分配

与制衡的关系及规制决策的机构与权责体系,它是现代企业法人治理的基础。

② 现代企业法人治理机制。现代企业法人治理机制是指现代企业法人治理结构产生的功能与权益关系、决策运作的机理。治理机制是由治理结构决定的,治理机制反映了治理结构的要求与功能。

(5) 内部治理结构与外部治理结构。

① 从狭义上讲,现代企业法人治理结构是解决所有者对经营者的监督与制衡问题的基础,主要是指内部治理结构。现代企业法人内部治理结构是指公司的所有者与经营者和员工之间建立的权力与利益的分配与制衡的关系及规制决策的体系,它主要调整股东、经营者和员工之间的关系,如股份有限公司内部所建立的股东会、董事会、经理层及监事会等机构体系。

② 从广义上讲,现代企业法人治理结构是用来协调公司的所有权益主体之间的制衡关系的体系。因此,它包括内部治理结构与外部治理结构。外部治理结构是指公司与其外部各权益主体之间的权益制衡关系的体系。它主要调整公司与其债权人、供应商、顾客、竞争者、社区、政府之间的关系,基本形式是建立各种市场运作与社会管理的体系。

(6) 现代企业法人治理的模式。

现代企业法人治理包括内部治理与外部治理两大系统。每个系统内都要根据治理目标的要求建立相应的治理结构。特定的治理结构形成特定的治理机制,发挥着特定的功能与作用,从而达到激励与约束经营者、实现科学决策、提高企业绩效、最大限度地维护以股东为核心的相关权益主体利益的目的。现代企业法人治理模式如图1-4所示。

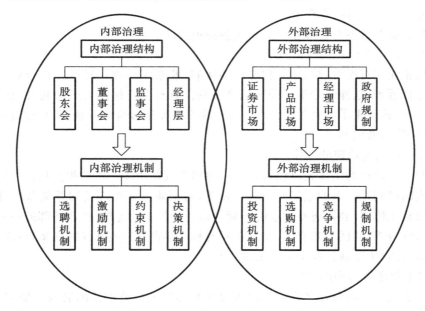

图1-4 现代企业法人治理模式

2. 现代企业法人内部治理

1) 现代企业法人内部治理结构

(1) 现代企业法人内部治理结构的构成要素。

① 权益主体:主要有股东、经营者和员工。

② 相互关系：最基本的关系是股东与经营者之间的委托代理关系、经营者对股东的纵向说明关系。

③ 组织机构：主要有股东会、董事会、监事会和以经理为首的管理阶层。

(2) 股东会或股东大会。

股东会由股东组成，代表所有者的利益，反映所有者的意志，有权制定公司的重大战略决策和选举董事会。股东会是公司的最高权力机构，拥有对整个公司的最高治理权。

(3) 董事会。

董事会由股东会选举产生。董事可以在股东中产生，也可以向社会聘任。董事会代表股东经营公司，行使重大经营决策权，并选聘经理。董事会是公司的经营决策机构，拥有对公司的治理权。

(4) 经理层。

经理人员由董事会选聘，一般为非股东的职业经理人。经理根据董事会的经营决策，全面负责公司的生产经营管理工作。经理是公司经营管理指挥系统的最高负责人，拥有员工治理权。

(5) 监事会。

监事会由股东会选举或委派。监事会代表股东对董事会、经理人员进行监督，拥有对整个公司的监督权。

《中华人民共和国公司法》第三十七条、第三十八条、第四十五条、第四十六条、第五十条、第五十二条、第五十四条规定了有限责任公司组织机构职权。

2) 现代企业法人内部治理机制

在现代企业法人治理结构的基础上，主要形成了以下现代企业法人内部治理机制。

(1) 选聘机制。从董事会成员的选举，到经理人员的选聘，完全由股东（含股东的委托董事），从维护其自身利益出发来进行择优选拔。这就从根本上解决了董事或经理由上级行政机构委派而不能直接代表股东利益的问题。

(2) 激励机制。这是所有者调动经营者积极性、提高公司绩效的基本机制。这一机制的核心是，使经营者利益与公司绩效一致化，经营者就会出于对自身利益的关心而尽其所能地最大化实现公司绩效。

(3) 约束机制。这是股东约束与规范经营者行为、审核公司绩效的一种监督机制。约束机制必须体现内部权力的分立与制衡原理的要求。现代企业内部约束机制既包括股东会和董事会对经理人员的监督，又包括他们之间权力的制衡；既包括用制度规范体系进行约束，又包括直接检查公司的业务活动和会计监督等形式。

(4) 决策机制。企业治理的目的，就是要使经营者努力经营、决策科学，从而提高企业的绩效。因此，决策机制是现代企业治理的重要机制。决策机制的核心是解决好企业决策权力的分配与制衡问题。要在股东会、董事会、监事会和经理层之间进行合理的决策分工和职权分配，建立科学的层级决策机制。

3. 现代企业法人外部治理

1) 现代企业法人外部治理结构

广义上，除了股东与经营者之间形成的内部治理结构外，现代企业法人治理结构还包括公司与社会组织与个人之间形成的外部治理结构。

(1) 现代企业法人外部治理结构的构成要素。

① 权益主体。现代企业是开放的企业,企业的经营与其所处的市场和社区有着千丝万缕的密切联系。企业的债权人、顾客、竞争者、社区、政府等,都成为与企业存在直接或间接利害关系的权益主体。

② 相互联系。企业的经营活动和生存发展,既受到社会因素的制约,又会对社会产生一定的影响。

(2) 现代企业法人外部治理结构主要包括:

① 证券市场;

② 银行等金融机构;

③ 公司的产品市场;

④ 经理人市场;

⑤ 政府的政策法规与干预。

2) 现代企业法人外部治理机制

在上述外部治理结构的基础上,形成了以下外部治理机制。

(1) 投资机制。金融市场与机构依据对公司绩效的评价选择投资对象,从而对公司形成激励或制衡作用。在证券市场中,股东通过"用脚投票"的方式对公司发挥治理作用,即他们抛售绩效差的公司的股票,而购买绩效好的公司的股票。银行通过信贷手段对公司加以控制。

(2) 选购机制。在公司生产的产品市场中,顾客的"购买选票"直接决定着公司的生存与发展。顾客会踊跃购买质优价廉的产品,而冷落质劣价高的产品。这种产品市场中的选购机制构成了现代企业外部治理的重要机制。

(3) 竞争机制。存在着发达的经理人市场是实现有效的现代企业外部治理的重要条件。经理人市场的存在,为股东挑选与辞退经理人提供了条件。这也对经理人造成了极大的压力,使经理人有强烈的危机意识,从而促使经理人努力经营,提高公司绩效。

(4) 规制机制。在市场经济条件下,公司的经营必然受到国家和政府政策法规及行政干预的规制。政府按照社会利益和市场经济的规则进行宏观调控,这对公司的健康运行具有重要意义。同时,社会与社区的一些价值观念、行为准则、社会舆论等也都会对公司产生一定的软规制作用。

第四节 现代企业管理思想的新发展

一、流程再造

20世纪90年代,随着经济全球化、信息技术的日新月异和知识经济时代的到来,世界经济格局和竞争特点都相继发生了巨大的变化。变化的特征之一是:越来越多的各国企业走出国门,参与到国际市场大循环。这些企业通过拓展市场、调整产品结构、承接国际订单、实行企业并购,在全球范围内组织生产和流通活动,旨在扩大市场占有率、追求利润最大化,从而发展成为经济全球化的动力和主体力量。变化的特征之二是:时间、质量、成本、服务和速度这五个要素已经成为衡量一个企业整体水平和竞争能力的主要标志。为了适应这一新的形势,赢得市场竞争的主动权,世界各国许多企业都在审时度势,纷纷实行业务流程重组(BPR),以提高企业的整体水平和竞争能力。

BPR 作为强化企业管理、提高企业整体水平和竞争能力的一种新的管理概念,是由美国 Michael Hammer 博士于 1990 年在《哈佛商业评论》中提出来的。随后,Hammer 的这一新的管理概念就像一股巨大的浪潮,席卷着美国和西方工业化国家,赢得了广大企业的认可和接受,取得了明显的经济效益,被称作是"恢复美国竞争力的唯一途径"。

1. 流程再造的概念

流程再造就是对企业的业务流程进行根本性再思考和彻底性再设计,从而获得成本、质量、服务和速度等方面业绩的戏剧性改善,使得企业能最大限度地适应以顾客、变革和竞争为特征的现代企业经营环境。在这个定义中,"根本性""彻底性""戏剧性"是应关注的三个核心内容。

(1) 根本性再思考业务流程重组所关注的是企业核心问题,如"我们为什么要做现在的工作""我们为什么要用现在的方式完成这项工作""为什么必须由我们而不是由别人来做这份工作"等。通过对这些企业运营根本性问题的仔细思考,企业可能会发现自己赖以存在或运营的商业假设是过时的,甚至是错误的。

(2) 彻底性再设计业务流程重组应对流程追根溯源,对既定存在的流程不是肤浅的改变或调整性修补完善,而是抛弃所有的陈规陋习,并且不要考虑一切已规定好的结构与过程,创造发明全新的完成工作的方法;是对企业业务处理流程进行重新构建,而不是改良、增强或调整。

(3) 戏剧性改善业务流程重组追求的不是一般意义上的业绩提升或略有改善、稍有好转等,而是要使企业业绩有显著的增长、极大的飞跃和产生戏剧性变化。这也是业务流程重组工作的特点和取得成功的标志。

2. 流程再造的原则

(1) 注重整体流程最优的系统思想。BPR 要求理顺和优化业务流程,以整体流程全局最优为目标,设计和优化流程中的各项活动,消除本位主义和利益分散主义,强调流程中每一个环节上的活动尽可能实现增值最大化,减少无效的或不增值的活动,最大限度地实现技术上的功能集成和管理上的职能集成,建立全新的过程型组织结构,使全部活动面向顾客需要、市场需求的满足而存在,实现企业经营在成本、质量、服务和速度等方面的显著改善。

(2) 在真正产生信息的实际工作中处理信息。过去大部分企业都建立了这样一些部门,它们的工作仅仅是收集和处理其他部门产生的信息。这种安排反映了一种旧思想,即认为低层组织的员工没有能力处理自己产生的信息。如今,伴随着计算机的运用和员工素质的提高,信息处理工作完全可以由低层组织的员工承担。这将极大地提高流程效率,使得精简员工的目标成为可能。

(3) 将分散的资源视为一体。集权和分权的矛盾是长期困扰企业的问题。集权的优势在于规模效益,不足是缺乏灵活性;而分权能够满足更大范围的服务,但随之会带来冗员、官僚主义和丧失规模效益的后果。有了数据库、远程通信网络及标准处理系统,人们不再为"鱼和熊掌不可兼得"而伤透脑筋,企业完全可以在保持灵活服务的同时,获得规模效益。

(4) 将并行工作联系起来。有两种形式的并行:一种是各独立单位从事相同的工作;另一种是各独立单位从事不同的工作,而这些工作最终必须组合到一起。并行的好处在于将研究开发工作分割成一个个任务同时进行,配合各项信息技术,如网络通信、共享数据库和远程会议,协调并行各独立部门的活动,而不是在最后才进行简单的组合,这样可以缩短产品开发周期,减少不必要的浪费。

(5) 在工作中决策,实现自我控制。这就要使决策点位于工作执行的地方,在业务流程中建立控制程序。在大多数企业中,执行者、监控者和决策者是严格分开的,这基于一种传统假设,即认为一线员工既没有时间也没有意愿去监控流程,同时也没有足够的知识去做出决策。而今,信息技术能够捕捉和处理信息,一线员工可以自行决策,在流程中建立控制,这就为压缩管理层次和实现扁平组织提供了技术支持。

(6) 从信息来源地一次性获取信息。在信息难以传递的时代,人们往往会重复采集信息,但由于不同人、不同部门和组织对信息有各自的要求和格式,因此不可避免地会造成企业业务延迟、输入错误和增加额外费用。在设计和优化企业业务流程时,可以利用 IT 手段实现信息的一次处理与共享使用机制,可以将采集的信息储存于在线数据库中,与所有需要的人共享,从而将串行工作流程改造为并行工作流程,协调分散与集中之间的矛盾。

(7) 面向客户和供应商整合企业业务流程。当今时代的竞争不是单一企业与单一企业的竞争,而是一个企业的供应链(由供应商、企业制造车间、分销网络、客户等组成)与另一个企业供应链之间的竞争。这要求企业在实施 BPR 时不仅要考虑企业内部的业务处理流程,还要对客户、企业自身与供应商组成的整个供应链业务流程进行重新设计。

以上七项原则可概括为三个核心原则:坚持以流程为导向的原则,坚持以人为本的团队式管理原则,坚持顾客导向的原则。在追求顾客满意度和员工追求自我价值实现的过程中带来降低成本的结果,从而达到改善效率和效益的目的。流程再造在注重结果的同时,更注重过程的实现,并非以短期利润最大化为追求目标,而是追求企业持续发展的能力。IBM 信贷公司通过 BPR 活动,将顾客融资服务周期缩短,由 7 天缩短至 4 小时;福特公司通过 BPR 活动,把负责贷款支付的人员由 500 人减至 125 人,有关营业费降低了 95%。

二、学习型组织

1. 学习型组织的特征

1990 年,麻省理工学院斯隆管理学院的彼得·圣吉教授出版了《第五项修炼——学习型组织的艺术与实务》一书,掀起了组织学习和创建学习型组织的热潮。所谓学习型组织,是指通过培养整个组织浓厚的学习气氛、充分发挥员工的创造性思维能力而建立起来的一种有机的、高度柔性的、扁平的、符合人性的、能持续发展的组织。这种组织具有持续学习的能力,具有高于个人绩效总和的综合绩效。学习型组织具有以下特征。

(1) 组织成员拥有一个共同的愿景。组织的共同愿景来源于员工个人的愿景,而又高于个人的愿景。它是组织中所有员工共同愿望的景象,是他们的共同理想。它能使不同个性的人凝聚在一起,朝着组织共同的目标前进。

(2) 在学习型组织中,团体是最基本的学习单位。团体本身应理解为彼此需要他人配合,组织所有目标都直接或间接地通过团体的努力来达到。

(3) 善于不断学习。学习型组织通过保持学习能力,及时铲除发展道路上的障碍,不断突破组织成长的极限,从而保持持续发展的态势。

(4)"地方为主"的扁平式结构。传统的企业组织结构通常是金字塔式的,学习型组织的组织结构则是扁平的,即从决策层到操作层的相隔层次极少。它尽最大可能将决策权向组织结构的下层移动,让最下层单位拥有充分的自主权,并对产生的结果负责,从而形成以"地方为主"的扁平式组织结构。

(5)自主管理。自主管理是使组织成员能边工作边学习,并使工作和学习紧密结合的方法。通过自主管理,组织成员可以自己发现工作中的问题,自己选择伙伴组成团队,自己选定改革、进取的目标,自己进行现状调查,自己分析原因,自己制订对策,自己组织实施,自己检查效果,自己评估总结。

(6)组织的边界将被重新界定。学习型组织的边界界定,建立在组织要素与外部环境要素互动关系的基础上,超越了传统的根据职能或部门划分的"法定"边界。例如,把销售商的反馈信息作为市场营销决策的固定组成部分,而不是像以前那样只是作为参考。

(7)员工家庭与事业的平衡。学习型组织对员工承诺支持每位员工充分的自我发展,而员工也以承诺对组织的发展尽心尽力作为回报。这样,个人与组织的界限将变得模糊,工作与家庭之间的界限也将逐渐消失,员工丰富的家庭生活与充实的工作生活相得益彰,从而提高员工家庭生活的质量,达到家庭与事业之间的平衡。

(8)领导者的新角色。在学习型组织中,领导者是设计师、仆人和教师。领导者不只是对组织要素进行整合,而且是设计组织结构和组织政策、策略,更重要的是设计组织发展的基本理念;领导者的仆人角色表现在对实现愿景的使命感,自觉地接受愿景的召唤;领导者作为教师的首要任务是界定真实情况,协助人们对真实情况进行正确、深刻的把握,提高他们对组织系统的了解能力,促进每个人的学习。

总结正反两方面的经验,大部分公司失败的原因在于组织学习的障碍妨碍了组织的成长,使组织被一种看不见的巨大力量所侵蚀,以至吞没。21世纪最成功的企业将会是"学习型组织",因为未来唯一持久的竞争优势是有能力比你的竞争对手学习得更快。

2. 学习型组织的"五项修炼"

学习型组织管理理论是一种宏观的管理理论,适用于各种各级组织。新加坡用它指导政府管理,日本大阪政府用它指导城市管理,上海市政府提出创建学习型城市,同济大学用它指导学院管理,微软公司用它指导企业管理。"学习型组织的五项修炼"是彼得·圣吉教授通过对4000家企业的培训研究,穷10年之功而研究、提炼、总结、推出的一套完整的、操作性很强的、理论与实践相结合的新型企业管理方法,被国际企业界誉为"走向21世纪的管理圣经"。

1)自我超越

自我超越就是学习不断理清并加深个人的真正愿望,集中精力培养耐心,并客观地观察现实,学习如何拓展个人能力,创造出我们想要的结果,并且塑造出一种组织环境,鼓励所有的成员自我发展,实现自己选择的目标和愿景。建立个人愿景是自我超越的前提,而修炼的重要方法是保持创造性张力。所谓创造性张力,就是愿景与现状之间的差距,这种差距会产生一种推动你去创造并且实现个人愿景的力量。对于组织来说,自我超越成功与否,在很大程度上取决于领导者能否身体力行,走在其他员工的前面。

2)改善心智模式

通俗地说,心智模式是指由过去的经历、习惯、知识素养、价值观等形成的基本的、固定的思维方式和行为习惯。我们通常不易察觉自己的心智模式以及它对行为的影响。然而,心智模式一旦形成,将使人自觉或不自觉地从某个固定的角度去认识和思考发生的问题,并用习惯的方式予以解决。心智模式不仅决定我们如何认知周围的世界,而且影响我们的行动。心智模式改变了,工作的方式就会相应改变。良好的心智模式可以帮助管理者做出有效和及时的决策,进而获得良好的组织绩效。

3）建立共同愿景

愿景包含了两层意思：一是愿望,二是远景。所谓共同愿景,就是被组织成员共同认可、向往、渴望的愿望和远景。共同愿景既要能够体现组织未来发展的远大目标,又必须能够体现组织成员的共同愿望。共同愿景的建立包含愿望、价值观、目的、使命和目标的建立。

4）团队学习

团队学习是发展团队成员整体搭配与实现共同目标能力的过程,它包括转换对话及集体思考的技巧,试图让群体发展出超乎个人才华总和的巨大知识和能力。团队学习被称为"深度会谈"。深度会谈的目的是要获得优于任何个人见解的意见和知识,而并非赢得对话、驳倒对方。在深度会谈时,每个人都说出心中的假设,以多样的观点探讨复杂的难题,并自由交换想法。在无拘无束的探索中,人们将深藏的经验与想法完全表现出来,互相交流、讨论,共同提高。

5）系统思考

系统思考是一种试图看见整体的思考方式,是一项看清复杂状况背后的结构以及区分高杠杆解和低杠杆解差异所在的修炼。它能让我们看见相互关联而非单一的事件,看见渐渐变化的形态而非瞬间即逝的一幕。系统思考的精义在于心灵的转换。

（1）观察环状因果的互动关系,而不是线段式的因果关系。

（2）观察一连串的变化过程,而非片断的、一幕一幕的个别事件。

（3）从看部分转为看整体。

（4）从把人们看作无助的反应者,转为把他们看作改变现实的主动参与者。

（5）从对现状只做出反应,转为创造未来。

五项修炼的关系是：首先,建立共同愿景的目的在于使组织成员有一个共同的奋斗目标,并认同这个目标,但这种对组织目标的认同需要借用"团队学习"的手段,即要求组织成员充分地相互沟通,建立起充分的相互信任,为此,就必须改善所有成员,特别是管理者的心智模式,即改变原有处世方式中的不良习惯,改善管理者决策时固有的思维模式；其次,组织成员的自我超越,即成员个人的不断创新、不断进取,构成学习型组织的精神基础；最后,系统思考是以系统的观点来看待组织内部的关系以及组织与其外部环境的联系,它能强化其他每一项修炼,并不断地提醒我们,整合整体会得到大于各部分加总的效力。

第二章
现代企业管理法律环境

XIANDAI YU GUOJI
QIYE GUANLI

案例 企业工资薪金制度案例：中国企业工资制度模式

动态结构工资制

动态结构工资由岗位工资单元、年功工资单元、效益工资单元和特殊工资单元四部分组成。以前各种津贴、补贴、浮动工资及工龄工资全部归入各工资单元中去，不再单独设项，即员工的工资总额＝岗位工资单元＋年功工资单元＋效益工资单元＋特殊工资单元，它们的大体比例为38∶5∶55∶2。

1. 岗位工资单元

它是根据员工所在的岗位、担任的职务及实际具备的技术水平而确立的工资单元，其特点是：以岗定薪、一职一薪、薪随岗动、变岗变薪。岗位工资的确定：管理技术人员按其受聘的职务确定为九档——办事员、见习科员、科员、副主任科员、经理助理（主任科员）、副经理（副处长）、商场经理（党支部书记、处长）、副总经理、总经理，营业员及其他工种员工根据其取得的技术等级确定为八档——见习、初级、中三、加四、高级、助师、技师、高级技师。两大系列相互联系、相互对应。如高级工人技师与商场的经理助理的岗位工资是相同的。

2. 年功工资单元

它是随着员工工作年限增长而逐年递增的工资，是对员工工作经验和劳动贡献的积累所给予的承认和补偿，是调整新老员工工资矛盾的重要途径。年功工资按工龄分段计发，即每五年为一个工龄段，按不同工龄段的不同调整数累计发放。

3. 效益工资单元（即奖金）

它是员工收入中与企业或二级核算单位经济效益及员工个人工作效率、工作成果直接挂钩的部分。其发放原则为：以利润进度定分配总量，以综合考核定扣罚分值，以个人劳效定收入金额，激励员工促销增效、多做贡献。

4. 特殊工资单元

它是为了照顾到部分员工的特殊情况而设置的，主要包括少数民族补贴、教护龄津贴及特殊工作的岗位补贴。

案例讨论

1. 劳动法里对劳动待遇和劳动保护是怎么规定的？
2. 什么是现代企业合同法律制度？我国合同法中规定了哪些合同类型？

第一节 现代企业法律概述

一、企业与法律

改革开放以来，我国始终致力于社会主义市场经济的建立与完善。现代市场经济是全方位的法治经济,市场经济的开放性、竞争性、公平性最终都是由法律来规范的。法律的国家意志性、强制性决定着市场经济主体间的生产关系、经济关系和行为方式。企业参与市场竞争不仅要掌握经济规律、研究经营策略,更要熟知竞争规则和法律规范,而后者是市场经济的客观要求。对法律无知是企业在市场经济中隐藏的最大风险,因此企业欲在经济活动中立于不败之地,就有必要增强法律观念,依法经营,以法律为武器,保护自身合法权益。

1. 企业是法律关系主体

企业不仅是社会财富的创造者,也是社会资源的消费者。国家法律、法规调整的社会关系以及所有的经济法律关系,都把企业作为重要的法律关系的参与者,其意义表现在两个方面。首先,法律、法规赋予了企业广泛的权利能力。企业的法律地位由《中华人民共和国公司法》、企业法明确确认,企业依法被赋予可以从事生产制造、交通运输、金融保险、工程建设、对外贸易等各行各业的经济活动资格,并允许企业采用正当的手段获取利益和不断拓展业务范围。其次,法律、法规限定了企业的行为能力。企业所具有的权利能力仅表现为从事经济活动抽象的法律资格,但在实际的经济关系中,参加的主体是具体的经济实体,法律要求该主体必须具有特定的法律资格。从《中华人民共和国建筑法》《中华人民共和国铁路法》《中华人民共和国保险法》《中华人民共和国电力法》《中华人民共和国商业银行法》等部门法的规定中,可以清楚地了解法律对主体资格的限定。

2. 企业必须依法经营管理

就法律的普遍性、强制性而言,企业的各项活动,包括产品销售、银行贷款等外部关系和招聘员工、经营承包等内部关系,都是在法律的规范之中,正所谓"法网不漏"。企业的自主经营权的行使,必须在法律允许的范围内才能得以实现。企业只有依法经营,其权利和利益才能有所保障。

就法律的国家意志性而言,法律对企业行为的认识是从国家利益和社会公共利益的角度进行的。如果企业为了一己私利而侵害国家或社会利益,其行为为法律所否定,而且必将受到法律的制裁。因此企业违法经营,不仅不能取得预期利益,而且往往得不偿失。

就法律的公平性而言,在调整平等主体的经济法律关系中,法律即代表公平、公正,企业不公平地参与市场竞争,采用不合理的手段获取利益,就违背了法律的基本原则,其行为将受到法律制约,其已取得的利益也属不当得利,应予以追缴、返还。

3. 法律保护企业的正当权益

如果仅仅认为法律就是企业的行为规范,企业只受到法律的约束,那是非常片面的。法律具有约束和保护两种职能,制约的只是违法行为,而对合法行为则予以保护,而且法律对企业合法利益的保护是强制性的。

另一方面,国家的经济法律规范中存在着任意性规范,企业可以按照自己的意志加以选择,以更好地维护自己的合法权益。因此,企业不仅要"知法—守法",还要"懂法—用法"。

二、企业相关法律

1. 法律渊源的含义

法律渊源的外延包含"法源"的两种含义,即实质渊源和形式渊源。实质渊源是指法律决定于谁的意志,形式渊源是指法律规范的具体表现形式。

法律渊源在不同的国家的具体表现形式有所不同。以法国、德国为代表的大陆法系国家以制定法为主要法律渊源;以英国、美国为代表的普通法系国家以判例法为主要法律渊源;还有一些国家将社会习惯、国家标准、教规教义、学理解释等都列入法律渊源;我国的法律渊源主要是各种制定法,而国家政策、贸易习惯(国际惯例除外)、法院判例、法理解释等都不归属于法律渊源。

2. 法律渊源的表现形式

1) 宪法

宪法是国家的根本大法,规定了国家各项基本制度。国家一切制度都是根据宪法制定的。宪法是"母法",产生和制约着其他法律渊源。宪法具有最高法律效力,是最重要的法律渊源。

2) 法律

法律是国家立法机关根据立法程序制定的有普遍约束力的规范性文件。法律包括全国人民代表大会制定的基本法和全国人民代表大会常务委员会制定的其他法,如《中华人民共和国商标法》《中华人民共和国公司法》《中华人民共和国税收征收管理法》《全国人民代表大会常务委员会关于惩治破坏金融秩序犯罪的决定》。法律依据宪法和立法程序而制定,其效力低于宪法,高于其他法律渊源。目前,我国已颁布了一千多部法律,它们成为重要的法律渊源。

3) 行政法规

行政法规,简称法规,是国家最高行政机关根据宪法和法律制定的各种规范性文件。我国最高行政机关是国务院。国务院颁布的规范性文件有普遍约束力,也是法律渊源的组成部分,如国务院颁布的《中华人民共和国电信条例》《煤矿安全监察条例》《企业债券管理条例》等。国务院颁布的规范性决定、命令与行政法规有相同的法律效力。

4) 部门规章

部门规章是国务院下属各部、委根据法律、法规,在本部门管辖权限内发布的规范性文件,如财政部发布的《中华人民共和国增值税暂行条例实施细则》、信息产业部发布的《互联网电子公告服务管理规定》、国家计划委员会发布的《境外进行项目融资管理暂行办法》等。国务院直属机构,包括海关总署、工商行政管理总局、税务总局、中医药管理局等发布的规范性文件也属于部门规章范畴,如国家税务总局发布的《个人所得税代扣代缴暂行办法》等。

5) 地方法规、规章

地方法规是省、自治区、直辖市及省级人民政府所在地市和经国务院批准的市人民代表大会及其常务委员会发布的规范性文件,如天津市人民政府发布的《天津市公共计算机信息网络安全保护规定》、上海市人民政府发布的《上海市著作权管理若干规定》等。民族自治地方的人民代表大会有权根据当地的特点制定自治条例和单行条例,并经上一级人大常委会批准后生效。

根据法律属地原则,地方法规、规章只适用于相应行政区划之内的法律关系。

6) 解释

解释是指有法律解释权的机关对法律、法规、规章等规范性文件做出的补充说明。有解释权的机关,除规范性文件的制定机关外,还可以是授权解释机关。

按照解释机关的不同,解释大致可以分为:立法解释、行政解释、司法解释。司法解释是最高人民法院、最高人民检察院对法律、法规等进行的解释。司法解释不等同于判例，如最高人民法院审判委员会发布的《最高人民法院关于适用〈中华人民共和国合同法〉若干问题的解释》。

3. 法律规范的分类

1）根本法与一般法

根本法，即国家宪法，是反映统治阶级意志，规定国家根本制度，其制定和修改适用特定程序，具有最高法律效力的法律。一般法是指国家制定、认可的调整各种法律关系的行为规范。一般法是根本法的"子法"，是根本法宗旨、内容的具体体现和贯彻实施，是适用性法律。

2）普通法与特别法

普通法是调整同类法律关系的基本法律规范。如《中华人民共和国合同法》是规定包括买卖合同、借款合同、承揽合同等所有合同关系的基本规范，是调整合同关系的普通法。特别法是指适用于特定地区、特定主体、特定事项的法律规范。特别法是相对于普通法而言的。如《中华人民共和国合同法》作为调整合同关系的普通法，那么《借款合同条例》就是专门规范借款合同的特别法。

3）强制法与任意法

强制法是指规定行为效力并由国家执法机关强制实施的法律规范。强制法是绝对性法律规范，当事人必须遵守和执行，否则，不仅当事人行为无效，而且当事人要承担一定法律责任或受到法律制裁。任意法是指法律中的或许性规范。对于任意性规范，当事人可以选择是否适用。选择适用的，产生相应的法律效力；不选择适用的，也不违法。

4）实体法与程序法

实体法是指直接规定法律关系主体权利义务的法律规范，如《中华人民共和国民法通则》中对公民、法人民事权利、责任的规定，《中华人民共和国保险法》中对保险人和投保人权利义务的规定等都属于实体法律规范。实体法不仅规定了当事人之间的权利义务，而且从实际内容上规定了权利义务主体产生、变更、消灭。程序法是指保障实体法贯彻执行，规定实体权利取得、变更、终止程序的法律规范。《中华人民共和国民事诉讼法》《中华人民共和国仲裁法》中的规定，主要是程序法规范。

5）国内法与国际法

国内法是由一个主权国家制定，其法律效力范围仅限于本国之内的法律规范。国际法是调整国家间关系的具有一定约束力的原则、制度和规范，其法律渊源主要是国际条约和国际惯例。国内法和国际法的区分并没有固定的、严格的界限，二者在一定条件下可以相互转化。

三、企业相关法律关系

1. 法律关系的含义

法律关系是指公民、法人或其他社会组织之间依法形成的权利义务关系。

法律关系是人与人（包括法人、社会组织）之间的社会关系，而不是形式上的人与财产、人与自然之间所形成的关系。法律关系的实质是社会主体依法形成的权利义务关系。如税务机关与企业之间依法存在税收征管法律关系，因此税务机关有权扣缴企业税款。而地方政府与企业之间通常不存在财产法律关系，所以地方政府无权随意征收或摊派。

2. 法律关系的构成

法律关系由多种要素组成,其基本要素有三,即主体、客体、内容。法律关系的三个基本要素缺一不可。对于设立法律关系而言,缺少一个要素,法律关系不能成立;对于存续法律关系而言,缺少一个要素,法律关系终止。

1）主体

主体是指具有一定资格的法律关系参与者。主体资格是指参加法律关系的权利能力和行为能力。权利能力是主体依法参与法律关系、享受权利、承担义务的资格。行为能力是主体通过自己的行为或依据自身条件参与法律关系、享受权利、承担义务的资格。

法律关系主体包括国家机关、企业、事业单位、社会组织、经济组织内部经营承包单位、外国企业、个人等。

2）客体

客体是指主体间权利义务所共同指向的对象。具体的权利和义务必须通过特定的客体才能体现和完成。客体的形式与种类是多样化的,在理论上大致分为三种:第一种是财物,包括货币、有价证券、建筑物、生产生活资料等;第二种是行为,即在一定条件下完成特定的工作或履行特定的劳务活动,如工程勘察、设计工作、货物运输等;第三种是智力成果,即具有一定价值的人类脑力劳动成果,如专有技术、计算机程序等。

3）内容

内容是指法律关系主体之间所具有的权利和义务。

权利是主体做出一定行为（不行为）或要求他人做出一定行为（不行为）,以实现其利益的法律许可与保障。在行使权利方面,主体有自主权利、限他权利、请求权利;在权利内容方面,主体有财产所有权、经营管理权、工业产权等。

义务是主体从事一定行为或不行为的必要责任。义务具有利他性,是为了满足他人利益而从事的行为或不行为。义务还具有必要性,主体不得抛弃义务,否则会受到法律的制约,甚至制裁。

3. 法律关系的产生、变更、终止

法律关系产生是指法律关系依法成立,主体之间形成的权利义务受法律保护和制约。法律关系产生的前提条件是法律关系构成要素处于法律调整范围之内,但法律规范并不能直接产生法律关系;法律关系产生的直接原因是发生一定的法律事实,即引起法律关系产生"行为"或"事件"。

法律事实中的行为是指主体依据其意志实施的行为,如签订合同、起诉侵权人等。行为按形式的不同可以分为积极行为与消极行为,按性质的不同可以分为合法行为与非法行为,按行为人的不同可以分为当事人行为、行政机关行为与司法机关行为。

法律事实中的事件是指不依主体意志而发生的客观事实,包括自然事件和社会事件,如地震、飓风、战争、法律变更等。

法律关系形成后不会永远存在,法律关系构成要素随着法律事实的变化而变化,直至一种要素消灭。因此,法律关系的变更、终止也是依据一定的法律事实发生的。如法律关系终止原因可以是当事人履行合同、权利人放弃权利、义务人破产、标的物因不可抗力灭失等。

4. 与企业相关的主要法律关系

1）所有权关系

所有权关系是因财产归属而产生的权利义务关系。所有权关系主体中,财产所有人是权利人,其他不特定人都是义务人。所有权关系客体主要是各种财产。所有权关系内容是所有人对其财产的占有、使用、收益和处分的权利。

所有权关系是最基本的法律关系,它往往是其他法律关系的基础和原形,其他法律关系不过是所有权关系的变形或延伸,所以所有权关系是非常重要的法律关系。

2) 债权关系

债权关系是特定人之间因一定法律事实而产生的权利义务关系。债权关系中,主体双方都是特定人,其客体形式较为广泛,包括法律许可的各种形态。债权关系大大扩展了所有权关系的适用范围,并使所有权内容更加丰富和实用。

3) 行政管理关系

行政管理关系是国家行政机关在组织、管理、调控社会关系中与相对人形成的权利义务关系。行政管理关系的特点是主体之间的法律地位不平等,行政机关对被管理人只享有检查、监督、处理的权利,其义务不是针对被管理人,而是国家。另外,行政管理形式不仅可以采用经济手段,而且可以采用行政命令的方式。

4) 股权关系

股权关系是股东与公司之间基于股份而产生的权利义务关系。股权关系既不是典型的所有权关系,也不是典型的债权关系,即股东既不是公司的所有权人,也不是公司的债权人。股东以资金或财产为对价,获得公司业务活动的决策或经营管理权。

5) 侵权关系

侵权关系是基于侵权行为引起的损害赔偿法律关系。行为人的行为侵害了国家、集体或公民权利或利益时,即构成侵权关系,受损害人有获得赔偿的权利,加害人有给付的义务。根据侵权关系不同的构成条件,行为人无论故意、过失、无过失,还是违法、不违法实施侵权行为,都有可能形成侵权关系。

6) 请求权关系

请求权关系是当事人就有关权利义务发生争议或权利人认为其权利被侵害,请求有关部门对其权利给予确认、保护而形成的法律关系。请求权包括申请复议权、申请保全权、申请仲裁权、起诉权、申请执行权等。请求权是权利人实现其实体权利的必要保障,也是法律介入合法法律关系的基本程序。请求权关系不仅涉及权利请求人和利害关系人,还涉及国家执法、司法机关,执法、司法机关有义务对请求人的合法权益采用必要的强制手段予以保护。

四、代理

企业在经营活动中虽然具有主体资格,但企业本身不能思考、判断,不能做出具体的法律行为,实际上企业参与经济法律关系是通过其代理的行为进行的。另外,当事人由于业务能力、专业知识所限,在处理某些事务时往往达不到较好的效果,这也需要专业人员的代理。所以代理在经济活动中是非常必要和重要的。

1. 代理的含义、特征与种类

1) 代理的含义

代理是代理人以被代理人名义,在代理权限内向第三人独立地做出意思表示,其后果直接由被代理人承担的法律行为。

代理关系是发生在代理人、被代理人及第三人之间的法律关系,包括:第一,代理人与被代理人基于委托授权或法律而形成的确定代理权关系;第二,代理人向第三人实施代理行为的关系;第三,被代理人与第三人通过代理行为而产生的权利义务关系。其中第一种关系是代理的内部关系,是代理关系产生的基础和前提;第二种关系是代理关系的桥梁和纽带;第三种关系是代理关系的外部关系,是代理关系的目的和归宿。

2)代理的特征

代理的法律特征表现在以下几个方面。首先,代理是法律行为,是行为人为设立、变更、终止法律关系而向第三人实施的合法行为。代理人实施代理行为是为被代理人设立权利、义务。这一特征可以将代理与行纪行为区别开来。其次,代理人在代理权限内独立实施法律行为。代理人在不违背被代理人根本意志的前提下,运用其具备的专业知识、工作经验等,对代理事务按照自己的判断做出代理行为。这一特征可以将代理与居间行为区别开来。最后,代理行为结果直接归属于被代理人。代理人在代理权限内实施的合法代理行为,其结果无论对被代理人是否有利,被代理人都应向第三人承担责任。

3)代理的种类

《中华人民共和国民法通则》第六十四条第一款规定:"代理包括委托代理、法定代理和指定代理。"在代理法学理论中,按照不同划分标准,代理可分为:本代理与复代理、单独代理与共同代理、授权代理与委任代理、期限代理与事项代理、一般代理与特别代理、普通责任代理与特殊责任代理等。

委托代理是基于被代理人授权而产生的代理,其特点是代理范围广泛、代理人多样化,如进出口业务代理、保险代理、广告代理、工程招标代理等。委托代理人既可以是自然人,也可以是社会组织。委托代理通常是有偿代理。

法定代理是根据法律规定直接产生的代理。法定代理是为了保证法人、社会组织和无行为能力人能够通过代理参与社会各项活动,从中享受和实现权利。法定代理关系中,代理人和代理权都是由法律直接规定的。如董事长是公司的法定代理人,企业的负责人厂长、经理等是企业的法定代理人,父母是未成年子女的法定代理人等。法定代理通常属于全权代理。

指定代理是指代理人由人民法院或国家机关依法指定而产生的代理。指定代理的原因是共同代理人对代理权有争议或法定代理人空缺。指定代理要依据法律条件和程序进行,具有一定的强制性。

2. 代理权、代理无效与代理权滥用

1)代理权的产生

代理权产生的原因除法律直接规定外,主要是被代理人委托授权,其委托形式是多种多样的。其一,明示授权,即被代理人以口头或书面等明确的表达方式将代理权授予代理人;其二,暗示授权,即被代理人虽然没有明确向代理人授予代理权,但从客观事实推断被代理人默许行为人以其名义实施代理行为,并承担代理行为后果;其三,追认代理权,即行为人在没有代理权或越权实施代理行为后,被代理人承认其无权或越权的代理行为,并承担代理行为后果;其四,客观必要代理,即他人财产的占有人、管理人因发生一定法律事实而必须行使对他人财产的代

理权。

2）代理权的限制

委托代理授权主要反映被代理人的意志,但其授权意志受到法律限制,主要表现在:第一,违反法律事项的委托代理授权无效;第二,超越被代理人行为能力的委托代理授权无效,如经理签订经营范围以外的经济合同;第三,特定人身性质的行为不能授权代理,如演出行为、接受行政处罚行为等;第四,依法由特定人代理的事务,向非特定人授权无效,如公司只能委托具有相应资质的金融机构代理发行债券股票。

3）无权代理及责任

无权代理是指行为人没有代理权而以代理人身份实施的代理。无权代理包括:没有被授予代理权而实施的代理、授予代理权无效或被撤销而实施的代理、超越代理权限而实施的代理、代理权终止后实施的代理。

无权代理的性质具有不确定性,是否能够产生代理效力,要根据具体情况界定。

如果行为人实施无权代理行为的目的是善意的、内容是合法的,且事后被代理人给予追认,那么代理行为产生法律效力,被代理人直接对第三人履行权利承担义务。

无权代理行为符合下列条件之一的,属于无效代理:第一,行为人无相应行为能力;第二,第三人撤回其法律行为;第三,被代理人明示或默示拒绝追认;第四,不符合表见代理要件。无权代理无效的,由行为人向无过错的第三人履行义务,行为人不能履行义务的,要承担一定的赔偿责任。

4）代理权滥用

代理权滥用是指代理人违反代理原则实施损害被代理人利益的代理行为。代理权滥用的情形包括:代理人以代理人身份与自己设定法律关系（自己代理）、代理人就同一法律关系同时代理双方当事人（双方代理）、代理人与第三人恶意串通实施代理行为、代理人明知代理行为违法仍然实施代理行为。

代理人"自己代理"和"双方代理"的,代理行为无效;代理人与第三人串通损害被代理人利益的,由代理人和第三人负连带责任;代理人明知代理行为违法仍然实施代理行为的,由代理人和被代理人负连带责任。

3. 代理关系终止

代理关系终止是指由于某种法律事实致使代理人丧失代理权或代理资格,代理人不再以被代理人名义从事活动,被代理人也不再对代理人的行为承担责任。引起代理关系终止的原因,一种是法律事件,另一种是法律行为。

委托代理法律关系因发生以下法律行为或事件而终止。

（1）代理期限届满。代理合同或代理事项有期限的,该期限届满时,代理关系终止。

（2）委托代理事物完成。代理事务不能或无须重复实施代理行为的,代理人一旦完成委托事项,代理关系终止。

（3）被代理人取消委托。取消委托是一种单方法律行为,无须征得代理人的同意。取消委托后,代理人不得再以被代理人名义实施代理行为。

（4）代理人辞去委托。辞去委托也是一种单方法律行为,是代理人终止代理关系的意思表示。

（5）代理人或被代理人死亡以及作为代理人或被代理人的法人终止。代理法律关系因主体灭亡而终止。法人终止原因有破产、撤销、解散等。

（6）代理人丧失行为能力。代理人实施代理行为必须有足够的分析、判断能力，代理人丧失行为能力也就丧失了代理人的法定资格，代理关系因此终止。

第二节　现代企业法律制度

一、企业法律制度概述

1. 企业法律的含义与类型

企业是依据法律程序设立，以营利为目的，独立从事生产、经营、服务活动的社会组织。企业的法律特征表现为：首先，企业必须依法设立，具备一定的组织形式；其次，企业是从事营利性活动的社会组织，这是企业与行政机关、事业单位、社会团体显著区别的地方；最后，企业具有独立的法律地位和主体资格。

企业按照不同的划分标准，可分为不同类型。根据组织形式划分，企业可分为独资企业、合伙企业和公司企业；根据所有制划分，企业可分为国有企业、集体企业、私营企业和混合制企业；根据出资人划分，企业可分为内资企业、侨资企业和外资企业；根据责任制划分，企业可分为法人企业和非法人企业；根据主营业务划分，企业可分为工业企业、农业企业、建筑企业、金融企业、商业企业等；根据法律形式划分，企业可分为标准形式企业和特殊形式企业（如国有独资公司、股份合作企业等）。

2. 企业法

企业法是调整企业设立、企业组织形式和机构、企业终止等社会关系的法律规范的总称。企业法属于国内法，其作用主要是组织法，兼具行为法；其性质主要是强制性规范。

企业法的调整对象主要包括：国家对企业设立、经营的管理关系，企业存在的内部组织关系，企业之间兼并、重组及对外融资等关系。

我国现行企业法都是20世纪80年代以后产生的。到目前为止，我国已颁布了众多的法律、法规，如《中华人民共和国全民所有制工业企业法》《中华人民共和国中外合资经营企业法》《中华人民共和国城镇集体所有制企业条例》《中华人民共和国合伙企业法》《中华人民共和国个人独资企业法》《中华人民共和国公司法》《中华人民共和国企业法人登记管理条例》《中华人民共和国企业法人登记管理条例施行细则》等，由此形成的法律体系对建立我国现代企业制度起到了积极的保障和规范作用。

3. 企业法律制度框架

企业法律制度规范的基本内容主要包括：企业的设立、企业的组织、企业的终止与清算。

按照企业法的有关规定，企业设立须由筹建人向有管辖权的工商行政管理部门提出设立申请，工商行政管理部门对拟建企业的设立条件进行审查，包括企业名称、章程与合同、经营范围、营业场所、注册资金等，对符合法律条件的，予以登记注册，企业取得经营资格。

企业的组织对于不同企业有所差别。我国国有企业组织制度实行厂长（经理）负责制，厂长处于企业中心地位，集决策权、管理权于一身，是企业的全权代理人；我国公司企业的组织制度实行机构分权制，即股东会为公司的权力机关，董事会为公司的业务执行机关，监事会为公司的监督机关；个人独资企业、合伙企业的组织有较大的任意性，通常由企业自行决定。

企业变更、终止与清算应依法进行。企业变更包括企业合并、企业分立、企业组织变更和注册事项变更。企业变更应按照法律规定的程序进行，并办理变更登记。企业终止可分为自行终止和依法终止两种情况。除企业因违反法律、法规被依法撤销或因资不抵债而被宣告破产外，因其他原因导致的企业终止为自行终止。企业终止后，应按照企业法的有关规定对企业财产进行清算、清偿和分配。

二、企业法人制度

1. 法人概述

法人是依法设立的具有一定权利能力和行为能力的社会组织。法人的主要特征在于其团体性和独立性。前者体现为法人是一个组织，一个由若干人组成的集合体；后者体现为法人有自己独立的名称、独立的财产及独立的主体资格。

法人按不同性质可以分为企业法人、事业法人、机关法人和社团法人。企业法人是经济法律关系中最重要的主体。

根据我国有关法律规定，企业法人的设立采用核准设立原则，即首先取得主管部门的行政许可，然后在工商行政管理部门登记注册（经国家特许设立的企业，如商业银行保险公司、国防企业等除外），才能取得法人资格。企业法人必须在法律许可和经营范围之内开展业务活动。

2. 法人财产制度

法人拥有可独立支配的资金和财产，这是法人与其他社会组织的一个重要区别，也是法人获得法律人格的物质基础和前提条件。法人财产制度的内容有两点：首先，法人必须有必要的财产，在我国，企业法人的设立实行严格的法定资本制，企业的财产至少要达到法律规定的注册金额；其次，法人对财产享有独立支配权，即使是国有企业不拥有财产所有权，也依法对其管理的财产具有自主支配权。法人财产分为有形财产和无形财产。

3. 法人责任制度

法人责任制度是法人制度的重要组成部分，它对法人组织的法律地位和存在，往往起着决定性作用。从保护和稳定社会经济秩序出发，国家赋予法人的不仅仅是权利，同时也明确了法人的义务和责任。法人责任制度的意义在于消除国有企业之间的财产责任关系，使企业直接面对经营风险，激发企业的积极性，真正建立符合市场经济的主体结构体系。

法人责任制度的内容之一是法人承担责任的独立性：第一，法人责任与其他部门相对独立，如母公司对子公司行为不承担责任；第二，法人责任与其股东和成员相对独立，法人的股东或成员对法人的行为不承担责任；第三，法人责任与法人管理人、执行人相对独立。法人责任制度的另一方面内容为其承担责任的有限性。法人承担责任以其实际拥有的财产为限，当企业法人已到期债务大于其实际拥有财产时应依法破产清算，破产企业全部资产不足清偿债务部分被法定抵消，不再补偿法人有限责任制度，这样有利于强化企业经营风险意识，保持市场主体的竞争力。

三、公司法律制度

1. 公司的含义、特征

公司是依据公司法设立的企业法人。公司具有以下法律特征。

1）依法性

公司的含义、种类及有关制度是由公司法规定的,公司的一切活动都应遵守公司法的实体和程序规范。

2）企业性

公司是企业的一种高级形式,具有企业的基本特征。公司是以营利为目的的从事一定生产经营或有偿服务的经济组织。

3）股权性

公司股东应由两人以上的独立投资人组成(一人公司和国有独资公司除外)。股东以其出资数额享有股权,参与公司经营管理或经营决策。

4）独立性

公司的法律主体可以以自己的名义从事生产、服务等业务活动和起诉、应诉等法律活动。

5）有限性

根据我国公司法的规定,所有公司均为有限责任公司,公司以全部财产对外承担有限责任。

2. 公司法

广义上的公司法是指国家规定公司设立、组织机构、经营活动、终止及股东权利义务的法律规则、规范总称,狭义上的公司法是指 1994 年 7 月 1 日实施的《中华人民共和国公司法》(2013 年 12 月 28 日第三次修正)。本节使用的公司法为狭义概念。

《中华人民共和国公司法》主要是一种组织法,它明确规定了各种公司的法律地位和资格,公司的设立、变更、终止程序,公司章程内容,公司组织机构的设置,以及股东与公司的经营管理、利润分配的内部关系。《中华人民共和国公司法》在某些方面也是一种行为法,它对公司债券、股票发行和转让、公司的会计制度等做了规定。但随着《中华人民共和国证券法》《中华人民共和国会计法》等法律的不断完善,《中华人民共和国公司法》作为行为法的属性将逐渐被削弱。

3. 有限责任公司与股份有限公司

1）有限责任公司

有限责任公司简称有限公司,是股东以其出资为限对公司承担责任,公司以其全部资产对公司债务承担有限责任的企业法人。有限公司除具有公司的基本特征外,还具有以下特征。

(1) 人合资合兼备。有限公司将合伙企业的人合性与股份公司的资合性集合于一身。有限公司既要求股东共同出资,又要求股东之间存在一定的信赖关系,以达到筹集资金、共同经营的目的。

(2) 筹集资金的封闭性。有限公司不得向社会公开募集资本,只能在股东内部集资。有限公司设立时的全部资本源于每个股东按照协议实际交付的资金、财产总和。

(3) 公司资本不等额性。有限公司的资本不像股份公司那样划分为等额股份,也不必按等额股份的整数倍出资,而只需按协议出资,并按出资比例对公司享受权利、承担义务。

（4）股东人数限制性。有限公司具有一定人合性,所以股东人数不宜过多。《中华人民共和国公司法》规定,有限公司的股东人数为2～50人。股东可以是自然人,也可以是法人。

（5）股权转让严格性。有限公司的股权不得随意转让,股东出资证明不能流通或质押。有限公司的股权转让须经超过半数以上的股东同意。股权转让时,在时间和价格上,其他股东有优先权。

（6）组织机构简化性。《中华人民共和国公司法》规定,股东少、规模小的有限公司,可只设执行董事,不设董事会,执行董事还可兼任经理;公司也可不设监事会,只设1～2名监事。

2) 股份有限公司

股份有限公司,简称股份公司,是其注册资本由等额股份组成,通过发行股票筹集资本,股东以其所持股份为限对公司承担责任,公司以其全部资产对公司债务承担责任的企业法人。股份公司不等同于股份制企业,其特征如下。

（1）全部股份等额。股份公司的股份等额划分,股东按等额股份的整数倍出资、持有股票、享有股权。

（2）股东人数无上限。《中华人民共和国公司法》对股份公司的股东人数的最高限额没有做限定。

（3）公开募集资本。股份公司可以向社会公开发行股票来获取公司所需资金。

（4）股份自由转让。股份公司对股东转让公司股份一般不加以限制。法律上除对记名股票和特定股东转让有所限制外,允许股份自由转让。

（5）出资为本。股份公司是典型的资合公司,股东构成不以相互信赖为基础。公司与股东个人的名誉、地位、资产无关,股东也不得以个人信用和劳务出资。

（6）信息公开。股份公司须定期向股东或社会披露有关信息,如公司经营状况、投资方案、负债情况等。

（7）设立条件严格,程序较为复杂。

4. 公司设立

公司设立要符合《中华人民共和国公司法》规定的设立条件和程序。

公司设立要符合以下基本条件。

（1）股东符合法定人数。有限公司的股东人数为2～50人(1人公司和国有独资公司除外),股份公司的股东人数为5人以上,公司、法人、国家授权单位、外国企业及个人等都可作为股东。

（2）股东出资达到法定资本数额。公司收取股东实缴资本不得低于法律按不同类别公司规定的注册资本的最低限额。如有限公司的注册资本不得少于3万元,上市公司的注册资本不得少于1亿元,商业银行的注册资本不得少于10亿元。

（3）有符合要求的公司章程。公司章程是公司的重要法律文件,由全体股东共同参与制定。根据《中华人民共和国公司法》规定,公司章程应当载明:公司名称和住所,经营范围,注册资本,股东姓名或名称,股东权利、义务,股东出资方式和出资额,公司机构及其产生办法、职权、议事规则,公司法定代表人,公司解散事由与清算办法,需要规定的其他事项。

（4）有公司名称和组织机构。公司名称通常由地域名、字号、主导业务等组成。除全国性公司外,不得使用"中国""中华"等字样。名称最后必须标明"有限责任公司"的字样。公司组织机构一般包括：股东会、董事会、监事会。

(5) 有固定的场所和必要的生产经营条件。公司必须有一个以上的固定经营场所和与其经营范围相适应的人力、物质和技术条件。

根据法律规定，公司设立程序如下。首先，由公司发起人进行公司筹建工作，包括起草公司章程、报经主管部门批准等。其次，由股东交纳出资。出资方式包括现金、实物、工业产权、专有技术及土地使用权等。除现金外，股东出资应办理产权转移手续。法定验资机构须对股东各种出资逐项进行验证。最后，发起人或代表人向当地公司登记机关递交公司登记申请书。登记机关对公司设立申请依法进行审查，对符合公司设立条件的，予以登记，发给公司营业执照。至此，公司正式成立，可以开始经营活动。

5．公司财务、会计

规范企业财务、会计的法律、法规主要有《中华人民共和国会计法》《企业会计准则》《企业财务通则》等。公司作为企业法人，在处理财务、会计业务时应遵守上述法律、法规。同时，由于公司自身特点，为保护股东、债权人及社会公众利益，《中华人民共和国公司法》专设了"公司财务、会计"一章，对公司制作财务会计报告、提取公积金等公司行为做出专项规范。

(1) 财务报告。公司应当在每一会计年度终了时制作公司财务报告，其中应包括公司资产负债表、损益表、财务状况变动表、财务状况说明书、利润分配表等。公司财务报告由董事会组织编制，由股东会审核、承认，并对财务报告的真实性、准确性向第三人负责。

(2) 公积金与公益金。公积金是为了增加或稳定公司资本，每个人在每一会计年度从公司税后利润中提取的一定金额，分为法定公积金和任意公积金。

根据《中华人民共和国公司法》的规定，公司在分配当年利润时，应当提取利润的10%列入公司法定公积金。如果公司法定公积金累积超过公司注册资本的50%，可不再提取。在资产负债表中，公积金列入负债项，并不提取现金，另行保管。公司在提取法定公积金后，经股东会决议，可以从公司税后利润中，按公司章程或股东会决议的比例，提取任意公积金。

公积金的用途在于弥补亏损或增加公司资本。当公司发生亏损时，为了维持公司资本稳定，可以动用公积金填补亏损；当公司经营需要时，经法律程序，可将公积金转增为公司股本。

根据《中华人民共和国公司法》的规定，公司当年盈利的，除提取法定公积金外，还要提取法定公益金。公司提取的法定公益金为公司利润的5%～10%。公益金的累积没有上额限制。公益金专门用于公司职工集体福利。

6．公司合并、分立

1) 公司合并

公司合并是两个以上的公司，通过一定方式形成一个新的实体公司。公司合并是公司出于某种目的而实施的法律行为，其目的通常是减少竞争对手、产生规模效应，或者摆脱资金短缺、债务困境等。

公司合并可以采用吸收合并和新设合并两种形式。吸收合并是指一个公司吸收其他公司后存续，被吸收公司注销的合并形式；新设合并是指两个或两个以上的公司分别解散而组成一个新公司的合并方式。

2）公司分立

公司分立是指一个公司分离出一个以上的新公司，原公司并不因分立而解散，并成为新公司的唯一发起人。

公司分立主要有两种形式：一种是设立全资子公司，一种是设立关联公司。公司设立关联公司的，由于公司财产减少，偿债能力减弱，影响到原公司债权人的利益，因此，采用这种分立形式的，应事先征得债权人的同意。

虽然公司合并、分立是一种企业行为，但应当按照有关法律程序进行。公司合并、分立的主要程序是：由公司股东会对合并或分立协议做出决议，发布债务承担通知，报经主管部门批准，注册登记。

7. 公司破产、解散与清算

1）公司破产

公司破产是指公司因资不抵债，依法清偿债务并丧失主体资格的法律事实。《中华人民共和国公司法》对公司破产未做出有别于其他企业破产的特别规定，所以公司破产适用《中华人民共和国企业破产法》。

当公司在经营中由于发生亏损，其资产不足以抵偿到期债务时，亏损公司或亏损公司债权人，均可向亏损公司所在地法院提起破产诉讼。人民法院按照破产程序审理破产申请案件，对达到破产界限、符合破产条件的，依法宣告破产。公司宣告破产后，以其破产财产按法律规定的清偿顺序抵消债权。

2）公司解散

根据《中华人民共和国公司法》的规定，有下列情形之一的公司可以解散：①公司章程规定的营业期限届满，或者公司章程规定的其他解散事由出现；②股东会决议解散；③因公司合并或者分立需要解散。

《中华人民共和国公司法》还规定：公司违反法律、行政法规，被依法责令关闭的，应当解散。如公司严重违反《中华人民共和国药品管理法》《中华人民共和国环境保护法》等法律，被有关机关决定责令关闭，吊销营业执照的公司将被强制解散。

3）公司清算

公司解散后应对未了结的债权、债务及公司财产进行清算。公司清算分为破产清算和非破产清算。非破产清算又分为普通清算和特别清算。因股东会决议或法定事由解散的，适用普通清算程序；因行政决定、法院裁定解散的，适用特别清算程序。

公司清算工作由清算组主持。根据《中华人民共和国公司法》规定，清算组职权包括：清算公司财产，编制资产负债表和财产清单，通知或公告债权人，处理、清算公司未了结业务，清缴所欠税款，清理债权债务，处理公司剩余财产，代表公司参与诉讼活动。

公司清算结束后，清算组应当制作清算报告，报股东会或主管机关确认，并报送公司登记机关，申请公司注销登记，公告公司终止。

8. 法律责任

《中华人民共和国公司法》对违反该法应承担的法律责任做出了规定，其中包括行政责任和刑事责任。行政责任以行政罚款为主要形式。

根据《中华人民共和国公司法》规定，有下列违法行为之一的，给予相应行政罚款；构成犯罪的,依法追究刑事责任:①办理公司登记时虚报注册资本、提交虚假证明文件或采取欺骗手段隐瞒重要事实,取得公司登记的;②公司发起人、股东虚假出资或在公司成立后抽逃其出资的;③公司违反规定,在法定的会计账册以外另立会计账册或将公司资产以个人名义开立账户存储的;④向股东或社会公众提供虚假的或隐瞒重要事实的财务报告;⑤未经有关主管部门批准,擅自发行股票或公司债券的;⑥公司不按照规定提取法定公积金、公益金的。

《中华人民共和国公司法》规定,直接主管人员和责任人违反规定,将国家资产低价折股、出售或无偿分给个人的,以及公司董事、监事、经理利用职权收受贿赂,有其他非法收入、侵占公司财产、挪用公司资金或将公司资金借贷给个人的,给予有关责任人行政处分;构成犯罪的,依法追究刑事责任。

《中华人民共和国公司法》还规定了有关公司管理机关及人员的法律责任。承担公司资产评估、验资的机构提供虚假证明文件的,根据情况处以罚款、责令停业、吊销直接责任人资格证书;有关部门对不符合法定条件的公司设立申请予以批准或公司登记机关对不符合公司登记条件的公司予以登记的,对直接主管人员和责任人给予行政处分;构成犯罪的,依法追究刑事责任。

第三节 现代企业合同法律制度

一、合同法律制度概述

1. 合同的含义

合同是平等主体的自然人、法人、其他组织之间设立、变更、终止民事权利义务关系的协议。合同的各方主体有平等的法律地位,不存在从属的法律关系。当事人设立、变更、终止合同的法律行为,其目的是明确或解除相应的权利义务关系。合同的实质含义是双方当事人在平等协商的基础上达成"合意",形成债权关系。

2. 合同的分类

《中华人民共和国合同法》分则中规定了15种合同,即买卖合同,供用电、水、气、热力合同,赠予合同,借款合同,租赁合同,融资租赁合同,承揽合同,建设工程合同,运输合同,技术合同,保管合同,仓储合同,委托合同,行纪合同和居间合同。

按照法学理论,合同可分为:典型合同与非典型合同、双务合同与单务合同、诺成合同与要物合同、计划合同与非计划合同、要式合同与非要式合同、总合同与分合同、主合同与从合同。

3. 合同法

合同是存在于企业经营管理活动中的一种十分重要的法律关系。企业之间设立或取消合同关系,主要基于企业自身的意思表示,但其意思表示不得超越法律允许的范围和不违反法律原则,而规定合同关系的法律就是合同法。

我国曾制定实施过《中华人民共和国经济合同法》(1982年7月1日施行)、《中华人民共和国涉外经济合同法》(1985年7月1日施行)和《中华人民共和国技术合同法》(1987年11月1日施行)三部合同法,为完善我国合同法律体系积累了经验、奠定了基础。1999年3月15日,第九届全国人民代表大会第二次会议通过了《中华人民共和国合同法》,该法于1999年10月1日起施行,以前制定的三部合同法同时废止。《中华人民共和国合同法》对合同基本原则,合同的订立,合同的效力,合同的履行,合同的变更、转让、终止,违约责任等做出具体规定,是符合我国国情且较为完善的合同法典,对我国建立规范有序的市场经济体系产生积极而深远的影响。

合同法是调整合同关系的法律规范总体,除《中华人民共和国合同法》外,还包括国务院、各部委、地方人民政府发布的规范各类合同的法规和规章。

二、合同成立

合同成立是指当事人设立合同关系,并依法产生法律效力,即当事人在合同中明确的权利受法律保护、义务受法律制约。

1. 合同成立的基本条件

合同成立要符合以下条件。

1) 合同主体有合法资格

公民、法人、其他社会组织在订立合同时,必须具备一定的法律资格,即当事人应该具有权利能力和行为能力。

权利能力是当事人依法获得享受权利、承担义务的资格。如签订建筑工程承包合同,承包方必须是经主管部门批准设立的专业施工单位,而工商企业则缺乏承包建筑工程的权利能力。行为能力是当事人依据自身条件获得享受权利、承担义务的资格。行为能力是以权利能力为基础的,没有权利能力就无所谓的行为能力,权利能力是一般资格,行为能力是具体资格。如涉及具体建筑工程承包合同,并不是所有登记注册的建筑施工企业都有资格承包,只有达到该工程所要求资质条件的施工企业才有资格承包。

2) 合同主体协商一致

当事人在订立合同时,需就相互产生的权利义务进行平等协商,并达成一致意见。订立合同时应遵守平等自愿原则,任何人或组织都不得强迫对方签订协议。如果一方当事人在受胁迫、欺骗情况下,非真实意思地接受合同条款,其行为无效或可以撤销。

3) 合同内容必须合法

合同的实质内容是合同主体之间形成的权利和义务。合同内容合法就是指当事人在合同中所确定的权利,应该是受法律承认、保护的权利,否则,即使双方协商一致,达成了协议,合同也是无效的,如签订买卖国家明令淘汰产品的合同。

4) 合同订立形式、程序合法

企业之间订立的经济合同应采用书面的形式,有些合同还要求采用固定格式的书面形式,或采用公证、鉴证的形式。法律、法规对合同形式有要求的,当事人应遵守相关的规定。对与国家或社会利益关系密切的合同,除当事人协商一致外,有时还须经主管行政部门审批或第三方同意,否则合同不发生效力。

根据《中华人民共和国合同法》规定,有以下情形之一的合同无效。

(1) 一方以欺诈胁迫的手段订立合同,损害国家利益。

(2) 恶意串通,损害国家、集体或者第三人利益。

(3) 以合法形式掩盖非法目的。

(4) 损害社会公共利益。
(5) 违反法律、行政法规的强制性规定。

对于因重大误解订立的合同和订立合同时显失公平的合同,当事人有权请求人民法院予以变更或撤销。

2. 要约

订立合同时首先是一方向另一方发出要约。要约是希望和他人订立合同的意思表示。要约与意向不同,要求内容具体确定,同时对要约人有一定的拘束力,即在一定条件下,要约人不得撤销、变更要约内容。要约也有别于要约邀请。要约邀请是希望他人向自己发出要约的意思表示,如寄送的价目表、拍卖公告、招股说明书、一般商业广告等。

要约通常是向特定人发出的,要约的接收人为受要约人。要约于送达受要约人时生效。要约生效前,要约人可以撤回要约。要约生效后,受要约人承诺前,要约人还可以撤销要约。但如果要约人确定了承诺期限以及其他形式明示要约不可撤销,或者受要约人有理由认为要约是不可撤销的,并且已经为履行合同做了准备工作,则要约不得撤销,否则应承担相应的责任。

要约的效力,除要约人撤回、撤销要约外,还可因受要约人拒绝(包括默示拒绝)、变更要约、承诺期限届满而消失。

3. 承诺

承诺是受要约人同意要约的意思表示。承诺是合同订立的最后阶段,较之要约更为重要。

作为一项有效的承诺,应符合以下条件:第一,承诺须由受要约人做出,其他人做出接受要约的意思表示视为新要约;第二,承诺的意思应与要约内容一致,如果受要约人有条件接受要约,而接受条件实质上与要约内容不一致,则不是有效承诺,而是新要约;第三,承诺应在要约规定的或者合理的期限内做出,超过期限的承诺视为新要约。

对于受要约人提出的新要约,要约人可以做出承诺的意思表示。

承诺应当以通知的方式做出。根据交易习惯或要约允许的,承诺也可以通过行为方式做出。承诺通知到达要约人时生效。以行为方式承诺的,自承诺行为完成时生效。承诺生效时合同成立。

承诺可以撤回。撤回承诺的通知应当在承诺通知到达要约人之前或者与承诺通知同时到达要约人。

4. 批准、登记

根据有关法律、法规的规定,有一部分合同订立前或订立后,要经过主管机关的批准方可生效,如涉及外贸、基本建设、环境保护、资源利用等方面的合同。对此,当事人必须履行法定程序,并且按照批准的内容和有关要求订立合同。

有一部分合同,按照规定要在有关部门登记备案,如中外合资经营合同、劳动合同、土地使用权转让合同等。对此,当事人应按规定登记备案,接受有关部门的检查、监督。

三、合同履行与担保

1. 合同履行的含义

合同履行是合同主体按照合同规定的内容,完成各自义务的法律行为。

合同法规范履行行为的目的在于约束义务人履行义务,从而实现权利人的权利。因为在合同关系中,权利人的权利不能依靠自己的行为来实现,而只能依靠对方履行约定的义务来实现。义务人部分履行义务,权利人部分权利实现;义务人全部履行义务,权利人全部权利实现。所以,履行合同是当事人订立合同的最终目的,而法律的作用是督促当事人全面地履行义务。

2. 合同履行的原则

1) 实际履行原则

实际履行是指当事人按合同标的条款履行义务。标的是权利义务的指向对象,如财产、劳务行为、技术等;或者标的是合同主体最重要的权利。只有义务方履行了标的条款,权利人的订约目的才能实现。所以除法律另有规定外,义务人必须按约定标的条款履行义务,而不能以其他方式来代替。

2) 全面履行原则

全面履行又称适当履行,是指义务人除实际履行外,还要按照约定的质量、数量、履行期限、地点等全部义务性条款充分地履行义务。全面履行是对义务人各项义务的总体约束。义务人在任何一方面没有适当履行义务,都要承担相应的违约责任。

3) 协作履行原则

协作履行是指双方当事人在履行合同时互相配合,减少履行成本,优化实现合同目的的道义行为。协作履行包括对有关事项预先告知、及时通知义务,为义务人履行义务创造必要条件、减少损失的协助义务,对涉及商业秘密、技术秘密的保密义务等。

3. 约定不明确的合同履行

当事人就合同条款约定不明确的,可以做补充约定;不能达成补充协议的,适用以下规定。

(1) 质量要求不明确的,按照国家标准、行业标准履行;没有国家标准、行业标准的,按照通常的标准或者符合合同目的的特定标准履行。

(2) 价款或者报酬不明确的,按照订立合同时履行地的市场价格履行;依法应当执行政府定价或者指导价的,按照规定履行。

(3) 履行地点不明确,给付货币的,在接受货币一方所在地履行;交付不动产的,在不动产所在地履行;其他标的,在履行义务一方所在地履行。

(4) 履行期限不明确的,债务人可以随时履行,债权人也可以随时要求履行,但应当给对方必要的准备时间。

(5) 履行方式不明确的,按照有利于实现合同目的的方式履行。

(6) 履行费用负担不明确的,由履行义务一方负担。

4. 合同履行的其他规定

当事人互负债务,没有约定履行顺序的,应当同时履行。一方在对方履行之前或对方履行不符合约定时,有权拒绝其履行要求。

应当先履行债务的当事人,有确切证据证明对方有下列情形之一的,可以中止履行:

(1) 经营状况严重恶化;

(2) 转移财产、抽逃资金,以逃避债务;

(3) 丧失商业信用;

(4) 有丧失或可能丧失履行债务能力的其他情形。

债务人可以提前履行或部分履行债务,但提前履行或部分履行债务损害债权人利益的,债权人有权拒绝债务人提前履行或部分履行。提前履行或部分履行给债权人增加的费用,由债务人负担。

5. 合同担保

合同担保是当事人根据约定或者法律规定,为保证合同全面履行,实现合同目的而采取的法律措施。

合同担保的法律基本依据是《中华人民共和国担保法》。根据该法的规定,合同担保的方式分为保证、抵押、质押、留置和定金。

1) 保证

保证是保证人与债权人约定,当债务人不履行债务时,保证人按约定履行债务或承担责任的担保措施。保证属于第三方担保,保证人必须是具有代为清偿能力的法人、社会组织或公民。国家机关、法人分支机构,以及以公益为目的的事业单位、社会团体不能作为保证人。

保证应签订书面保证合同,对被保证的主债权的种类、数额、保证范围、方式、期限等内容做出约定。保证的方式分为普通责任保证和连带责任保证。保证的范围一般包括主债权及利息、违约金、损害赔偿金和实现债权的费用等。

债务人不履行或不能履行债务的,保证人应按保证合同的规定承担责任。保证人承担保证责任后,有权向债务人追偿。

2) 抵押

抵押是债权人在债务人不履行合同时,依法处分约定的抵押物,从中优先受偿的担保措施。抵押是财产担保,抵押物是债务人或第三人提供的依法可转让、处分的有形财产,公益设施、产权不明的财产、被查封和监管的财产等不能作为抵押物。

抵押担保应签订抵押合同,办理抵押手续,但并不转移抵押物的占有权。抵押人有义务妥善保管抵押物并保证其价值。抵押期间抵押人转让抵押物的,应当通知抵押权人和告知受让人。转让价款不得明显低于抵押物的价值,所得价款应当向抵押权人提前清偿所担保的债权,超过部分归抵押人所有,不足部分由债务人继续清偿。

3) 质押

质押是指债务人或第三人将其动产或权利移交债权人占有,当债务人不履行债务时,债权人依法就质物或质权优先得到清偿的担保措施。质押分为动产质押和权利质押。质权的标的必须是可转让的动产或权利。可以质押的权利包括:票据、仓单、提单、债券、股票、商标专用权、专利权等。

质权人负有妥善保管质物的义务,因保管不善致使质物毁损的,质权人承担赔偿责任。债务人履行债务的,质权人应当返还质物。非保管原因导致质物有损坏或价值减少的可能,足以危害质权人利益的,质权人可以要求出质人提供相应担保。

4) 留置

留置是指债权人合法占有债务人财产,当债务人不履行义务时,在一定期限内保留债务人财产,期限届满,依法处分留置物并有限受偿的担保措施。留置权以债权人合法占有债务人财产为前提,如在承揽合同、保管合同、运输合同中一方合法占有对方财产。

留置是一种法定条件担保,债权人保留留置物,无须经过债务人的同意。债权人行使留置权必须通知债务人,并妥善保管留置物,在一定的期限内,债务人仍不履行债务的,债权人才可拍卖、变卖留置物。处分留置物不足以清偿债权的,债权人有权向债务人继续追偿。

5) 定金

定金是双方约定由当事人一方先行支付一定数额货币,以保证合同履行的担保措施。定金是货币担保方式,由支付价款一方预先支付定金,其数额不应超过合同价款的20%。

定金属于双方担保,即支付定金一方不履行合同,无权要求收回定金;收受定金一方不履行合同,应双倍返还定金;双方均履行合同的,定金可抵作价款或者收回。

四、合同终止

合同终止是指由于一定的法律事实,合同主体之间既已存在的权利义务关系消灭。合同终止可以根据当事人的行为,也可以根据有关的法律规定。

1. 合同因履行而终止

合同履行使合同主体权利实现,合同关系因缺乏继续存在的内容而消灭。履行是终止合同最基本的法律事实。

2. 合同因解除而终止

当事人可以协商解除合同,也可以依法解除合同。

合同是根据双方当事人合意订立的,当然可以根据合意加以解除。当事人协商解除合同又分为事先约定解除条件和事后协议解除两种方式。

出现以下情形之一的,当事人可以依法解除合同:第一,因不可抗力致使不能实现合同目的;第二,在履行期限届满前,当事人一方明确表示或者以自己的行为表示不履行主要债务;第三,当事人一方延迟履行主要债务,经催告后在合理期限内仍未履行;第四,当事人一方延迟履行债务或有其他违约行为致使不能实现合同目的;第五,法律规定的其他情形。当事人依据法律规定主张解除合同的,应当通知对方。

法律、法规规定解除合同应当办理批准、登记手续的,应遵照其规定。

合同解除后,尚未履行的,终止履行;已经履行的,根据履行情况和合同性质,当事人可以要求恢复原状、采取补救措施和赔偿损失。

3. 合同因抵消而终止

抵消是指债务人对债权人有同类债权时,将其债权与其债务在数额上对等冲抵。除法律规定或者按照合同性质不能抵消的外,当事人双方互负到期债务,且债务标的种类、品质相同的,任何一方都可以将自己的债务与对方债务,以通知的方式加以抵消。抵消不得附条件或附期限。

当事人双方互负债务,标的种类、品质不相同的,经双方协商一致,也可以抵消。

不作为的债务、提供劳务的债务、与当事人人身不可分离的债务、约定向第三人给付的债务、法律规定禁止强制执行的债务等,不能适用抵消。

4. 合同因提存而终止

提存是指由于债权人原因,债务人无法履行交付义务而将标的物交存提存部门,以消灭其交付义务。

有下列情形之一的,债务人可以将标的物提存:第一,债权人无正当理由拒绝受领;第二,债权人下落不明;第三,债权人死亡、未确定继承人,或丧失行为能力、未确定监护人;第四,法律规定的其他情形。

标的物不适于提存或提存费用过高,债务人可以拍卖、变卖标的物,提存所得价款。

标的物提存后,标的物孳息归债权人所有。提存费用以及标的物毁损、灭失的风险由债权人承担。

5. 合同因免除而终止

免除是债权人自愿放弃债权的法律行为。免除分为全部免除和部分免除。债权人免除债务人部分或全部债务的,合同部分或全部终止。

免除是不要式的单方法律行为,可以附条件或期限,但不得损害国家、社会或第三人的合法利益。

6. 合同因混同而终止

混同是指债权债务归于一方。混同产生的原因是债权人或债务人承受对方的全部债务或债权。如有债权债务关系的两个企业进行合并。

混同不仅消灭主合同债务,也消灭从合同债务,如利息、违约金等。

五、违约责任与救济

1. 违约责任的含义

违约责任是指合同当事人因不履行合同义务所应承担的法律责任。

违约责任是发生在合同主体之间,因不履行合同义务而应向对方承担的法律责任。以经济活动为内容的合同关系中,违约责任主要表现为财产责任。

救济是违约方给予对方因违约造成利益损失的恢复或补偿。在现代合同制度中,违约责任不表现为一种直接的法律强制责任,也不具有明显的惩罚性。设立违约责任的目的是保证在一方不履行或不适当履行合同的情况下,实现另一方依据合同所应取得的合法权益。

2. 违约责任归责原则与构成要件

归责原则是确定法律责任的基本规则。归责原则决定着违约责任的构成条件、举证制度、免责事项、救济范围等,对确认法律责任的成立与内容至关重要。归责原则主要包括:过错原则、推定过错原则、无过错原则(严格责任原则)、公平原则。

根据《中华人民共和国合同法》的有关规定,对违约责任的归责原则采用无过错原则,即只要当事人不履行合同义务或履行合同义务不符合约定,无论违约方主观上是否有过错,都应当承担违约责任;如当事人一方因第三方原因造成违约的,应当向对方承担违约责任。

由于确定违约责任适用无过错原则,违约责任的一般构成条件如下。第一,当事人不履行合同明示或默示义务。如合同约定不明确,当事人未履行经法律补充或解释的应该履行的义务。第二,不符合法律规定的免责条件。如按照规定,当事人因不可抗力或由于对方过错而不能履行合同的,可以免除(或减轻)责任。

违约人承担违约责任,除满足一般构成条件外,还要根据实际情况和特殊构成条件,具体确定和追究当事人的违约责任。

3. 违约形式与救济方法

违约形式主要包括不履行合同和不适当履行合同两种形式。不履行合同是义务人不实际履行义务，致使权利人的权利完全不能实现，是最严重的违约行为。不适当履行合同是义务人在履行合同时在某个或某些方面未尽到义务，如延迟履行、瑕疵给付、加害给付、部分履行、履行方法不当等。违约形式决定了救济方法。

救济方法是合同权利人针对义务人不履行或不适当履行义务，为保护或实现其权利而采取的补救措施。根据法律规定，违约救济方法主要有以下几种。

（1）继续履行。继续履行是权利人在义务人违约后，无论是否采取了其他救济方法，在合理原则下，有权要求义务人继续履行义务。继续履行贯彻实际履行原则，以保证实现权利人订约目的。如当事人未支付价款或报酬，对方可以要求其支付价款或报酬。

（2）采取补救措施。根据《中华人民共和国合同法》规定，当事人履行义务质量不符合约定的，受损害方可以根据标的性质和损失的大小，合理选择要求对方采取修理、更换、重做、退货、减少价款或报酬等补救措施。

（3）支付违约金。违约金是当事人预先约定的，违约人给付对方一定货币的担保。违约金是独立于履行行为之外，义务人违约后生效的给付货币的救济方法。违约金的数额，不论是绝对数额，还是相对数额，都是预先约定的。只要一方违约，就按约定的数额支付违约金，而不考虑违约损害程度。但如果违约行为给对方造成的损失与约定违约金数额相差较大，当事人可请求人民法院或仲裁机构增加或减少违约金。

（4）履行担保。当事人就合同设定担保的，义务人违约时，权利人可以没收或双倍索取定金、要求保证人履行担保义务、依法处分抵押物或留置物。

（5）支付赔偿金。当事人一方违约，在继续履行或采取补救措施后，对方还有其他损失的，违约人应当支付赔偿金。赔偿金的数额应当与权利人因违约所造成的损失，包括合同适当履行后可以获得的利益相当。当事人在合同中约定违约损失赔偿额计算方法的，按照该约定计算和支付赔偿金。

权利人应当受偿的损失包括预期实现和取得的财产收益以及因违约丧失的应得收益，但不包括权利人应合理减少的损失和违约人不能合理预见的损失。例如，生产厂商按国内生产标准向买方供货，却不知买方将该货物出口，结果外国买方依据国际标准提出索赔，对此，生产厂商不承担赔偿责任。

当事人违约行为同时构成对另一方当事人其他合法权益侵害的，权利人可以要求按照有关法律的规定，由违约人承担侵权赔偿责任。如经营者对消费者提供商品或服务有欺诈行为的，依照《中华人民共和国消费者权益保护法》的规定承担损害赔偿责任。

4. 违约责任的免除

当事人因不可抗力原因不能履行合同的，根据不可抗力的影响，可以部分或全部免除责任。所谓不可抗力，是指当事人不能预见、不能避免且不能克服的客观事实。不可抗力包括自然灾害、政府行为、社会突发事件等。

不可抗力作为当事人不履行合同的免责条件也是有条件的。不可抗力事实必须发生在合同履行期限之内，并且对当事人不能履行合同起着直接的、决定性的作用，否则不能免除违约责任。

第四节　现代企业工业产权法律制度

一、工业产权法律制度概述

1．工业产权的含义与法律特征

工业产权是权利人对在生产、经营、服务活动中所涉及的特定无形财产依法享有的独占权利。工业产权是知识产权的重要组成部分,具有以下法律特征。

1）依法性

工业产权不是特定企业或经济组织依据主体性质而产生的自然权利。工业产权要经过一定的法律程序,对权利主体和权利内容加以确认,而后才受到法律的保护。

2）独占性

权利人对工业产权标的享有排除他人使用、收益的专有权,这是工业产权的本质特征。由于工业产权标的的无形特点,他人在相同的时间、不同的空间,完全可能对其使用和受益,因此,独占权的意义就尤为重要。

3）地域性

工业产权权利人的独占权不是绝对的,在空间上受到限制。工业产权一般只在被依法确认国家享有权利,而在其他国家并不享受独占保护。随着工业产权国际化保护趋势的发展,工业产权地域性也在不断扩大。

4）期限性

工业产权不仅在空间上而且在时间上也受到限制,一旦超过法律规定的期限,独占权立即被消灭,工业产权的标的就成为社会的公共财产。

5）财产性

工业产权的自然属性是一种无形财产权,其标的是知识形态的智力成果,它可以直接创造经济价值。权利人依法确认其独占权的实质就在于保护和实现财产权利。

2．工业产权的类型与范围

按照有关保护工业产权的国际公约和通常的解释,工业产权主要包括发明权、实用新型权、外观设计权、商标专用权、厂商厂名权、产品产地权等。由于科学技术的发展和在工商业领域广泛、深入的运用,以及知识经济等全新观念的确立,工业产权的权利形式大大超出原有的范围,其中主要包括：专有技术、商业秘密、计算机程序、数据库、信息资源、商业标识等。

3．工业产权法

工业产权法包括国际法和国内法两部分。在国际法方面,最主要的国际公约是1883年在法国巴黎缔结的《保护工业产权巴黎公约》（以下简称《巴黎公约》）。该公约确定了国民待遇、优先权、各国工业产权独立、强制许可等保护工业产权的基本原则,对各国的工业产权立法产生重要影响。目前已有100多个国家加入了《巴黎公约》,我国于1985年成为该公约成员国。

我国全国人大常委会分别于1982年和1984年通过了《中华人民共和国商标法》和《中华人

民共和国专利法》。这两部重要法律的颁布,极大地完善了我国的工业产权法律制度,其历史意义重大。《中华人民共和国专利法》于 1992 年、2000 年和 2008 年,《中华人民共和国商标法》于 1993 年、2001 年和 2013 年,又分别做了三次修改,使我国工业产权保护水平不断提高。

4. 工业产权授予原则

1) 申请在先原则

两个以上申请人分别就同样的发明创造申请专利或同样的商标申请商标注册的,专利权或商标专用权授予最先申请的人。

2) 优先权原则

外国申请人在我国申请专利的,可以依照国际条约享有优先权;专利申请人第一次提出申请后一年内,就相同主题再次提出专利申请的,依法享有优先权。商标注册申请人在外国第一次提出商标注册后六个月内,又在我国就相同商品以同一商标申请注册的,依法享有优先权。

3) 一事一申请原则

一项专利申请仅限于一项发明或者实用新型。商标注册申请人在不同类别商品上申请注册同一商标的,应按商品分类提出申请。注册商标需要在同一类其他商品上使用的,应另行提出注册申请。

4) 代理申请原则

外国企业、组织、个人在我国申请专利或申请商标注册的,应委托具有法定资格的机构代理申请。

二、专利法

1. 专利的含义

专利是权利人对其合法取得的发明创造享有的专有权利。发明创造的内容包括:发明、实用新型、外观设计。

专利是指国家将权利人的技术、设计方案予以公开,禁止他人使用相同或相似的方案,以保障权利人的独占权。

2. 专利主体

专利主体是指专利所有权人。专利主体包括单位、发明人、设计人、其他组织和个人、外国组织和个人。

职务发明创造申请专利的权利属于职务发明单位,专利申请被批准后,该单位为专利权人。所谓职务发明创造,是指发明人执行本单位的任务或主要利用本单位的物质技术条件所完成的发明创造。

非职务发明创造申请专利的权利属于发明人或设计人,专利申请被批准后,该发明人或设计人为专利权人。

两个以上单位或个人合作完成的发明创造、一个单位或个人接受其他单位或个人委托完成的发明创造,除另有协议外,申请专利的权利属于完成或者共同完成的单位或个人,专利申请被批准后,申请单位或个人为专利权人。

经主管部门批准,专利申请权人可以向其他单位或个人转让申请权;受让单位或个人申请被批准的,成为专利权人。

外国组织或个人在我国申请专利的,依照其所属国与我国共同参加的国际条约或互惠协议,享有优先权;除此以外,其他权利同我国组织、公民相同。

3. 授予专利权的条件

一项发明创造能否授予专利,决定于其是否符合专利授予条件。根据《中华人民共和国专利法》的规定,发明创造授予专利必须符合法律性条件和技术性条件。

法律性条件是采用列举排除的方式确定的。根据《中华人民共和国专利法》的规定,以下发明创造不授予专利:

(1) 违反法律、社会公德或妨碍公共利益的发明创造;

(2) 科学发现;

(3) 智力活动的规则和方法;

(4) 疾病的诊断和治疗方法;

(5) 动物和植物品种;

(6) 用原子核变换方法获得的物质。

授予专利除须符合法律性条件外,还要符合技术性条件,即新颖性、创造性、实用性。授予发明和实用新型专利必须具有新颖性、创造性、实用性,授予外观设计专利只需具备新颖性。

新颖性是指在申请日以前没有同样的发明或实用新型在国内外出版物上公开发表过、在国内外公开使用过或者以其他方式为公众所知,也没有同样的发明或实用新型由他人向专利机关提出过专利申请。

创造性是指同申请日以前的技术相比,其发明有突出的实质性特点和显著的进步,其实用新型有实质性特点和进步。

实用性是指其发明或实用新型能够制造或者使用,并且能够产生积极的效果。

4. 专利申请与审批

申请人申请专利时应向专利机关提交有关文件和资料。申请发明或实用新型专利的,申请人应提交请求书、说明书及其摘要和权利要求书等文件;申请外观设计专利的,申请人应提交请求书以及外观设计的图片、照片等文件。申请人可以修改申请文件或撤回申请。

专利机关对专利申请,经初步审查认为符合要求的,即行公布。发明专利申请人自申请日起三年内应向专利机关提出实质审查申请,经审查没有发现驳回理由的,专利机关应做出授予发明专利权的决定,发给发明专利证书,同时予以登记公告。实用新型和外观设计申请,经审查没有驳回理由的,专利机关应做出授予实用新型或外观设计专利权的决定,发给相应的专利证书,同时予以登记公告。

专利申请人对专利机关驳回专利申请的决定不服的,可以向专利复审委员会请求复审;申请人对复审委员会的复审决定仍然不服的,可以向人民法院起诉。

5. 专利权的保护与限制

发明专利权的保护期限为20年,实用新型和外观设计专利权的保护期限为10年,均自申请日起计算。

发明或实用新型专利的保护范围以其权利要求的内容为准,说明书及附图可以用于解释权利要求,超过权利要求书内容的不予以保护;外观设计专利的保护范围以表示在图片或照片中的产品为准。

根据《中华人民共和国专利法》的规定,以下行为不视为侵犯专利权:①专利权人出售、转让专利产品后,使用、销售该产品的;②在专利申请日前,已经制造相同产品、使用相同方法或已做好制造、使用准备,并在原有范围内继续制造、使用的;③临时通过我国境内的外国运输工具,为自身需要而在其装置和设备中使用有关专利的;④专为科学研究和实验而使用有关专利的。

根据《中华人民共和国专利法》的规定,具有以下情形的,可实施专利强制许可:①具备实施专利条件的单位以合理条件请求权利人许可实施专利,在合理长的期限内未得到许可的;②国家出现紧急状况或非常情况时,或为了公共利益目的的;③一项具有显著经济意义的重大技术,其实施有赖于以前专利实施的;④对国家利益或公共利益具有重大意义的发明专利,需要推广应用的,由省级人民政府批准,允许指定的单位实施。

取得专利强制许可的单位或个人,应付给专利权人合理的使用费。在强制许可期间,被许可人不享有独占实施权,并且无权允许他人实施。

6. 侵犯专利权的法律责任

除法律另有规定外,未经专利权人许可而实施其专利的,即构成对专利权的侵犯。

出现侵犯专利权纠纷时,当事人可以自行协商解决,不愿协商或者协商不成的,权利人可以请求专利管理机关进行处理,也可以向人民法院起诉。

侵犯专利权行为成立的,侵权人必须立即停止侵权行为,并对侵权行为给权利人造成的损失承担赔偿责任。侵犯专利权的赔偿数额,按照权利人因被侵权所受到的损失或侵权人因侵权所获得的利益确定,难以由此确定的,参照该专利许可使用费的倍数合理确定。

假冒他人专利的,除依法承担民事责任外,由专利管理机关责令改正并予以公告,没收非法所得,可以处违法所得3倍以下罚款;没有违法所得的,可以处5万元以下罚款。

以非专利产品冒充专利产品、以非专利方法冒充专利方法的,由专利管理机关责令改正并公告,可以处5万元以下罚款。

专利权人有证据证明他人正在实施或即将实施侵犯其专利权行为的,可以在起诉前向人民法院申请采取责令停止有关行为和财产保全措施。

三、商标法

1. 商标的含义、种类

商标是用于区别同类商品或服务的特殊标志。商标的特征,除包含工业产权的基本法律特征外,还在于它的区别性和标志性。商标的区别性首先是指商标区别于同类商品(分34大类)或服务(分8大类),在每一类商品或服务中只能存在一个注册商标;其次是区别于不同的生产商、经营者、服务人,同一个生产者、服务人可以在其不同的商品、服务上使用同一个注册商标。商标的标志性是指特定的商标代表着特定的商品或服务的质量。

按照不同划分标准,商标可有以下分类。

(1) 注册商标与非注册商标。经商标局核准注册的商标是注册商标,否则是非注册商标。注册商标人享有商标专用权,受法律保护;非注册商标无专用权。

(2) 商品商标与服务商标。商品商标是标志产品性质、质量的标志,服务商标是区别同类服务行为的标志。

（3）个体商标与集体商标。个体商标是企业、社会组织、个人独立使用的商品或服务标志；集体商标是指以团体、协会、其他组织名义注册，供该组织成员在商事活动中使用，以表明使用者在该组织中的成员资格的标志。

（4）标志商标与证明商标。标志商标是表示特定生产者、服务者产品或服务的标志；证明商标是指由对某种商品或服务具有监督能力的组织所控制，而由该组织以外的单位或个人使用其商品或服务，用以证明该商品或服务的原产地、原料、制造方法、质量或者其他特定品质的标志。

（5）普通商标与驰名商标。普通商标是用于区别产品或生产者、服务或服务者的一般标志，驰名商标是长期使用、为大众所熟知、具有良好信誉的商品或服务标志。

2. 商标专用权的取得

自然人、法人或其他组织对其生产、制造、加工、拣选、经销的商品或其提供的服务，需要取得商标专用权的，可以向商标局申请商标注册。除人用药品、卷烟制品等极少数商品外，其他商品或服务实行自愿注册原则。

申请人申请商标注册的，应按规定的商品分类表填报使用商标的商品、服务类别和商品、服务名称，并提交商标标志资料。商标标志可以是文字、图形、字母、数字、三维标志和颜色组合，以及以上要素组合。申请人为申请商标注册所申报的事项和所提供的材料应当真实、准确、完整。

商标局对申请注册的商标，依法进行初步审定，符合商标法规定的，予以公告；对于不符合法律规定的或者同他人在同一种商品或类似商品上已经注册的商标相同或近似的，驳回申请，不予公告。

根据《中华人民共和国商标法》规定，以下标志不能作为商标使用：①同中华人民共和国的国家名称、国旗、国徽、军旗、勋章相同或近似的，以及同中央国家机关所在地特定地点的名称或者标志性建筑物的名称、图形相同的；②同外国的国家名称、国旗、国徽、军旗、勋章相同或者近似的，但该国政府同意的除外；③同政府间国际组织的名称、旗帜、徽记相同或者近似的，但经该组织同意或者不易误导公众的除外；④与表明实施控制、予以保证的官方标志、检验印记相同或者近似的，但经授权的除外；⑤同"红十字""红新月"的名称、标志相同或者近似的；⑥带有民族歧视的；⑦夸大宣传并带有欺骗性的；⑧有害于社会主义道德风尚或者有其他不良影响的。

县级以上行政区划的地名或者公众知晓的外国地名，不得作为商标。但是，地名具有其他含义或者作为集体商标、证明商标的组成部分的除外。

根据《中华人民共和国商标法》，以下标志不得作为商标注册：①仅有本商品的通用名称、图形、型号的；②仅仅直接表示商品的质量、主要原料、功能、用途、重量、数量及其他特点的；③缺乏显著特征的（经过使用取得显著特征的除外）。

《中华人民共和国商标法》还规定：以三维标志申请注册商标的，仅由商品自身的性质产生的形状、为获得技术效果而需有的商品形状或者使商品具有实质性价值的形状，不得注册；申请注册的商标是复制、模仿或翻译他人未在我国注册的驰名商标，容易导致混淆的，不予注册；申请注册的商标中有商品的地理标志，而该商品并非来源于该标志所标示的地区，误导公众的，不予注册。

3. 商标专用权及保护

注册商标自核准注册之日起算，有效期限为10年。注册商标有效期届满，需要继续使用的,可以申请续展注册。每次续展注册有效期为10年。

注册商标专用权人可以转让注册商标,或者可以通过签订商标使用许可合同来允许他人使用其注册商标。有下列情形之一的,均属侵犯注册商标专用权的行为。

(1)未经商标注册人的许可,在同一种商品或类似商品上使用与其注册商标相同或近似商标的;

(2)销售侵犯注册商标专用权的商品的;

(3)伪造、擅自制造他人注册商标标志或销售伪造、擅自制造的注册商标标志的;

(4)未经商标注册人同意,更换其注册商标并将该更换商标的商品又投入市场的;

(5)给他人注册商标专用权造成其他损害的。

对他人实施的侵权行为,注册商标专用权人有权要求侵权人立即停止侵权行为,并就侵权行为给其造成的损失给予经济赔偿,赔偿数额为侵权人在侵权期间因侵权所获得的利益,或者注册商标专用权人在被侵权期间所受到的损失,包括为制止侵权行为所付出的合理开支。

因侵犯注册商标专用权引发纠纷的,当事人可以协商解决;不愿协商或协商不成的,商标注册人可以请求工商行政管理部门处理;当事人对工商行政管理部门处理决定不服的,可以向人民法院起诉。

商标注册人有证据证明他人正在实施或即将实施侵犯注册商标专用权行为,如不及时制止,将会使其合法权益受到难以弥补的损害的,可以向人民法院申请采取责令停止有关行为和财产保全措施。

4. 商标管理

国务院工商行政管理总局下设的商标局主管全国商标注册和管理工作;国务院工商行政管理总局设立的商标评审委员会,负责处理商标争议事宜。

对涉嫌侵犯他人注册商标专用权的行为,工商行政管理部门有权进行查处,并可以行使以下职权:①询问有关当事人,调查与侵权有关的情况;②查阅、复制当事人与侵权活动有关的合同、发票、账簿及其他材料;③对涉嫌侵权活动的场所实施现场检查;④检查与侵权有关的物品,对证据性物品可以查封、扣押。工商行政管理部门行使职权时,当事人应当予以协助、配合,不得拒绝、阻挠。

法律规定不得用于商标的标志,不得在非注册商品上使用。商品经营者或提供服务的单位不得用复制、模仿、翻译等方法使用他人未在我国注册的驰名商标。未经授权,代理人或代表人不得以自己的名义使用被代理人商标。

申请商标注册不得损害他人现有的在先权利,也不得以不正当手段抢先注册他人已经使用并有一定影响的商标。

商标注册人允许他人使用其注册商标的,许可人应当监督被许可人使用其注册商标的商品质量,被许可人应当保证使用注册商标的商品质量,并必须在使用注册商标的商品上标明被许可人的名称和商品产地。商标使用许可合同应当报商标局备案。

使用注册商标,有下列行为的,由商标局责令限期改正或者撤销其注册商标:自行改变注册商标,自行改变注册商标的注册人名称、地址或其他注册事项,自行转让注册商标,连续三年停止使用。

使用注册商标,其产品粗制滥造、以次充好、欺骗消费者的,商标管理部门可以根据情况做出责令限期改正、通报批评、罚款或报请商标局撤销其注册商标等处罚。使用未注册商标,其产品粗制滥造、以次充好或冒充注册商标的,由商标管理部门予以制止、限期改正,并可处以罚款。

侵犯注册商标专用权情节严重,构成犯罪的,依法追究侵权人刑事责任。

从事商标注册、管理和复审工作的国家机关工作人员玩忽职守、滥用职权、徇私舞弊,违法办理商标注册、管理和复审事项,收受当事人财物,牟取不正当利益,构成犯罪的,依法追究刑事责任;不构成犯罪的,依法给予行政处分。

第五节　现代企业劳动法律制度

一、劳动法律制度概述

1. 劳动法的概念和调整对象

劳动法,又称劳工法,是调整劳动关系以及与劳动关系有密切联系的其他社会关系的法律规范总称。

劳动法的调整对象主要为以下两种法律关系。

1) 劳动关系

劳动关系是劳动力所有者与劳动力使用者,在劳动力与生产资料结合,实现劳动目的的过程中形成的社会关系。劳动关系具有劳务性、有偿性、隶属性等特征。劳动法调整的劳动关系主要为企业佣工关系,不包括行政机关、事业单位人员的工作关系。

2) 与劳动关系密切联系的其他社会关系

劳动法除调整劳动关系外,还调整在劳动关系运行中与劳动关系密切联系的社会关系,主要包括:劳动力资源开发和配置、工资调控和工资保障、劳动安全卫生管理和服务、社会保险和保障、劳动争议调解和仲裁、劳动关系监督和管理。

2. 劳动法体系

我国历来非常重视劳动关系的调整和对劳动者的劳动保护,并以法律形式加以明确。截至目前,我国已颁布了大量的劳动法律、法规和专门规定,形成较为完善、有效的劳动法律体系。1995年1月1日施行的《中华人民共和国劳动法》是我国第一部劳动法典,也是调整劳动关系的基本法律规范。为贯彻执行《中华人民共和国劳动法》《中华人民共和国劳动合同法》《中华人民共和国劳动争议调解仲裁法》等法律,国务院与国家劳动和社会保障部就劳动就业、劳动合同、工资待遇、劳动保护、职业培训、社会保险、监督检查等相关制度制定了行政规章,其中有《就业登记规定》《企业经济性裁减人员规定》《违反和解除劳动合同的经济补偿办法》《国务院关于职工工作时间的规定》《工资支付暂行规定》《劳动部关于实施最低工资保障制度的通知》《劳动安全卫生监察员管理办法》《职业培训实体管理规定》《违反〈中华人民共和国劳动法〉行政处罚办法》等。除此之外,各行业主管部门和各地方人民政府根据实际情况制定相关配套劳动规范,从而形成较为完善的劳动法律体系。

3. 劳动法的作用

劳动法的作用表现在以下几个方面。

（1）促进社会生产力的发展。劳动法保障劳动力市场优化配置，促进劳动力资源开发，保护劳动者的物质利益和政治权利，以及劳动者的健康与安全，从而发挥劳动者在生产力系统中的能动性，促使社会生产力持续、高效地发展。

（2）维护市场经济正常运行。劳动力市场是市场经济中的一个重要构成要素，社会主义市场经济需要通过市场配置机制来实现劳动力与生产资料的有效结合。劳动法明确劳动者在劳动力市场中的法律地位，规范劳动力使用行为，从而对维护市场经济产生积极作用。

（3）保障劳动者人权，维护社会安定。劳动法规定劳动者有就业、获得劳动报酬、休息、安全、健康及获取社会福利等权利，体现了社会主义制度下劳动者的基本人身价值，客观上减少了社会财富分配不均引发的对抗性矛盾，从而维护社会生产和生活秩序的安定。

二、劳动法律关系

1. 劳动法主体

劳动法主体是劳动法律关系的参与者，也是受劳动法保护或制约的当事人。劳动法主体包括劳动主体、用人主体、劳动行政主体、劳动团队、劳动服务主体。

（1）劳动主体，即劳动者，是劳动力的所有者和支付者。狭义的劳动主体是指企业职工（包括管理人员），广义的劳动主体是指有资格并已参与劳动关系的公民。

劳动主体法律资格表现为劳动权利能力和劳动行为能力，前者是指公民能够享受劳动权利、承担劳动义务的资格，后者是指公民依据自身条件依法取得的享受劳动权利、承担劳动义务的资格。根据劳动法规，影响公民劳动权利能力的因素主要有户籍限制、隶属单位唯一、惩戒限制等，影响公民劳动行为能力的因素主要有年龄（16周岁以下不能从事体力劳动，18周岁以下不能从事过重、有毒、有害或危险作业）、身体条件（疾病、残疾限制）和智能条件（文化水平、技术水平）。

（2）用人主体，即用工单位，是使用职工，并向其支付工资的单位。用人主体包括各种组织形式的企业、个体经济组织、国家机关、各种非营利性单位、各种社会团体和民间组织。

用人主体的用人权利是：自主录用职工；设置劳动组织，聘用管理和技术人员；在法律规定的范围内制订劳动报酬分配方案和奖惩措施；制定劳动纪律。用人主体的用人义务是：按约定或法定标准支付劳动报酬；保护职工在劳动过程中的安全和健康；以保险、福利等方式，向职工提供物质帮助；合理使用劳动力，保证职工必要的休息休假。

（3）劳动行政主体，即国家各级劳动行政管理机关。我国劳动行政管理机关是按统一领导、分级管理的原则建立的。国务院设劳动和社会保障部，主管全国劳动工作；地方县级以上人民政府都设有劳动行政部门，负责管理本行政区内的劳动工作。

劳动和社会保障部的主要职责是：根据法律、法规制定劳动规章，编制和实施劳动计划，制定和实施劳动标准，组织劳动制度改革，指导、检查地方劳动管理工作。

地方劳动行政部门的主要职责是：具体贯彻、实施劳动法律规范，管理本地区劳动力市场，管理地区工资，实施劳动监察，协调、处理劳动争议。

2. 劳动合同

劳动合同是劳动者与用人单位确立劳动关系、明确双方权利和义务的协议。劳动合同是双方明确劳动关系的合意，与劳务合同和承包合同有所区别。

根据《中华人民共和国劳动合同法》的规定，订立劳动合同应当采用书面形式。劳动合同应当具备以下条款：用人单位的名称、住所和法定代表人或者主要负责人，劳动者的姓名、住址和居民身份证件或者其他有效身份证件号码，劳动合同期限，工作内容和工作地点，工作时间和休息休假，劳动报酬，社会保险，劳动保护、劳动条件和职业危害防护，法律、法规规定应当纳入劳动合同的其他事项。

劳动合同除前款规定的必备条款外，用人单位与劳动者可以约定试用期、培训、保守秘密、补充保险和福利待遇等其他事项。

劳动合同对劳动报酬和劳动条件等标准约定不明确，引发争议的，用人单位与劳动者可以重新协商；协商不成的，适用集体合同规定；没有集体合同或者集体合同未规定劳动报酬的，施行同工同酬；没有集体合同或者集体合同未规定劳动条件等标准的，适用国家有关规定。

劳动合同管理制度由行政管理、社会管理和用人单位内部管理构成，其主要措施有：用人单位和行政机关对劳动合同的档案管理、劳动管理机关对劳动合同的鉴证、劳动合同备案制度、劳动手册制度、劳动合同监督履行制度。

3．集体合同

集体合同是指工会与用人单位就全体劳动者共同利益为内容达成的书面协议。集体合同在当事人、订约目的、协议内容、法律效力等方面，与劳动合同有明显差别。

企业职工一方与用人单位通过平等协商，可以就劳动报酬、工作时间、休息休假、劳动安全卫生、保险福利等事项订立集体合同。集体合同草案应当提交职工代表大会或者全体职工讨论通过。

集体合同由工会代表企业职工一方与用人单位订立；尚未建立工会的用人单位，由上级工会指导劳动者推举的代表与用人单位订立。企业职工一方与用人单位可以订立劳动安全卫生、女职工权益保护、工资调整机制等专项集体合同。

集体合同中的劳动报酬和劳动条件等标准不得低于当地人民政府规定的最低标准，用人单位与劳动者订立的劳动合同中的劳动报酬和劳动条件等标准不得低于集体合同规定的标准。

集体合同订立后，应当报送劳动行政部门；劳动行政部门自收到集体合同文本之日起15日内未提出异议的，集体合同即行生效。

依法订立的集体合同对用人单位和劳动者具有约束力。行业性、区域性集体合同对当地本行业、本区域的用人单位和劳动者具有约束力。

用人单位违反集体合同，侵犯职工劳动权益的，工会可以依法要求用人单位承担责任；因履行集体合同发生争议，经协商解决不成的，工会可以依法申请仲裁、提起诉讼。

集体合同与劳动合同具有共同条件，可以弥补劳动合同内容可能存在的不足。

三、劳动待遇和劳动保护

1．工作时间、休息休假

工作时间是指在法律规定的范围内，由劳动合同或集体合同约定的劳动者从事劳动的时间。

根据现行规定，职工每日最长工作时间为8小时，每周最长工作时间为40小时。除法定特殊情形外，不得超过法定最长时限。实行综合计算工时工作制的，其平均日（周）工时应当与法定日(周)最长工时基本相同。对实行计件工资的劳动者,用人单位应当根据日或周最长工时,合理确定其劳动定额和劳动报酬。企业因生产、经营特点不能按照法定日或周最长工时要求实行作息时间而采用其他工时形式的,必须履行审批程序。

用人单位由于生产经营需要必须延长工时的,应事先与工会和劳动者协商,并征得工会的同意。延长工时的长度一般每日不超过1小时,特殊原因每日不得超过3小时,每月不得超过36小时。

企业应根据法律规定,结合企业实际情况,合理安排职工休息休假时间。根据《中华人民共和国劳动法》的规定,元旦、春节、国际劳动节、国庆节等为法定假日。此外,劳动者连续工作满一年,即可享受年休假,时间在两周以内;对于从事特别繁重或者有害工作的劳动者,还享有补加休假;对于配偶或父母分居两地的职工,按规定享有探亲假。

2. 工资

工资是用人单位以货币方式支付给劳动者的劳动报酬。工资一般由基本工资(标准工资)和辅助工资(奖金、津贴、补贴等)构成。国家对工资的有关规定通常仅限于基本工资。

根据《中华人民共和国劳动法》的规定,用人单位可以根据本单位生产经营特点和经济效益,依法自主确定工资分配方式和工资水平。目前,我国工资分配方式主要实行计时和计件工资(部分企业高级管理人员实行年薪制)。企业确定的职工工资水平不得低于地方政府规定的最低工资标准。最低工资不包括加班报酬、特殊环境和条件下的劳动津贴、法定社会福利、保险待遇、其他法定补贴。

按照规定,工资应当定期、全额、以法定货币支付,不得以实物或有价证券代替货币支付。职工工作时间依法参加社会活动期间,职工法定休息日、年休假、探亲假、婚丧假期间,职工公派国外工作、学习期间,用人单位应按规定的标准支付工资。

加班加点工资由用人单位与劳动者协商确定,但不得低于法定标准;延时加班加点工资不低于正常工时工资的150%,周休日加班工资不低于正常工时工资的200%,法定节假日加班工资为正常工时工资的300%。

3. 劳动保护

劳动保护,广义上是指对劳动者合法权益全面保护,狭义上是指对劳动者在劳动过程中的安全和健康的保护。本节涉及的劳动保护为狭义概念。

劳动保护是劳动法的重要内容之一,包括劳动安全保护、特殊劳动保护、劳动保护管理监督等,其有关规定均具有强制性。目前,我国已颁布了大量的劳动安全卫生法律、法规和标准,如《中华人民共和国矿山安全法》《中华人民共和国尘肺病防治条例》《劳动部关于厂长、经理职业安全卫生管理资格认证规定》《劳动安全卫生监察员管理办法》《工业企业厂界噪声标准》《爆炸危险场所安全规定》《国务院关于加强防尘防毒工作的决定》等。

用人单位必须建立、健全劳动安全卫生制度,严格执行国家劳动安全卫生规程和标准,防止事故发生,减少职业危害。根据有关劳动保护法律规范,劳动安全卫生基本要求是:防止粉尘和有毒物质的危害,防止噪声和强光的危害,防止电磁辐射的危害,防冻、防潮、防暑降温,健全卫生保健设施。

企业对女职工和未成年工要遵照《女职工劳动保护规定》《未成年工特殊保护规定》的规定,采取特殊的劳动保护措施。

我国劳动保护管理制度包括：安全卫生责任制度、安全卫生措施计划制度、安全卫生教育制度、安全卫生设施"三同时"制度、安全卫生检查制度、安全卫生认证制度、伤亡事故报告处理制度、劳动用品管理制度、职工健康管理制度。

四、劳动保障

1. 劳动就业

劳动就业是劳动者参加劳动关系、实现劳动权利、获取劳动报酬的法律事实。

劳动法是国家促进就业的劳动政策：采用法律手段，保障劳动者享有平等的就业和自由选择职业的权利；鼓励企业、经济组织、事业单位、社会团体兴办产业或扩展经营，增加就业岗位；同时，支持劳动者自愿组织就业，从事个体经营，实现就业。

根据劳动法，国家劳动部门为劳动者提供就业服务，包括就业登记、职业指导、职业介绍、境外就业服务等。另外，对残疾人就业、特困下岗职工再就业、退役军人就业、少数民族人员就业、留学归国人员就业给予特殊服务和保障。

2. 职业培训

职业培训是按照社会职业的需求和劳动者从业的意愿，对劳动者进行旨在培养和提高其职业技能和素质的教育训练。职业培训包括从业前培训、转业培训、学徒培训、在岗培训等。

《中华人民共和国劳动法》规定，从事技术工种的劳动者，上岗前必须经过培训。职业介绍机构、用人单位和职业培训实体必须按照国家职业技能标准、工人技术等级或岗位规范进行培训。从事技术工种的劳动者在培训期满后，经职业技能鉴定机构考核鉴定，取得职业资格证书、技术等级证书或岗位合格证书，方可就业上岗。

3. 社会保险

社会保险是指国家和社会对因丧失劳动能力或劳动机会的劳动者给予一定的物质帮助。社会保险具有社会性、强制性、互济性、福利性和补偿性的特征。

我国社会保险由国家基本保险、用人单位补充保险、劳动者个人储蓄保险构成。

社会保险包括养老保险、失业（待业）保险、工伤保险和死亡保险。

4. 职工福利

职工福利是用人单位和有关服务机构为满足劳动者生活需要，为职工提供的物质性或服务性帮助。职工福利具有补充性、平均性和普遍性等特点。

我国《企业会计准则》规定，企业按工资总额的14％计提福利费；《中华人民共和国公司法》规定，企业按工资总额的5％计提公益金，用于职工集体福利设施支出。企业的职工福利基金使用应遵守国家规定的和职工福利委员会制定的使用范围和程序，实行专款专用。职工福利基金主要用于职工个人福利补贴，如探亲、交通费、取暖费、生活困难补助费等补贴，以及职工医药费、医务人员工资和医务经费等。

五、劳动争议与劳动监督

1. 劳动争议

劳动争议是指劳动关系双方就劳动权利和劳动义务发生的纠纷。

劳动争议的解决方式有协商、调解、仲裁和诉讼。

劳动关系当事人发生劳动争议后,可以本着合法、合理的原则进行协商,达成协议,从而解决纠纷。这种方式程序简单、快捷,且利于劳动关系的存续,应是当事人首选解决劳动争议的方式。

当事人就劳动争议自行协商不成时,可以请求第三方出面调解,并按第三方的意见自愿达成调解协议。调解协议不具有强制执行的效力。

当事人就劳动争议不能协商解决时,可以在争议发生之日起 60 日内向有管辖权的劳动争议仲裁委员会提出仲裁的书面申请,劳动争议仲裁委员会根据劳动法的有关规定和劳动争议仲裁程序,对当事人的劳动纠纷进行审理,在查明事实的基础上先行调解;当事人不接受调解协议的,劳动争议仲裁委员会依法做出裁决。

当事人不服劳动争议仲裁委员会裁决的,可以在法律规定的期限内,向人民法院提起诉讼。超过法定期限或未经劳动争议仲裁委员会裁决的劳动纠纷,法院不予受理。

2. 劳动监督

劳动监督是指劳动行政部门及有关部门为保护劳动者合法权益,依法对用人单位和劳动服务机构遵守、执行劳动法情况而实施的检查、督促、纠正、处罚活动。

劳动监督体系由行政监督和社会监督构成,具体包括:劳动行政部门监督、业务主管部门监督、工会监督和群众监督。

劳动行政部门监督的主要形式是劳动监察,是专门的行政机关对劳动关系进行的强制性监督活动。劳动监督事项包括:①用人单位订立、变更、解除劳动合同情况;②用人单位实行工时、支付工资情况;③劳动安全卫生情况;④用人单位缴纳社会保险和兴办职工福利情况;⑤劳动服务、职业培训情况;⑥劳动法规定的其他事项。

《中华人民共和国劳动法》和《中华人民共和国工会法》对工会组织的劳动监督权都有明确规定。按规定,工会劳动监督权包括了解调查权、参与行政监督权、举报控告权、舆论监督权、要求查处权。

3. 法律责任

劳动法律关系主体如果违反劳动法的规定,就必须为相应的后果负责,即承担一定的法律责任。法律责任包括行政责任(警告、通报批评、罚款、没收、吊销营业执照等)、民事责任(停止侵害、违约金、补偿金等)和刑事责任(拘役、罚款等)。

用人单位违法设立或解除劳动关系的,如违法使用农村劳动力、招用童工、雇用无资人员从事技术工种等,应对劳动者依法补偿,接受行政处罚;情节严重的,追究直接责任人的刑事责任。

用人单位违反劳动合同和集体合同的,应承担违约责任,除实际履行外,还要补偿劳动者损失;用人单位违约造成严重后果的,劳动行政部门应给予行政处罚。

用人单位违反劳动安全卫生和劳动法的其他强制性规定的,应按规定加以纠正或补充完善,并承担行政责任;情节严重的,追究用人单位和主要责任人的刑事责任。

劳动者违反劳动法和劳动合同的,依法承担相应的法律责任;劳动者违反劳动纪律的,用人单位可以给予纪律处分。

第六节　现代企业税收法律制度

一、税收法律制度概述

1. 税收的概念、特征

税收是国家为满足社会需求,无偿取得财政收入,强制参与社会剩余分配的一种法律制度。税收体现着国家与纳税人之间的法律关系,它是由一个国家的生产力发展水平、生产关系性质、经济管理体制所决定的,其内容涉及纳税人、课税对象、税率、纳税环节等。税收具有以下特征。

1) 强制性

税收是指国家凭借政治权力征收纳税人财产,并获国家强制力保障其征收目的的实现。一切纳税人都必须无条件地履行纳税义务,否则将受到法律的强制制约和制裁。

2) 无偿性

国家以税收形式征收纳税人财产,不仅是一方法律行为,而且不直接支付对价。税收的这一特征有别于国债、规费等国家财政收入。

3) 固定性

税收制度是国家通过法律形式明确税收要素及标准的制度,而且非经法律程序不得改变。

除以上三个基本特征外,税收还具有国家意志性、公共目的性等特征,这些特征之间既密切联系,又相互制约,其内容也在不断发展变化,组成特定时期的税收制度。

2. 税收的分类

税收的分类涉及国家税收体系,因此是一个非常重要的理论问题。由于划分标准的多样化,税收的分类比较复杂。归纳而言,税收可做如下分类。

1) 中央税(国税)、地方税(地税)与共享税

这是以不同征税主体为标准划分的。中央税由中央政府征收、管理和支配,地方税由地方政府征收、管理和使用,共享税由国家和地方按比例分享。

2) 流转税、所得税与财产税

流转税包括增值税、消费税、营业税等,所得税包括企业所得税、个人所得税等,财产税包括房产税、车船使用税、印花税等。

3) 直接税与间接税

这是以税负是否可以转嫁为标准划分的。如所得税为直接税,商品税为间接税。

4) 从量税与从价税

这是以不同计征标准进行划分的。如资源税为从量税,增值税为从价税。

5) 独立税与附加税

这是按照税种是否独立为标准划分的。多数税种都为独立税,可以单独征收,而附加税不能独立征收。

3. 税法的基本内容

税法是建立我国税收制度体系,实现税收征收、管理的法律依据,其内容多为强制性规范。

税收实体法的内容主要包括:征税主体和纳税主体(包括自然人、法人、非法人组织、外国企业、个人等)、征税客体(商品、财产)、税目与计税依据、税率(比例税率、累进税率、定额税率)、优惠或重课特别规定(税收减免、抵免、加成、加倍征收等)。税收管理法的内容主要包括:税务登记、纳税申报、税款征收、税务稽查及行政处罚等。

二、税收实体法

1. 流转税税法

流转税是以商品或劳务销售额、营业额为计税依据征收的税种,包括增值税、消费税、营业税和关税。

增值税是以应税商品或劳务增值额为计征依据征收的流转税。在商品生产、销售的每个环节中,都要课征一次增值税。纳税主体为销售货物、提供应税劳务及进口货物的单位或个人。我国增值税税率分为三档,即基本税率(17%)、低税率(13%)和零税率。零税率仅适用于法律不予限制的出口货物,低税率适用于粮食、自来水、图书、化肥等国家专门规定的货物,其他适用基本税率。

消费税是以特定消费品流转额为计税依据征收的流转税。消费税征税范围有11个税目,包括香烟、珠宝、汽车等高档或特殊消费品。消费税税率分为比例税率(3%~50%)和定额税率。对于消费税,国家通常无减免税的规定。

营业税是以应税商品或劳务收入额为计税依据征收的流转税。营业税征税范围有9个税目,包括提供应税劳务、转让无形资产、销售不动产等。营业税税率为3%~20%,其中邮电通信、文化体育业的税率为3%,娱乐业的税率为5%~20%。

2. 所得税税法

所得税是以纳税人应税收益为课税对象的税种。所得税大致可分为企业所得税和个人所得税。企业所得税分为内资企业所得税和涉外企业所得税。

内资企业所得税的征税对象是:①生产、经营所得;②其他所得,如股息、租金、转让费等。内资企业所得税实行33%的比例税率。

涉外企业所得税的征税对象与内资企业所得税的相同,税负也基本相同,但征收程序有所不同。另外,涉外企业缴纳所得税享受较多的优惠,如减免优惠、再投资优惠等。

个人所得税是以个人纯收入为征税对象的税收。个人所得税有11个税目,其中工资、经营所得(包括承包经营所得)适用超额累进税率,其他适用不同的比例税率。税法规定,国债利息、福利费、军人转业费等免缴个人所得税。

三、纳税人的义务和权利

1. 纳税人的义务

1) 税务登记义务

纳税人应自领取营业执照之日起30日内,持有关证件,向税务机关申报办理税务登记。如果税务登记内容发生变化或丧失的,应办理变更或注销登记。税务登记证件不得转借、涂改、损毁、买卖或伪造。

2) 申报纳税义务

纳税人应定期向税务机关书面报告其收益情况，办理申报纳税手续。负有代征、代扣、代缴税款义务的单位、个人，应按职责代理申报纳税。纳税人要按税法规定的期限、方式、数额全面履行纳税义务。

3) 设立账本义务

从事生产经营的纳税人应按规定设置各种必需的账簿（包括计算机存储和输出的会计记录），并按会计准则如实记载往来账目。纳税人必须合法使用、保管原始凭证，有规范的会计核算制度。

4) 接受检查义务

对于税务机关的检查，应服从、配合，不得阻挠、干扰。纳税人要按照税务机关的要求提供有关资料，如实反映情况，接受税务机关的指导。

5) 依法接受处罚义务

纳税人未按期缴纳税款的，除补缴税款外，还要交纳滞纳金。税务机关对纳税人给予罚款的，无论处罚是否合法，纳税人都有义务先行交纳罚款。

2．纳税人的权利

1) 依法申请减税、免税权

根据有关税法规定，纳税人符合减税、免税条件的，有权取得减税、免税优惠。

2) 委托税务代理权

纳税人、扣缴义务人有权委托经国家有关部门批准设立的税务代理机构（税务咨询机构、会计师事务所、律师事务所等）办理纳税事宜。

3) 多交税款退还权

纳税人因不熟悉税法或因计算错误而多缴税款时，有权要求税务机关退还（或抵作下期税款）。

4) 行政复议、诉讼权

纳税人被税务机关违法课税时，有权在法定期限内向上一级税务机关申请复议；对复议决定不服的，可向人民法院提请行政诉讼。

5) 请求赔偿权

因税务机关过错而使纳税人合法利益受到损失的，纳税人有权要求对其经济损失给予赔偿。

四、税收程序法

1．税务管理法

税务管理是税收征缴的基础和前提，其作用十分重要。税务管理法的内容主要包括三个方面：一是税务登记，二是账簿、凭证管理，三是纳税申报。

税务登记是税收的首要环节，是纳税、征税的基本法律程序。根据不同情况，纳税人必须办理税务登记并注册税务登记。税务登记程序为纳税人提交税务登记申请和有关资料，税务机关核准后颁发税务登记证。税务登记管理工作主要是税务登记证的验证、换证和增值税证的年检。

账簿、凭证管理主要是账簿设置管理及账簿、凭证使用、保管管理。纳税人必须依法设立账簿和保管所有纳税资料，不得伪造、变更或擅自销毁。对于会计凭证，应按有关会计制度严格管理。

纳税人应依法办理纳税申报（即使是享受减、免税，纳税人也应申报），申报内容包括税种、税目、应税项目、适用税率、应纳税额等，并提交财务会计报表和其他纳税资料。纳税人因不可抗力不能按期申报的，可以延期办理。

2. 税款征收法

税款征收是税收的中心环节，反映了税务管理工作的绩效，也是实现税收管理计划的关键。税款征收法是保证税款入库的一系列法律规范，其内容包括：税务管辖、税款征收方式、征缴期限、税收保全及强制措施等。

根据《中华人民共和国税收征收管理法》及《中华人民共和国税收征收管理法实施细则》的规定，税务机关可以采用查账征收、查定征收、查验征收、定期定额征收，以及代扣代缴、委托代征等方式征收税款。

纳税人、代扣代缴税款义务人未按照规定的期限缴纳税款的，税务机关除责令限期缴纳外，从滞纳税款之日起，按日加收千分之二滞纳金。

税务机关可根据具体情况，对纳税人采取保全措施或强制措施。保全措施包括：责成纳税人提供担保，提前结清税款，通知纳税人开户银行或其他金融机构暂停支付纳税人银行存款，责令纳税人提交保证金，阻止欠缴税款纳税人出境。强制措施包括：强制扣缴税款，扣押、查封、拍卖其价值相当于应纳税款的商品、财产。

3. 税务稽查法

税务稽查是税务机关对纳税人履行纳税义务及其他有关事项进行检查、核实、监督的活动。税务稽查是税务管理、税款征收的必要补充，是税法强制力的具体体现。

根据税务稽查的有关法律规定，税务稽查的主要工作是：第一，检查纳税人账簿、记账凭证、报表和有关资料；第二，到纳税人生产、经营场所和货物存放地检查纳税人应税的商品、货物或其他财产；第三，责成纳税人提供与纳税有关的文件、证明材料和相关资料；第四，询问纳税人与纳税有关的问题和情况；第五，到车站、码头、机场、邮政企业及其分支机构检查纳税人托运、邮寄应税商品、货物的单据、凭证和有关资料；第六，(经税务局长批准)核查从事生产、经营的纳税人在银行或其他金融机构的存款账户。

税务机关执行税务稽查时，纳税人必须接受税务人员依法检查，如实反映情况，提供有关资料，不得拒绝、隐瞒。

五、违反税法的法律责任

1. 纳税人的法律责任

纳税人违反税务管理的，税务机关可责令其限期改正，逾期不改的，处 2000 元以下罚款；情节严重的，处 2000 元以上、10 000 元以下罚款。

纳税人违反税款征收规定的，根据不同情况做出处理。纳税人偷税的，除追缴偷税款外，处偷税额 5 倍以下罚款，构成犯罪的，依法追究刑事责任；纳税人欠税的，税务机关可责令欠税人限期缴纳税款并加收滞纳金;纳税人抗税,未构成犯罪的,追缴税款,并处拒缴税款5倍以下罚款,构成犯罪的,依法追究刑事责任;纳税人骗税,未构成犯罪的,追缴其骗取的退税款,并处骗取税款5倍以下罚款,构成犯罪的,依法追究刑事责任。

2. 税务人员的法律责任

税务人员违反税法规定,实施以下行为的,给予行政处分;构成犯罪的,依法追究刑事责任:唆使或协助纳税人实施偷税、骗税和妨碍追缴欠税;收受纳税人的财物;玩忽职守,不征或者少征税款,使国家税收遭受重大损失;私分扣押、查封的商品、货物或其他财产。

税务人员违反规定,擅自决定税收的开征、停征或者减免、退补税款的,除撤销其决定外,应追究直接责任人员的行政责任。

税务人员滥用职权,故意刁难纳税人的,应对行为人给予行政处分。

第三章
现代企业战略管理

XIANDAI YU GUOJI

QIYE GUANLI

案例 诺基亚：你以为它死了，其实它已重返世界第二

2015年诺基亚宣布并购阿尔卡特朗讯，2016年完成并购并且全年营收超越爱立信，成为全球第二大通信设备制造商。诺基亚是一家伟大的企业，它的历史就是一个典型企业的自我救赎和转型重生之路。

在它150多年的历史中，保守和封闭的战略让诺基亚多次濒于破产边界，但聚焦与并购的战略也让它屡屡化险为夷，重回巅峰。

下面通过对诺基亚150多年历史中几次重要的战略转型进行回顾和分析，初步探讨了成功企业背后的必经之路，为不同阶段的中国企业发展提供了一个经典案例。

第一战：木浆磨坊并购成集团公司

1865年，芬兰Espoo的诺基亚河畔，采矿工程师弗雷德里克·艾德斯坦创办了诺基亚公司，主营业务为木浆与纸板，之后逐步进入胶鞋、轮胎、电缆等领域。到1967年，诺基亚已经成为横跨造纸、化工、橡胶、能源、通信等多领域的大型集团公司。

第二战：砍掉附庸，集团公司聚焦成手机帝国

到20世纪90年代，底端产业逐步转移到东南亚等资源丰富且劳动力廉价的第三世界国家。1992年，时任总裁的奥利拉做出公司历史上第一次重要的战略转型——走出欧洲，剥离橡胶、胶鞋、造纸、家电等濒临破产的底端产业，专注于电信业。至此电缆事业部脱颖而出，并逐步转型为一家新型科技通信公司。到1996年，诺基亚已经成为全球移动电话的执牛耳者，而且连续十四年占领市场第一的宝座。

第三战：拒绝开放，帝国倾覆

2011年，由于长期坚守塞班这个封闭的智能操作系统，诺基亚手机被苹果和安卓系统超越，错失世界第一的宝座。诺基亚在短暂地尝试了自主研发操作系统MeeGo后，宣布了第二次重要的战略转型——抛弃主流的开放式操作系统，选择与微软深度合作。但事与愿违，仅仅过了两年，诺基亚手机帝国彻底倾覆，曾经的世界第一被以37.9亿欧元的超低价格出售给了微软公司。讽刺的是，在交易完成后，诺基亚花重金从微软挖来的总裁史蒂芬·埃洛普（Stephen Elop）随即宣布离职，拿着巨额补偿重新回到微软任职。

第四战：重新聚焦创新，并购抢占市场

虽然手机业务失败了，但诺基亚坚守的另外一块业务却没有放弃——通信设备制造和解决方案。2010年诺基亚西门子通信公司宣布全资收购美国摩托罗拉通信公司及其全球业务，2014年完成了对合资公司诺基亚西门子通信公司中西门子所持的50%股份的回收，2015年宣布以166亿美元收购全球主流通信设备商阿尔卡特朗讯通信公司，同年以28亿欧元出售非主营业务Here地图。

2016年各大公司财报显示，全球通信设备及解决方案提供商中，华为以751亿美元收入成为行业第一，诺基亚以249亿美元收入排名第二，昔日冠军爱立信则以3亿美元之差排名第三。

诺基亚重大战略盘点

一叶而知秋，通过对诺基亚公司150多年重大事件的盘点，我们可以了解战略选择对于一家企业的重要性，有时候甚至是致命性的。战略成功，可以铸就世界第一；相反，也可以毁掉世

界第一。诺基亚手机帝国在两年内迅速倒塌就是典型的案例。所以比尔·盖茨发出了"微软离破产只有18个月"这样的警句,任正非也提出"华为随时可能面临破产危机"。

1. 危机时及时聚焦战略选择

从时间轴可以看出,诺基亚共遇到过两次重大危机:第一次是在20世纪90年代初,诺基亚集团通过剥离不良资产,将手机市场扩大到北美、亚洲和非洲,成功摆脱危机;第二次是在2013年左右,诺基亚出售手机业务,全面调整二十年前的战略,聚焦通信设备。

2. 鼎盛时更需及时更新企业战略

早在2000年初,诺基亚就已经开发出了全触屏手机。但是诺基亚高级管理层还沉浸在世界第一的荣耀中,以及引以为傲的手机砸核桃这样的耐用性能,在最鼎盛时没有及时更新企业战略。而此时消费者已经把目光转向了手机上网、互联互通、掌上娱乐功能,最终用户把票投给了苹果和安卓。

3. 通过产业并购加速企业发展

诺基亚在企业创业之初的快速发展和卖掉手机业务后的二次复苏,除了正确的战略方向以外,更是运用了产业并购来扩大企业规模,形成市场效应,快速发展。

诺基亚战略转型之路对中国企业的启示

几乎所有的中国企业都有着做百年企业的梦想,但是在风云变幻的世界经济大潮中,又有哪些经验可以从诺基亚的战略转型之路上借鉴呢?

启示一:高速发展的企业仍须不断调整战略,管理与创新并存

即使做到世界第一,如果战略过时,企业仍然会被市场无情地抛弃。诺基亚前CEO Jorma Ollila在回忆录中坦诚,公司在最鼎盛时不愿调整战略,内部官僚作风盛行,忽视竞争对手的创新与市场需求。

中国受几千年的儒家思想影响深远,如果公司高层躺在光荣的历史中懈怠,不愿创新或者主动了解最新行业发展,特别容易形成一种内部惰性和政治斗争,中层和基层的创新以及对市场一线的反馈无法到达高层。

传统产业信息化已经很多年了,几乎所有的产业都处于转型调整期,而且调整周期越来越短,有些机会转瞬即逝。因此公司高层要居安思危,保持企业活力和战略敏感性,定期做全方位的市场洞察,把握产业动态。

启示二:战略聚焦和战略转型是企业成长壮大的必经之路

企业在自身发展的不同阶段或者在产业发展的不同时期,战略的定位和选择是不同的。战术的勤奋无法掩盖战略的懒惰。即使战略的调整是痛苦的,甚至伴随着血与泪,但企业在必要的时候只有成功调整战略,才能打开新的局面。

著名企业家的成功要素有一条就是"杀人如麻",通过制度解决掉任何阻碍公司发展的人员和部门。诺基亚在2013年挥泪出售手机业务,2015年出售Here地图业务后,全球数万名高级管理人才和研发工程师被转移到微软和其他公司,随后陆续被裁员解聘。但伴随着公司战略的调整,诺基亚在专注通信设备和解决方案后,也逐渐回到了行业第二的宝座。

"汽车之家"网站在2005年开始正式运营,到2008年就已经突破了3000万的访问量,2011年突破了1亿访问量,2013年在美国纽交所成功上市。在互联网行业向移动互联网行业转型的大潮中,"汽车之家"始终占据汽车媒体的头把交椅,依靠的就是对用户需求的敏锐洞察。当

用户从电脑中解放出来,每天花2个小时放在手机上的时候,它的战略也及时地转变到移动端,在资讯内容上也朝着碎片化浏览方向转移。

启示三:企业壮大离不开合理的企业并购与资本运作

企业壮大,和所在行业的发展、世界经济的潮起潮落都有关联,但排除掉这些客观因素后,合理的企业并购与资本运作是一家公司迅速崛起的必要条件。在中国,并购重组不仅是国企改革和民营企业生存的重要方式,更是产业结构的调整和产业升级转化的必经之路。

美国科技企业——思科公司的发展历史,就是通过与资本合作,不断并购壮大的历史。在它34年的企业历史中,一共并购了202家企业,平均每年并购6家企业,其公司市值最大超过了5000亿美元。思科的执行主席钱伯斯甚至还为其并购制订了五条经验:并购对象与思科发展方向相同或互补,被并购公司员工能够成为思科文化一部分,被并购公司长远战略与思科吻合、企业文化与思科相近、地理位置接近思科现有产业点。

据国内监管部门发布的信息:2015年上市公司公告了1444次并购重组事项,涉及交易金额15 766.49亿元人民币,平均每单交易金额达20.14亿元人民币;2016年国内并购重组金额达2.39万亿元人民币,跨国并购投资交易金额达7700亿美元,共11 409宗。

业绩+资本的方式双轮驱动企业市值高速发展

当人们还在为诺基亚帝国没落感慨时,诺基亚早已经完成华丽转身,快乐地数钱去了。因此,中国企业应该吸取国内同行业乃至全球其他优秀公司的经验,战略洞察应深入市场,及时把握产业变化,以客户需求为根本驱动,以创新为实现形式(注:有的企业把创新定位为根本驱动,最终结果是产品脱离市场,客户不买单),该战略聚焦和转型的时候就要大刀阔斧,剥离淘汰的产业,发展优势战略。企业在深入研究产业的同时,应积极引入并购机制,加速企业转型或者获取某项特殊技术、人才和市场,在资本市场通过市值管理的方法扩大公司规模。

案例讨论

1. 诺基亚是靠什么重新成为全球第二大通信设备制造商的?
2. 诺基亚战略转型之路对中国企业有何启示?

第一节　现代企业战略管理基本理论

一、什么是经营战略

"战略"一词是军事上的一个概念,来自于战争的实践,原指将帅指挥战争或战役的谋略和艺术;《辞海》中的解释为"对战争全局的筹划和指导"。"战略"一词已广泛运用于政治、经济、社会、文化、教育、科技等各个方面,其一般的含义是指带有全局性、长远性、根本性的重要谋划与方略。"战略"已逐步运用于企业生产经营活动之中,因而叫企业战略或企业经营战略。

1. 经营战略的内涵

经营战略是指企业面对复杂多变、严峻挑战的环境,根据内外环境当前和未来有可能出现的各种条件,为确定企业发展目标和实现目标的途径、措施手段,寻求企业长期生存和持续发展所进行的总体性、长远性的谋划与方略。

从这个定义中可以看出经营战略的内涵包括以下要点。

(1) 表明经营战略的性质。它是属于企业的总体性、长远性的谋划与方略，是企业高级管理层为解决企业全局性、根本性的问题，寻求企业未来的发展而绘制的美好蓝图，揭示企业的发展方向，指明其发展道路。

(2) 指出了经营战略制订的根据。经营战略必须以未来市场变化的需求、竞争的严峻形势、企业内外环境提供的各种条件为依据而制订。

(3) 阐明了战略制订的目的。战略制订的目的主要是确定企业未来一定时期内的经营目标，确保企业长期的生存和实现持续的发展。

(4) 明确了目的、目标和途径手段的关系。经营战略是实现企业发展目的和目标的关键手段。通过制订正确的战略方针、战略重点、战略部署、战略对象、战略措施等，保证企业发展目标的实现。

2. 经营战略的特点

1) 全局性

这是经营战略最根本的特点，它是以企业的全局为研究对象来确定企业的总目标、规划企业的总行动、追求企业的总效果的。经营战略研究的重点放在企业的整体发展上，把企业未来的生存和持续的发展作为研究对象。它的正确与否直接关系着企业的兴衰成败。

2) 长远性

这表明企业经营战略的着眼点是企业的未来，谋求企业长远的利益，使企业永葆青春。它不是片面追求眼前的利益而牺牲长远利益，它要求企业经营者具有高瞻远瞩的战略眼光，在兼顾当前利益的基础上着重采取长期的行为。

3) 纲领性

这一特点表明了两方面内容：一是表明经营战略所确定的战略目标和发展方向是一种原则性和概括性的规定，是对未来发展的一种粗线条的设计，是总体性的谋划，而不是纠缠于现实的细节，战略在于洞察方向，而不在于精细；二是表明战略目标是全体员工行动的纲领，用以指导员工的实际行动。

4) 竞合性

竞合性即竞争性和合作性。竞争性又叫抗争性，指经营战略是企业在竞争中为战胜竞争对手、应对外部环境的威胁、顶住竞争对手的压力和挑战而设计的一整套行动方案，它是针对竞争对手而制订的，具有抗争性，目的是赢得竞争优势，战胜对手，扩大市场，赢得顾客，使自己立于不败之地；合作性是指在竞争的基础上，在一定的条件下实现与竞争对手的合作。市场上的抗争性与军事上、战争上的对抗性不同。战场上敌我双方为战胜对手，往往会刺刀见红，拼个你死我活。市场上参与竞争的各方不一定非要拼个你死我活，面对更强大的对手，弱者各方可以联合起来对付强大对手，实现"双赢"。即使是实力强的企业，也需要实力弱的中小企业的支持，配套协作，取长补短，共谋发展。企业经营战略一方面通过竞争谋取优势，以优取胜；另一方面通过竞争走向合作，实现双赢。这也是一个重要趋势，是经营战略的一个显著特点。

5) 相对稳定性

这是由经营战略的长远性与纲领性的特点引申出来的又一个特点。经营战略一般是对企业未来五年以上的时期所做出的谋划与方略，在这个战略期内出现的各种变化只要在预料之中,那么所制订的经营战略中规定的战略目标、战略方针、战略重点、战略部署等就应保持相对稳定,贯彻始终,不能朝令夕改。只有保持经营战略的相对稳定性,才能充分发挥经营战略的指导作用。由于战略期限较长,不可能不出现较大变化,只要这种变化没有对原来制订的经营战略产生根本上的否定,那么经营战略就必须坚持。当然可根据具体的变化,在不影响全局的情况下,在经营战略上做一些调整,以保持经营战略的灵活性。

二、企业经营战略的层次关系

企业经营战略层次体系,一般由以下三个层次的战略组成。

1. 总体经营战略

总体经营战略是指在对企业内外环境进行深入调查研究的基础上,对市场需求、竞争状况、资源供应、企业实力、国家政策、社会要求等主要因素进行综合分析后,指导企业全局和长远发展的谋划和方略。这一战略是由企业最高管理层制订和决策的,企业最高管理层是制订和实施这种战略的主体。总体经营战略又叫公司级或总公司级战略。

2. 经营单位战略

这一战略主要是大型企业或总公司中的二级经营单位的经营战略,即子公司、分公司或事业部等第二经营层次的战略。经营单位战略是经营单位在总公司或集团公司总体战略的指导下,为实现总公司的发展目标,对所从事的某一经营事业的发展做出的长远性的谋划与方略。

3. 职能战略

职能战略,也叫分战略,是指为了保证企业总体经营战略和经营单位战略的实现,运用各种专业的技能,使企业发展经营活动更加有效地适应内外环境的要求所制订的长远的谋划与方略。职能战略是企业总体经营战略或经营单位战略在各专业职能部门的落实和具体化,如企业的人力资源战略、营销战略等。

三、企业经营战略的内容体系

1. 战略思想

战略思想是指指导经营战略制订和实施的基本思想。它由一系列观念或观点构成,是企业领导者和职工群众对经营中发生的各种重大关系和重大问题的认识和态度的总和。战略思想对企业经营者和职工群众在生产经营活动中有着统帅作用、灵魂作用和导向作用。

2. 战略目标

战略目标是指企业以战略思想为指导,根据对主、客观条件的分析,在战略期内努力发展的总目标和应达到的总水平。战略目标是经营战略的实质性内容,是构成战略的核心。正确的战略目标是评价和选择经营战略方案的基本依据。

相关链接

一些著名公司的远景规划和战略目标

麦当劳公司:在全球范围内的食品服务业处于统治地位,通过执行我们的"服务便利、增加价值、履行承诺"战略,提高我们的市场占有率和利润率。

微软公司:每个家庭、每台桌子上都有一台电脑,使用着伟大的软件作为一种强大的工具。

英特尔公司:成为全球计算机行业最重要的供应商。

索尼公司:为包括我们的股东、顾客、员工,乃至商业伙伴在内的所有人提供创造和实现他们美好梦想的机会。

3．战略重点

战略重点是指那些对于实现战略目标具有关键作用而又有发展优势或自身需要加强的方面。战略重点是企业资金、劳动和技术投入的重点,是决策人员实行战略指导的重点。战略重点一般从产品战略、市场战略、质量战略、科技战略和人才战略等职能战略中做出选择。

4．战略方针

战略方针是指企业为贯彻战略思想和实现战略目标、战略重点所确定的企业生产经营活动应遵循的基本原则、指导规范和行动方略。战略方针起着导向作用、指针作用和准则作用。

5．战略阶段

战略阶段是指根据战略目标的要求,在规定的战略期内所划分的若干阶段,以便分期地去实现总的战略目标的要求,因为战略目标需要划分为不同水平的目标,分阶段实现。

6．战略对策

战略对策是指为实现战略目标而采取的重要措施和重要手段。它具有阶段性、针对性、灵活性、具体性、多重性等特点。经营战略对策也叫经营策略。

第二节 现代企业战略管理过程

一、战略管理的内容和特点

1．战略管理的概念

战略管理有广义和狭义之分。广义的战略管理,是指运用战略对整个企业进行的管理,企业的整个生产经营活动都要在经营战略的指导下进行,贯彻战略意图,实现战略目标。狭义的战略管理,是指对企业经营战略的制订、实施和控制过程所进行的管理。

2．战略管理的特点

1）全程性

全程性是指对战略的制订过程和实施过程自始至终进行管理。

2）未来性

战略的制订是对企业未来生产经营活动的统筹谋划,对未来实施战略的过程中可能出现的偏离战略目标的情况事先制订出各种对策,以防患于未然。

3）战略环境的不确定性

战略的制订和实施所面临的不仅是企业内部环境,更主要的是企业外部环境。企业所不能控制的因素较多,尤其是企业未来的环境不可控、不确定因素更多,这些增加了企业战略管理的困难性和艰巨性。

4）高层性

战略管理主要是企业高层管理者所担负的工作,制订战略和指挥战略的实施是高层管理者的主要任务。

相关链接

企业高层管理者,也是企业战略家,应具备以下素质。
（1）品德高尚,志向高远；
（2）思维敏捷,知识渊博；
（3）心理健康,个性优异；
（4）足智多谋,能力超群；
（5）身体健康,精力充沛。

二、经营战略的制订过程

1. 形成战略思想

形成战略思想从进行战略思维开始。进行战略思维本身也是一个过程,即人们对处理问题的认识和态度,逐步从模糊到明确的过程,也就是战略思想形成的过程。战略思想的形成要求进行全方位、多维的、开放的思维,进行超前性的、创造性的思维；要求形成新的观念、新的思路,以指导战略的制订和实施。例如企业面临逆境时,要形成克服困难、勇于拼搏的战略思想；企业处于顺境时,要确立居安思危、发展优势的战略思想。

2. 进行环境调查分析

进行环境调查分析是制订和实施战略的前提,是一项十分重要的基础性工作。企业环境调查主要包括两个方面的内容。

1）企业内部环境调查

企业内部环境主要是指企业所具有的客观物质条件和主观经济实力,主要内容有：①基本情况,包括企业领导状况及职工队伍基本情况,企业经营目标、经营方针和经营组织；②企业生产技术,包括生产能力、产品结构、产品数量、产品质量、交货期保证、工艺装备及物流情况等；③销售情况,包括销售渠道、销售策略、销售计划完成情况；④财务情况,企业自身的财务状况要与同行业的平均水平、先进水平进行比较,另外还要调查资金来源和运用情况。

2）企业外部环境调查

企业外部环境包括：①企业一般社会环境,主要包括政治形势、经济形势和文化状况；②相关科学技术发展状况,主要是指与本企业产品、材料、制造工艺、技术装备等相关的科学技术的水平、发展趋势和发展速度；③资源因素,包括人力、材料、能源、装备、资金和技术等,受社会、技术、经济等因素的制约；④市场研究和竞争因素。

3. 拟订、评价和选择战略方案

这是经营战略的一个决策阶段。在明确战略思想和对环境调研有了分析结果之后,就需要拟订多种战略方案,对每个方案进行评价,指出各方案的优缺点,并做出选择,即确定最后满意的经营战略方案。这个战略方案包括战略目标、战略重点、战略方针、战略阶段和战略对策等。

4．落实战略方案和在实施中修改完善

选择战略方案后,需要加以落实,使之具体化。在战略方案的执行过程中,经营环境可能会出现原先预料之外的变化,使战略方案中的某些部分失去了指导作用,因而需要及时地对原方案进行必要的修改、调整,使之完善,更加符合实际,发挥其正确的指导作用。

三、经营战略的实施过程

经营战略的实施是指贯彻和执行已选定的战略所开展的活动。为了保证这些实施活动的顺利开展,需要遵循以下原则。

1．目标分解、任务合理的原则

企业经营战略目标应分解为企业各部门和下属各单位的具体目标,以便落实责任和检查监督。给各部门、各单位甚至个人应完成的具体目标应合情合理,既有利于挖掘潜力,调动各方面的积极性,又要切实可行,具备实施条件,有其实现目标的可靠保证。

2．统一领导、组织协调的原则

实施企业经营战略,必须由企业高层管理者统一领导,加强协调,保证企业中各部门、各单位及全体职工统一行动、步调一致、相互配合、密切合作,保证企业经营战略总体目标的实现。

3．突出重点、兼顾全局的原则

一个合理的经营战略方案应明确地规定战略重点,以突出企业的主攻方向。这些重点一般应是对企业发展的全局有决定性影响的方面,如企业的优势是什么,制约全局的薄弱环节和主要矛盾是什么等。抓住重点,有利于推动全局。同时也要兼顾全局,用重点带动一般,用一般来保证重点。

4．适应变化、机动灵活的原则

战略是对未来一定时期的谋划和方略,但具体到实施时,环境总会发生这样或那样的变化。战略的制订者和实施者应机动灵活,适时调整和修改原有的战略方案,使之符合变化了的新环境,以充分发挥战略的指导作用。

第三节　现代企业战略环境分析方法

所谓战略环境分析,就是将企业外部环境和企业内部环境的各种因素结合起来所进行的分析。企业外部环境反映了企业可利用的发展机会和存在的威胁;而企业能否利用机会、避开威胁,则是通过对企业内部环境进行分析后才能做出判断的。

进行战略环境分析,需要借助于科学的分析方法。可供选择的战略环境分析方法主要有以下三种。

一、SWOT 分析法

SWOT 分析法是一种战略环境分析方法,用来确定企业本身的竞争优势、竞争劣势、机会

和威胁,从而将企业的战略与企业内部资源、外部环境有机结合。因此,清楚地确定企业的竞争优势和竞争劣势,了解企业所面临的机会和威胁,对于制订企业未来的发展战略有着至关重要的意义。

SWOT分析法一般用十字形图表对照进行分析,以寻找、制订适合本企业实际情况的经营战略和策略思路,这种方法又叫十字形图表法。表3-1所示为国内某著名电子商务网内外环境分析。

表3-1 国内某著名电子商务网内外环境分析

	机会(O)	威胁(T)
外部环境	1.中国几个大银行和资信公司全面参与电子商务领域,这为电子商务的深度发展创造了条件。 2.中国现在加快制定电子商务方面的法律条款,积极创造安全、规范的商务环境。 3.中国现有的中小企业没有能力开办自己的B-to-B商务网站,因此,本网站这种网上中介很受欢迎。 4.随着互联网的不断发展与完善、计算机的普及,将会有更多的企业加入网上商务	1.本网站的赢利主要在中国,但中国B-to-B的商业环境现状制约了本网站的进一步发展,如法律的健全、网上支付安全的漏洞、基础设施尚欠完善等。 2.近几年B-to-B模式的商务网站不仅在全球快速发展起来,而且逐渐形成一种趋势——电子商务联盟,也就是兼并和合作趋势,这将导致竞争越来越激烈
	优势(S)	劣势(W)
内部环境	1.网站拥有三套班子(英、中、日),囊括的客户群比较广阔,利于信息互换,增加了信息量,更利于造声势,扩大影响。 2.本网站的信息越来越细分化与全面,这样就更具有针对性和有效性。 3.全球最大的华人论坛——以商会友,为全球的商人交流创造了极大的方便,拉近了各处商人之间的距离,提高了网站的知名度。 4.庞大的会员数目、知名度的提升、品牌的树立使信息覆盖面越来越广,吸引了商家的到来。 5.开通了"诚信通",为网上安全交易提供了保障	1.网站模式是中介形式,并且这种模式具有可模仿性,为其他竞争者进入该行业提供了样本,同时也增加了竞争者。 2.增加了收费会员制度,在转型过程中,会导致已有会员的流失,还会给竞争对手创造条件,也会给网站的发展带来困难。 3.本网站商务平台庞大而杂乱,它原来的27个行业分类、800~900个行业门类成为优化商务平台的最大阻碍

由表3-1可以看出,十字形图表的主要优点是简便、实用、有效;主要特点是通过对照,把企业外部环境中的机会和威胁、企业内部环境中的优势和劣势联系起来进行综合分析,有利于管理者开拓思路,正确地制订经营战略。

通过对内外环境的对照分析,进行SO、WT、WO、ST组合,从而提出可供选择的多种组合战略方案,如图3-1所示。

当然,SWOT分析法不仅仅是列出四项清单,最重要的是通过评价公司的优势、劣势、机会、威胁,最终得出以下结论:①在公司现有的内外部环境下,如何最优地运用自己的资源;(2)如何建立公司的未来资源。

二、波士顿矩阵分析法

波士顿矩阵分析法是将需求增长率和相对市场占有率作为衡量标准来形成矩阵图形,然后

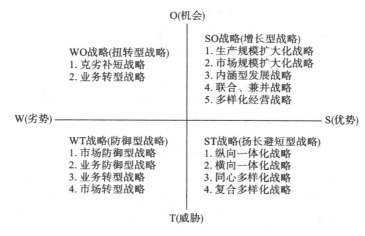

图 3-1　SWOT 组合战略选择图

对企业的经营领域进行分析和评价的一种综合方法。需求增长率反映了市场需求对企业的吸引力,某种经营领域的需求增长率大,对企业从事该生产经营活动的吸引力也大。相对市场占有率反映了企业某种经营领域在市场中的竞争地位,这一指标高,反映了该经营领域的竞争地位高。

波士顿矩阵分析法是将需求增长率和相对市场占有率分别按一定的水平划分为高、低两种状况,将两类指标两两组合,就形成四个象限、四个区,如图 3-2 所示。

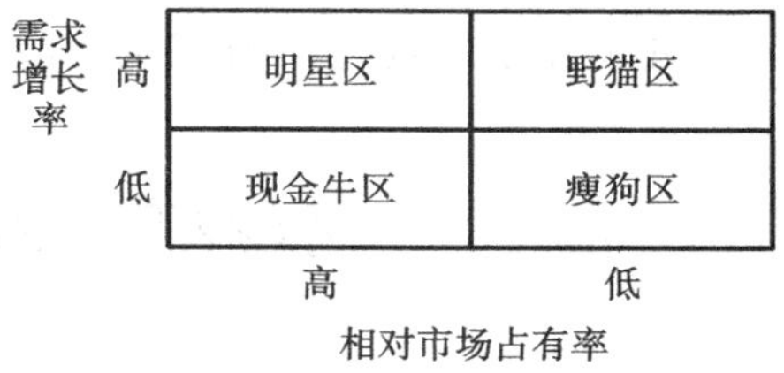

明星区是指需求增长率高、相对市场占有率高的业务区。对于处于明星位置的经营领域,应抓住机遇、加强力量、重点投资、促其发展。

图 3-2　波士顿矩阵图

现金牛区是指需求增长率低、相对市场占有率高的业务区,也叫厚利区。对于处于现金牛位置的经营领域,应严格控制投资,维持现有规模,设法获取尽可能多的利润,以支持处于明星区和野猫区的经营领域的发展。

野猫区是指需求增长率高、相对市场占有率低的业务区,也叫风险区。对于处于野猫区的经营领域,因需求增长率高,有发展前途,应加以完善和提高,促使其成为新的明星经营领域。

瘦狗区是指需求增长率低、相对市场占有率低的业务区。处于瘦狗区的经营领域属于失败或衰退的经营领域,应果断放弃和淘汰。

波士顿矩阵分析法有助于企业进行经营领域的选择和资源的有效分配。但它有一定的适用条件,即企业环境动荡水平比较低,市场需求的增长比较容易预测,不容易出现难以预料的变化。

三、麦肯锡矩阵分析法

麦肯锡矩阵分析法是以战略经营领域的吸引力和企业的竞争地位两个综合指标进行组合形成矩阵,从而进行分析的综合性方法。这种方法与波士顿矩阵分析法一样,也形成四个区,只是衡量的指标有所变化,如图 3-3 所示。

图 3-3 麦肯锡矩阵图

麦肯锡矩阵分析法的每个指标所涵盖的内容比波士顿矩阵分析法的两个指标更丰富。例如,战略经营领域的吸引力这一指标除了包括未来需求增长率这一指标外,还包括未来的盈利率指标,并考虑环境中的相关变化和偶发事件对各个经营领域的影响,确定其机会和风险,最后根据需求增长率和盈利率的估计值来确定其战略经营领域的吸引力大小。又如企业的竞争地位这一指标是根据三个因素的综合来加以确定的,这三个因素是:(1)企业在某一经营领域的投资达到最佳投资水平的程度;(2)企业当前竞争战略达到最优竞争战略的程度;(3)企业目前能力达到该经营领域一流企业所需能力的程度。把这些因素结合起来分析,即可确定企业在某一经营领域中的竞争地位。

麦肯锡矩阵分析法克服了波士顿矩阵分析法的某些不足,从而扩大了其适用范围,即对企业处于不同竞争环境,包括比较动荡的不稳定环境,进行经营领域的分析和选择,也是适用的。

第四节 现代企业经营战略策略

一、企业竞争战略

企业竞争战略,是指企业为了获得竞争优势,在市场上处于有利的竞争地位,争取比竞争对手更大的市场份额和更好的经济效益所做出的长远性的谋划和方略。所谓的竞争优势,是指企业具有某种其竞争对手所没有或相对缺乏的特殊能力,以便能更有效、更经济、更快捷地为顾客提供所需的产品和服务。竞争战略主要有成本领先战略、差异化战略、集中战略三种模式。

1. 成本领先战略

成本领先战略也称作低成本战略,是指企业生产和出售一种标准化的产品,在行业内确立和保持整体成本领先地位,进而能够以行业的最低价格参与市场竞争的战略。其优点是:

(1) 在与竞争者的比较上,具有低成本优势,又可以获得高出行业平均水平的利润,获取市场竞争的主动权。

(2) 有效防御来自竞争对手的威胁,特别是在生产过剩、消费者购买力下降、发生价格战时,起到保护企业的作用。

(3) 成本领先者为潜在进入者设置了障碍,减少了可能的竞争者,增加了行业的进入壁垒。

(4) 可以有效地应付来自替代品的竞争。当替代品出现时,具有成本领先地位的企业仍然可以吸引一部分对价格更敏感的消费者,或者通过进一步降价来抵御替代品对市场的威胁。

成本领先战略的主要实现措施有:
(1) 实现规模经济。规模经济生产和分销是实现成本领先战略的重要措施。
(2) 充分利用生产能力。生产能力过剩将显著增加单位产品的成本。
(3) 产品的再设计。设计出易于制造的产品,广泛采用标准化的部件。
(4) 降低物资供应成本。
(5) 采用先进的工艺技术,降低能源、原材料的消耗,进一步降低成本。

2. 差异化战略

差异化战略是指企业向顾客提供的产品和服务在行业范围内独具特色。这种特色包括独特技术或专利技术、特色产品、个性化服务、不同的营销手段、满足特殊顾客的需要。谁能提供差异化、特色化的产品和提供特色化、个性化的优质服务,谁就能在竞争中取胜。差异化战略的优点是:
(1) 差异化的产品和服务能够满足某些消费群体的特定需要,建立品牌忠诚。
(2) 为企业产品带来较高的溢价,增加企业的利润。
(3) 差异化产品和服务可以使企业占据主动地位,降低客户对价格的敏感度,可以使产品获得更高的售价。

取得差异化的优势关键在于:一是开发独特化的技术或拥有特色的专利技术,研发和生产多种不同的产品,以满足顾客的特殊需要;二是实施特色化的营销,提供个性化的优质服务,实现人无我有,以特取胜。

3. 集中战略

集中战略又称为专一化战略,它是将目标集中在特定的顾客(如少年、儿童或广大妇女)或某一特定地理区域上,即在行业的很小竞争范围内建立起独特的竞争优势。集中战略是中小型企业广泛采用的一种战略。集中战略的优点是企业能比竞争对手更有效地为其特定的顾客群体服务。

二、企业成长战略

企业成长战略,也叫企业发展战略。每个企业由于客观环境和内部条件不同,因此成长和发展的道路也各不相同。企业成长战略主要有以下两种类型。

1. 一体化战略

一体化战略是以企业当前活动为核心,主要通过在纵向和横向两个方面上合并或兼并其他企业来取得规模经济增长的一种战略。如果企业的基本行业很有发展前途,而且企业在供、产、销等方面实行一体化能提高效率、加强控制、扩大销售,则可实行一体化战略。

一体化战略的基本形式如下。

(1) 后向一体化,即企业通过收购或兼并若干原材料供应商,拥有和控制其供应系统,实行供产一体化。例如,某汽车制造商过去向橡胶和轮胎公司采购所需轮胎,现在决定自己生产轮胎,这就是后向一体化。

(2) 前向一体化,即企业通过收购或兼并若干商业企业,或者拥有和控制其分销系统,实行产销一体化。例如,一家生产企业设有批发销售机构,在全国各地设有产品专卖商店,自产自销,这种产销一体化就是前向一体化。

（3）水平一体化，即企业收购、兼并原来是竞争者的同种类型的企业，或者在国内外与其他同类企业合资生产经营等。例如，我国东南沿海地区的某些现代化企业，利用自己在商标、技术、市场、资金等各方面的优势，与西部欠发达地区的企业进行联合，或以其他形式进行合作经营等。

2. 多元化战略

多元化战略又称为多元增长战略。采取这种战略，企业要增加产品种类，跨行业生产、经营多种产品，提供多种服务，扩大企业的生产范围和市场范围，使企业的特长得到充分发挥，人力、物力、财力等资源得到充分利用，从而提高经营效益。

多元化战略的必要性如下。

（1）企业实现多元化增长的必要性在于，某一产品或服务的市场需求容量总是有限的，企业难以通过扩大生产规模来扩大企业规模。

（2）外界环境与市场需求在不断变化，新的市场需求不断出现，这是企业发展新的增长点。

（3）单一经营与多种经营相比存在着风险。单一经营时，当产品的市场需求出现低潮时，企业难以渡过难关；多种经营则可以利用不同产品或服务高低潮的时间差来抵御经营风险。

多元化战略的主要方式如下。

（1）同心多元化，即企业利用原有的技术、特长、经验等发展新产品，增加产品种类，从同一圆心向外扩大业务经营范围。例如汽车制造厂增加拖拉机生产。同心多元化的特点是原产品与新产品有着较强的技术关联性，虽然这些产品的用途不同。冰箱和空调就是用途不同但生产技术联系密切的两种产品（关键技术都是制冷技术）。

（2）水平多元化，即企业利用原有市场，采用不同的技术来发展新产品，增加产品种类。例如原来生产化肥的企业又投资农药项目。水平多元化的特点是原产品与新产品的基本用途不同，但存在较强的市场关联性，企业可以利用原来的销售渠道销售新产品。

（3）集团多元化，即大企业收购、兼并其他行业的企业，或者在其他行业投资，把业务扩展到其他行业中去，新产品、新业务与企业的现有产品、技术、市场毫无关系。也就是说，企业既不以原有技术也不以原有市场为依托，向技术和市场完全不同的产品或服务项目发展。它是实力雄厚的大企业集团采用的一种经营战略。例如，美国通用电气公司于20世纪80年代收购了美国再保险公司和美国无线电公司，从而从单纯的工业生产行业进入金融服务业和广播电视行业。

第五节　现代企业文化

企业能否高效运行，关键在于能否最大限度地发挥人的积极性和主动性。根据现代"人本管理"的观点，人的创造性的发挥不仅取决于物质激励，而且取决于精神激励，而企业文化是提高企业精神动力的一种重要的手段。

一、企业文化的含义

相关链接

企业文化的起源

20世纪80年代，美国学者提出了企业文化理论，强调"企业即人"，认为企业中人、财、物的管理应是一个有机系统,其中人处于管理的中心和主导地位。企业的最高目标在于满足人的物质需要和精神需要。企业文化就是强调企业精神、全体员工共同的价值取向,以及在此基础上形成的凝聚力、向心力。

狭义的企业文化指在企业生产经营实践中形成的一种基本精神和凝聚力,以及企业全体员工共有的价值观念和行为准则。

广义的企业文化除了上述内容外,还包括企业员工的文化素质,企业中有关文化建设的措施、组织、制度等。从企业文化结构层次看,企业文化又可分为以下三个层次。

1. 物质文化层

物质文化层是企业文化的浅表层,包括企业的产品、企业文化建设的硬件设施,它是企业文化结构中的最外层。

2. 制度文化层

制度文化层是企业文化的中层支撑,是企业文化中人与物结合的部分,是保证企业目标实现的一种强制性的文化,包括企业中的习俗、习惯和礼仪,成文的或约定俗成的制度等。

3. 精神文化层

精神文化层是企业文化的中心内容,属于企业文化的"软性"因素,它决定了企业物质文化、行为文化和制度文化的形态,是企业文化的核心层,主要指企业员工共同的意识活动,包括生产经营哲学、以人为本的价值观念、思想观念、美学意识、管理思维方式等。

相关链接

部分企业的精神文化层口号

"真诚到永远"——海尔集团
"为顾客创造价值"——TCL集团
"没有最好,只有更好"——澳柯玛公司
"成己为人,成人达己"——中国人寿

二、企业文化的构成要素

1. 企业环境

企业环境是指企业文化生成的背景和条件,包括企业内部环境和外部环境。内部环境主要包括行业性质、经营宗旨、企业发展历史、企业人员素质、企业技术力量等,外部环境主要包括地域、社会文化、政治制度、经济体制、社会道德规范等。

2. 价值观

价值观是人们对事物意义的评判标准。企业价值观就是企业全体成员在面对问题时所持有的某种一致的看法。企业价值观是企业经营的基础和核心,它规定着全体员工共同一致的方向和行为准则,指导着公司整体的活动和形象。

3. 企业规章制度

制度可以分为有形制度和无形制度。有形制度是由文字明确规定的，企业成员能够直接感受到，企业用奖惩办法着力推行的制度；无形制度则在企业内潜移默化地起作用。企业文化作为一种典型的无形制度，显然对企业的效率、竞争力产生影响。

4. 企业英雄

企业内的英雄人物是企业价值观的"人格化"，是指在企业里卓越地体现企业价值观的员工或员工群体。他们可能是企业的创始人、企业的领导、企业的技术发明者，也可能是企业的一般员工。

5. 文化仪式

文化仪式是企业内部特有的、已经成为习惯的、约定俗成的一系列文化活动的总称，包括人际交往的基本形式、日常工作仪式、表彰仪式、庆典仪式等。通过各种具体的文化仪式，使价值观演化成种种有形的范例，使企业成员不断得到自我教育和熏陶，使他们从意识和潜意识中产生对这个文化的强烈认同感。

6. 企业形象

企业形象是指社会公众和企业职工对企业的整体印象和评价。例如，对企业服务人员的素质、公共关系、经营作风、产品质量、产品包装、产品商标、售后服务等方面的印象和评价，都是企业形象的具体表现。

三、企业文化的功能

1. 导向功能

企业文化对企业成员的思想行为，对企业整体的价值取向起着导向作用。企业文化导向作用的发挥，强调通过文化的培育来引导成员的行为与心理，使人们在潜移默化中接受共同的价值观，自觉地调整个人的追求目标，并使之与企业目标协调一致。

2. 约束功能

约束行为的表现形式是企业的规章制度、道德规范、人际关系准则，这些深深地扎根于企业群体之中。企业文化所传播的价值观告诉职工，什么是应该提倡的，什么是应该反对的。文化形成的约束并非通过制度、权利等硬性管理手段来实现，而是通过群体归属感、认同感、自豪感的诱导来实现，是一种"软性"约束。

3. 辐射功能

企业文化不但对本企业产生作用，而且还会对社会产生影响。如优质的产品和优良的服务态度、良好的经营状况和积极向上的精神面貌，都会扩大企业的知名度和企业在社会上的影响。企业文化不但对企业的发展起着巨大的推动作用，而且还会影响和带动其他企业及社会人员竞相仿效。

4. 激励功能

通过企业文化，将会产生一种积极的激励机制，引导职工树立正确的价值取向、道德标准和整体信念，使职工充分认识到自己工作的意义，从而焕发出高度的主人翁责任感，激发出奋发向上的拼搏精神，为企业的生存和发展做出更大的贡献。

5．凝聚功能

凝聚功能源于企业文化的导向功能、约束功能，以及文化的排外性。企业文化是企业全体成员共同创造并一致认同的价值观、企业精神、企业目标、道德规范、行为准则等，它反映了企业成员的共同意识。这种共同意识会大大增强个体的"主人翁意识"和个体对群体的依赖性，从而产生强大的向心力和凝聚力。

四、企业文化的建设

企业文化建设的目标主要有两个方面：一是造就员工良好的精神价值观，员工的精神价值观是关系企业成败兴衰的一个根本性问题，一个国家、民族要有自己的精神支柱，一个企业也必须有一个基本信念和经营宗旨，这样才能动员、维系、激励内部广大员工，充分调动他们的劳动积极性、主动性和创造性；二是营造企业内部和谐融洽的环境气氛，开展企业内部管理和公关工作，创造最佳的人事环境，造就家庭式气氛，使每一个员工感到在工作上有劲头、在感情上有靠头、在事业上有奔头。

1．企业精神的概括与表达

企业精神是企业文化的核心问题。它是企业文化的一个重要表现形式，集中地反映了企业员工的思想活动、心理状态及精神面貌，是企业发展的活力源泉和精神支柱。

1）内涵规定

(1) 爱国主义精神：包括社会责任感、民族自尊心和自豪感等。

(2) 集体主义精神：包括爱厂、团结、互助、友爱、同心同德等。

(3) 主人翁精神：员工当家做主，参与决策管理。

(4) 奉献精神：包括忘我献身、大公无私、比贡献、不为名利等。

(5) 科学精神：包括求实实干、认真负责、严格细致、精益求精、实事求是等。

(6) 创业精神：包括艰苦奋斗、勤俭朴素、自力更生、厉行节约等。

(7) 开拓创新精神：包括求新开拓、改革进取、锐意探索、攀登向上等。

(8) 竞争精神：包括拼搏、夺魁、力争上游、务求取胜等。

(9) 服务精神：认真负责、尽心尽力为用户和顾客服务。

2）命名方式

(1) 企业命名法。

许多企业都采用企业名称来称谓自己的企业精神，如日本丰田汽车公司和日立制作所的"丰田精神"和"日立精神"，杭州民生药业的"民生精神"。这种命名方法简捷明确、直截了当，有助于提高企业的知名度。

(2) 产品命名法。

有的企业以自己生产的名优产品、拳头产品、特色产品来命名企业精神，如杭州第二中药厂的"登峰精神"。这种命名方法使企业精神同其产品融为一体，有利于赢得公众的好感和信任，在提高产品知名度的同时提高企业知名度。

(3) 职工命名法。

这种命名方法有两种情况：一种是以企业全体职工的方式来命名自己的企业精神，如广州白云山制药厂的"白云山人精神",武汉钢铁公司的"武钢人精神";另一种情况是以企业职工中的典型人物或英雄模范的名义来命名企业精神,如大庆石油管理局以王进喜为代表的"铁人精神"。这种以职工名义来命名企业精神的方法,有利于唤起职工当家做主的自豪感和责任心,激发他们的劳动积极性。

（4）概括命名法。

这种方法是把企业精神的具体内容加以概括而命名的,如我国常州机械厂的"三气精神",即工厂有名气,队伍有士气,职工有志气。这种方法有助于职工牢记自己的企业精神,铭记企业提倡的价值观和行为规范。

（5）借物喻义命名法。

有的企业借助某一喻义深刻的事物之名来象征自己的企业精神,如江苏机车车辆厂的"火车头精神",上海电机厂的"扁担精神"。这种命名方法形象生动,易学易记,有利于本企业职工理解企业精神的实质,吸引广大公众的信任和支持。

（6）提炼式命名法。

有的企业把自己倡导的企业精神提炼上升为几个字、一句话,这样有利于在职工和其他公众心目中烙上强烈的印记,如临平绸厂的"博爱、奉献"。

3）传播方式

企业精神一旦确立,为了达到强化宣传、广为传播的目的,各企业应当根据自己的实际情况和客观需要,采取多种灵活形式与技巧来制造宣传氛围和舆论声势,使广大职工与社会各界公众耳濡目染,让企业精神在他们心中深深扎根。

（1）条例式。

这种方法是把有关企业精神确定的价值观、行为准则列为若干条例,作为文件、规则在企业内公布,具有某种正规的制度性的要求和效力。如美国跨国公司约翰逊集团把《我们的信条》悬挂在遍布世界各地的子公司的办公室里;另一家企业休帕公司将其经营哲学和奋斗目标编印成册,职工人手一册;日本大中型企业几乎都制定了社训,倡导"社风"。

（2）标语式。

这种方法是把企业精神用箴言、警句在企业内宣传张贴,使广大职工随处可见,让他们经常受到熏陶和自我教育。如美国IBM公司提倡关怀员工和协调人际关系,推广"戴面具活动"（微笑）。他们在公司内四处张贴体现这一企业信条的标语——"如果你看到别人不笑,你就对他笑""愿你成为一名微笑天使"等。这家公司的标志就是一张微笑的脸,他们在办公信纸、文具、厂服、头盔上都印着这个标志,以至于人们称呼这个公司所在的城市为"微笑城市"。

（3）厂歌式。

这种方法是把企业精神的有关内容配上曲子,谱成通俗易唱的厂歌,用音乐这一艺术形式向职工进行巧妙的灌输,向社会各界广为宣传。日本松下公司是最早把企业精神编成社训社歌的企业,之后其他公司纷纷效仿。在我国,把企业精神编成厂歌也越来越普及。

（4）广告式。

随着商品经济的发展和市场竞争的日益加剧,一些企业利用各种传播媒介和广告工具向广大职工和社会各界宣传自己的企业精神,以获得人们的信任和好感,如美国三角洲航空公司在广告中突出"三角洲公司是一个温暖的大家庭",瑞士雷达表公司的"雷达表领导时代新潮流",日本丰田汽车公司的"车到山前必有路,有路就有丰田车"。

2. 企业文化建设的步骤

1) 设计阶段

在企业文化的设计阶段，首先应调查分析企业的现状，如企业的传统作风、行为模式、价值观念、道德标准及所处的内外环境等；然后在此调查分析的基础上，根据企业本身的特点，发动广大职工参与讨论和设计，提出具有本企业特色的企业文化建设目标，使其成为大家共同遵守的行为准则。

2) 培育和执行阶段

企业文化建设的目标一旦提出，就应加以具体化。一是要将目标层层分解，使其落实到厂部、车间、科室、班组等各个管理层次，以及党、政、工、团各有关单位与部门，使其既有统一的目标，又有明确的分工；二是大力宣传和提倡，以便形成舆论，使新的观念不断深入人心、久而成俗，为广大职工认同和接受。

3) 总结和提高阶段

企业文化在培育、执行过程中，一则会经常暴露出一些问题，需要不断地加以分析、研究和改进；二则企业外部环境和企业内部条件也是在不断变化的。因而，应该对企业文化的内容不断地进行总结，肯定那些行之有效的、为全体职工接受的内容，抛弃那些不受欢迎的内容，补充那些与内外环境变化相适应的内容，以便使企业文化在发展过程中不断优化，成为适应我国市场经济体制需要的具有中国特色的企业文化。

阅读材料

梅赛德斯-奔驰的企业文化理念

1. 企业精神——核心价值

作为一个拥有百年历史的著名汽车品牌，梅赛德斯-奔驰已形成了一种核心企业精神：公平、尽责。公平是指公平竞争、公平经营，这是每个企业必须遵循的游戏规则，梅赛德斯-奔驰也是在产品质量、花色品种、技术水平、市场销售和售后服务等方面凭借自身的实力来力争上游；尽责是指梅赛德斯-奔驰在其经营范围——汽车行业内，尽到自己作为一个顶级品牌的责任，不仅为了自己的经济利益，也要兼顾社会所认同，成为同类企业仿效的楷模。

2. 经营理念

核心理念是很抽象的，往往是企业经营管理者经过多年的经验累积总结出来的企业精神，以其为中心、基础，具体化为经营理念。

1) 传统理念

梅赛德斯-奔驰是汽车的发明者创立起来的汽车企业，它的发展也充分反映了整个汽车工业的发展，因此其经营更趋向于采用传统和高效的规则。企业的经营者首先要确保这一理念为广大员工、合作伙伴和外界环境所承认。这是几代奔驰人通过不断努力才营造出的立身之本。

2) 快乐感理念

人们的需求不会局限在马斯洛的某一需求层次上。随着科技、社会、经济和市场的发展，人们的生活水平提高了，人们更进一步地追求汽车外观优美、内部豪华、驾驶舒适，从而尽显自身价值。根据这一趋势，梅赛德斯-奔驰近年来将满足消费者自身的快乐感作为经营理念的一部分，并随着时间的推移，其重视程度和投入不断增加。

3）共同责任理念

人类社会的发展为我们周围的环境带来了不可估量的负面影响。汽车排出的废气造成了大气污染，形成酸雨；含有大量化学制品的合成材料的使用和废弃、乱砍滥伐、污水排放造成生态失衡。人类要继续生存下去则必须重视环保，保护我们赖以生存的地球是全人类共同的责任。梅赛德斯-奔驰将环保作为自身的任务，不断改进生产技术，降低污染的可能性，减少废气排放、采用可多次循环使用的材料生产，以便最大限度地保护环境。

3. 价值观念

经营理念是思想意识形态，我们必须用这些理念来支撑一系列能使顾客感觉得到的、实实在在的价值，这样才能做到理论与实践相结合。

1）传统价值——"安全、优质、舒适、可靠"

梅赛德斯-奔驰的工程技术人员从不满足于目前的技术领先，而是充分利用公司提供的研究开发费用，发挥聪明才智，细致地研究驾驶者和乘客的需求，预测汽车未来发展的各种趋势。专利技术、技术革新改造层出不穷，为汽车工业的发展作出了巨大的贡献。"安全"是梅赛德斯-奔驰最为重视的一方面，并在这方面成果显著，推出了多项新技术。"质量"是企业制胜的法宝。梅赛德斯-奔驰汽车质量优异举世公认，这依赖于其完善的质量控制体系。梅赛德斯-奔驰的产品不仅符合行业内部和各国的有关规定，它还制定了一套更为苛刻的标准，确保产品质量万无一失。"舒适"对于驾驶者和乘客来说是极为重要的。驾驶是一种乐趣，乘坐是一种享受。梅赛德斯-奔驰的产品对舒适的要求已不局限于简单意义上的生理舒适感。"可靠"的性能使梅赛德斯-奔驰汽车的使用寿命普遍比同类产品的长，超凡的质量水准和一套完备的售后维修保养措施以及专业的技术队伍成为其保持长期性能可靠的坚强后盾。

2）潮流价值

潮流价值着重强调个性特点。当今社会人们极为重视自我实现和个性体现，从服饰到汽车都追求与众不同。梅赛德斯-奔驰在每种产品系列中，根据不同客户的需求，将其进一步细分为不同的产品线：标准型车身颜色稳重大方，运动型车身色泽鲜明抢眼。

3）社会价值

梅赛德斯-奔驰将首创的三滤催化系统作为欧洲车型的标准配备，推动了汽车环保事业的蓬勃发展。此后，梅赛德斯-奔驰的工程技术人员又不断努力采用新材料、新工艺，以降低汽车对人类环境的破坏程度。

梅赛德斯-奔驰自创建以来，一直努力使自己成为世界汽车工业的领头羊，公司的任何发展都要顺应时代的需求，不断创新，推动汽车工业的发展。同时，梅赛德斯-奔驰作为世界顶级汽车企业，也已推出了各类能满足不同阶层消费需求的汽车。

梅赛德斯-奔驰使公司员工们具有一份自豪感、荣誉感和责任感，这促使他们必须为奔驰之星的继续闪耀而努力工作，不断以奔驰的准则要求自己，以奔驰的信念指导自身的日常工作。梅赛德斯-奔驰品牌是"安全、优质、舒适、可靠"的保障，是体现车主身份地位、潮流价值和社会价值的保障。消费者购买梅赛德斯-奔驰的产品和服务，就一定能够获得这些价值和保障。

第四章

现代企业人力资源管理

XIANDAI YU GUOJI
QIYE GUANLI

案例　除了豪掷10亿元送员工，顺丰王卫是这么管理员工的

顺丰上市敲钟时，王卫豪掷十亿余元给顺丰员工发了红包，感谢员工的辛勤付出。公司的发展离不开员工的付出。如何管理好数量如此庞大的员工？对于王卫来说，秘诀就是"走心"。

有人问王卫："你是如何管理几十万人的公司的？"王卫说，自己没有特别独到之处，只是将管理回归到人性的本质上来。仅2013年一年，顺丰速运的员工数量增长了五六万，从年初的16万人激增到21.5万人。要在全国范围内管理如此多的员工，除了流程化、制度化的"外功"之外，王卫还有着自己的四道"心法"。管人，先用"心"。王卫认为：比心法本身更重要的是让它真正落地。心法是什么？王卫用武侠小说里常有的情节做了诠释——只练外功而不练心法的人，往往很容易"走火入魔"。在顺丰，他用四道"心法"对待员工。

爱　心

王卫强调，爱心的前提是真心。以家人似的感情关心、关爱身边的员工和同事，这尤为重要。作为领导者，一旦有了爱心，就会设身处地地为员工着想：他们辛不辛苦、工资够不够、是否需要加薪和福利、是否需要晋升——这些都是领导者应该考虑的问题。

舍　心

很多老板也许会想："凭什么呢？为什么要跟我分钱？他又不是我的孩子。"王卫自问：人们可以对自己的孩子"舍得"，为什么不能对员工"舍得"？如果领导者对员工的爱心是虚伪的，那么面对很多可以给予、慰劳员工的机会，他们也不会与其分享。领导者只有具备了真正的爱心，才会有对员工的舍心。

狠　心

王卫认为，管理员工并不是"有福同享"这么简单。好比父母对子女的期待，领导者也会让员工接受历练，其中过程可能尤为辛苦。这样的狠心并非出于痛恨，而是爱心与舍心的结果。

恒　心

在王卫看来，只有坚持围绕着这些工具，一层层真正地执行，才有机会将管理做好。这四道"心法"缺一不可，环环相扣。如同练级一般，要将前面的心法练好，方能完成后面的程序。"本来下定决心练《葵花宝典》，结果却半途而废，那一下子什么都没有了。"

王卫说："恒心作为最后的心法，让你保证整个过程的连贯性，这样才会成功。"他强调，比心法本身更重要的是让它真正落地。

生命的本质是修行。员工的命运并不掌握在他们的上级手里，也不掌握在某一个人手里，而是由整个组织的机制决定的。

在王卫看来，人从出生开始可以控制的东西很少。是男是女、何地出生、身高长相、家庭背景均由不得人来决定，运气的好坏更无从掌握。对于他而言，人生只有一样东西可以控制，那就是态度。"积极态度与消极态度之间有着很大差距。"王卫还拿跑车与道路做了比喻：如果将人比喻成一辆跑车的话，好的出身可能意味着前方有一条通畅的高速公路，然而，如果不加油，这辆车永远只能停止在路上。态度也有正念与邪念之分。"在高速公路上以积极的态度加满油去开，这就是一种正念；邪念好比是喜欢逆行、在高速公路上飙车的做法。"

王卫十分相信"因果论"，他认同"好人有好报"的说法，他更坚信，因为有着正向的态度，顺丰才可以做到现在这个规模。他在管理企业,甚至在自己人生中一直努力保持着平常心。"当你看得越远,你对很多日常的事情就会变得更不在意,它们有那么重要吗?"他说,"当你有了平常心,你就可以做很多事。"换位思考就是其中的一种。王卫想,把员工当作上辈子的家人,真心关爱他们,以后也会获得回报。

如何管好21万人?王卫觉得这并不难。顺丰采用的是回归到人性上的管理方法。"人性需要什么,你就给员工什么。"他解释道,"员工需要公平,你给他公平;他需要多劳多得,你要帮他算得清清楚楚。尊重、照顾和发展机会都要给到他。"然而王卫也强调,这样的给予要有底线,如同父母不能过度宠爱孩子,有时也要"狠心"。用刻板的机制管理员工,王卫并不是百分之百地赞同。他觉得自己平时舍得下,也有一股狠劲儿。

"我们的员工很多来自基层,能吃苦耐劳,他们为什么跟着我走?"王卫说,"我给他1万块钱的工资,偷个手机才两三千块钱,为什么要偷?"增加可能出现的偷窃成本,是顺丰抑制员工盗窃行为的方法之一。然而一旦出现非黑即白的事件,王卫也是"打得狠狠的"——顺丰内部用"奖金猎人"的方式调查员工是否有偷窃的行为。"人就是这个样子,追求快乐、逃避痛苦。"王卫说,"你只要掌握人性,以人性化的思维设计管理方法,其实并不是特别了不起的事情。"

王卫表示,不论是21万人还是40万人,只要按照人性化的方法去管理,就不会存在问题。"员工的命运并不掌握在他们的上级手里,也不掌握在某一个人手里,而是由整个组织的机制决定的。"在他的观念里,外功、心法和信仰一脉相承、尤为重要。有了心法,可以为员工一舍再舍,把公司利润一降再降。这些都是顺丰打造稳定团队、保证服务质量的前提。王卫坦言,在管理企业上,自己并没有任何条条框框。一切都回归到面临什么、需要什么的本质问题上。"不把自己往别人的方法里套",可能是他独树一帜之处。在他看来,生命的本质是一种修行,而修行中最大的敌人恰恰是自己。"人是过不了自己的心魔的,"他这样认为,"任何一个竞争对手,都是你修行、修炼提升的对象。"

案例讨论
1. 请简述归纳顺丰王卫的人力资源管理方法。
2. 假设你是顺丰人力资源部负责人,你会如何履行招聘职能?

第一节 企业人力资源概述

一、人力资源概述

1. 人力资源的含义

人力资源是指在一定区域范围内具有智力劳动能力和体力劳动能力的人的总和。对于企业而言,人力资源是指在生产过程中投入的具有劳动能力的人的总量。人力资源作为一种经济资源,包含体能和智能两个基本方面。体能即人的身体素质,包括力量、速度、耐力、反应力等,亦即对劳动负荷的承载力和消除疲劳的能力。智能包括三个方面:首先是人认识事物、运用知识、解决问题的能力,亦即智力,包括观察力、理解力、思维判断力、记忆力、想象力、创造力等;其次为知识,是人类所具备的从事社会生产与生活实践活动的经验和理论;最后是技能,是人们在智力、知识的支配和指导下实际操作、运用和推动生产资料的能力。

理解人力资源必须把握以下几点:

(1) 人力资源是总人口的一部分,是总人口中具有劳动能力的人口。

(2) 以体能和智能为基本内容的人力资源以人体为其载体,能够能动地运用物质资料推动经济和社会的发展。

(3) 人力资源是总体概念,单个人难以称为人力资源。

(4) 人力资源是个时空概念,如某一时间某个国家或地区的人力资源,或者某个企业、部门的人力资源。

(5) 人力资源是质和量的统一,既有质的规定性,又有量的计算性。

2. 人力资源的特点

人力资源是一种特殊的经济资源,与物质资源相比,它主要具有下述几个特点。

1) 人力资源的生物性

人力资源存在于人体之中,是有生命的"活"资源,与人的自然生理特征相联系。

2) 人力资源的能动性

人力资源的能动性体现在人活动的两个方面。一方面是人活动的目的性。人是有思想、情感和思维的,能够有意识、有目的地利用其他资源去实现自己的目标,而其他资源则处于被利用、被改造的被动地位。另一方面是体现在人力资源的创造性上。人类的创造性思维使得人类社会不断地向前发展,过去的许多梦想甚至神话,如飞天、登月等,经过一代又一代人的努力已经成为现实,人类的创造性使社会具有无限的发展潜力。

3) 人力资源的社会性

人力资源的实质是一种社会资源,人力资源总是与一定的社会环境相联系的,它的形成、配置、开发和使用都是一种社会活动。人类劳动是群体性劳动,不同的劳动者一般都分别处于各个劳动集体中,脱离了社会,人就不能正常地成长与发展,人类社会对人力资源的形成具有重要的作用。

4) 人力资源的时效性

人是人力资源的载体。人是有生命周期的,人的生命周期决定了人力资源开发的时效性,人力资源的开发利用必须遵循人的生命周期规律,以取得最好的效果。如果人的能力得不到及时地开发和利用,不仅荒废了人的年华,也浪费了最宝贵的人力资源。

5) 人力资源的再生性

人力资源的再生性体现在两个方面:一方面,自然资源被消耗后一般不会再生,而人力资源在劳动过程中被消耗后还可以通过人类的自身繁衍而连续不断地再生;另一方面,人力资源在使用过程中会产生有形和无形的损耗。有形损耗是指人自身的疲劳和衰老,无形损耗是指人的知识和技能落后于社会和科技的发展。但是人可以通过继续教育不断更新知识、提高技能,通过工作可以积累经验、充实提高。所以,人力资源能够实现自我补偿、自我更新、自我丰富和自我发展,在使用过程中实现其自身的增值。

6）人力资源的资本性

人力资源是资本性资源，可以投资并得到回报。人力资本是一种活的资本，是劳动能力和价值的资本化，有自己的意识、需要、权利和感情，可以能动地进行自我投资、自主择业和主动创业。人力资本可以自我增值、自我利用。

3. 人力资源的数量和质量

人力资源的构成有两个要素：一是人力资源的数量，它是人力资源总量的基本指标，表现人力资源量的大小特征；二是人力资源的质量，它是人力资源的素质指标，表现人力资源质的高低特征。

1）人力资源的数量

人力资源的数量包括宏观和微观两种解释。

宏观的人力资源数量包含以下内容：

（1）劳动年龄内的在业人口，占据人力资源的大部分，称为"适龄就业人口"。

（2）尚未达到劳动年龄但已经从事社会劳动的人口，即"未成年劳动者"或"未成年就业人口"。

（3）已经超过劳动年龄、继续从事社会劳动的人口，即"老年劳动者"或"老年就业人口"。

（4）处于劳动年龄之内、具有劳动能力并要求参加社会劳动的人口，这部分人口可以称作"求业人口"或"待业人口"。

（5）处于劳动年龄之内、正在从事学习的人口，即"就学人口"。

（6）处于劳动年龄之内、正在从事家务劳动的人口。

（7）处于劳动年龄之内、正在军队服役的人口。

（8）处于劳动年龄之内的其他具有劳动能力的人口。

上述（1）～（3）为社会在业人口，是已利用的人力资源；（1）～（4）为社会经济活动人口，是现实的人力资源；（5）～（8）为潜在的人力资源。

微观的人力资源数量，是指组织全部现任在岗工作人员的总和，长假长休（事假、病休）人员、停薪留职者、离退休人员不包含在内。

2）人力资源的质量

人力资源的质量是指一个国家或地区拥有劳动能力的人口的身体素质、文化素质、专业知识和劳动技能水平，以及劳动者的劳动态度的统一，具体为下述几个方面。

（1）思想素质包括政治觉悟、思想水平、道德品质等。作为人力资源的质量内容，思想素质主要是指劳动者工作的责任心、事业心、敬业心、工作态度、思想状态（或称为时代素质，如是积极进取还是安于现状，是勇于创新还是保守恋旧等）。

（2）文化技术素质主要是就智力、知识和技能而言的，这是人力资源所具有的质的规定性的主要方面。

（3）生理心理素质为前述体能和心理精神状态。

以上三个方面素质的完整统一，构成了人力资源的全部质量内容，缺一不可。其中，生理心理素质是基础，文化技术素质是关键，是人力资源的本质所在，而思想素质是人力作为资源要素发挥作用的必要前提条件和保障。

分析人口资源、人力资源、劳动力资源和人才资源的关系（见图 4-1 和图 4-2），有助于我们更准确地理解人力资源的实质、内涵及重要性。

由图 4-1 和图 4-2 可以看出，人口资源是指一个国家或地区的人口总体，是一个数量概念，

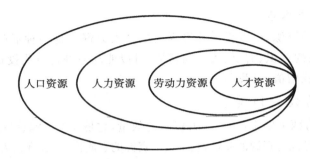

图 4-1 人口资源、人力资源、劳动力资源、人才资源四者的包含关系

图 4-2 人口资源、人力资源、劳动力资源、人才资源四者的数量关系

是一个最基本的底数,与之相关的人力资源、劳动力资源、人才资源皆以此为基础。劳动力资源是指一个国家或地区有劳动能力并在劳动年龄范围之内的人口总和,是指人口资源中拥有劳动能力且进入法定劳动年龄的那一部分。而人力资源是指一个国家或地区一切具有为社会创造物质财富和精神、文化财富的,从事脑力劳动和体力劳动的人口总称,它强调人具有劳动的能力,因而超出了劳动力资源的范围。人才资源则是指一个国家或地区具有较强的管理能力、研究能力、创造能力和专业技术能力的人口总称,重点强调人的质量素质方面,强调劳动力资源中较杰出的、较优秀的那一部分人,表明一个国家或地区所拥有的人才质量,反映了一个民族的素质和这一民族的希望所在。

由此可见,人口资源与劳动力资源突出人的数量和劳动者数量;人才资源侧重人的质量;人力资源是人口数量与质量的统一,是潜在人力与现实人力的统一。中国人口众多,从数量上看,人口资源与劳动力资源居世界首位,人力资源数量也名列前茅;但从质量上看,人力资源和人才资源相对比较落后,人力资源的文化水平较低,素质较差。因此,人力资源的潜力很大,如何加以大力开发和合理使用,是理论和实践的重要课题。

二、人力资源管理

1. 人力资源管理的含义

人力资源管理是指根据心理学、社会学、管理学等所揭示的人的心理及行为规律,运用现代化的科学方法,对人力资源进行合理的组织、培训、开发与调配,使人力与物力保持协调,同时对人的思想、心理和行为进行激励和控制,充分发挥人的主观能动性,使人尽其才、事得其人、人事相宜,以实现组织的战略目标。

2. 人力资源管理的内容

在一个企业里,凡是与人有关的事情都与人力资源管理有关。人力资源管理部门的主要工作内容涉及以下四个方面。

1) 选人

在人力资源管理过程中,选人包括人力资源的计划与招聘。选人是人力资源管理非常重要的第一步。选人者要有较高的素质和相应的专业知识。选人者只有知道什么是人才,才能鉴别人才,招聘到真正的人才。候选者来源应尽量广泛,候选者来源越广泛,越容易选出合适的人才。被选者层次结构要适当,选人时要考虑最合适的人选,而不是最高层次的人选,要避免岗位需求与任职者能力不匹配的现象。

2) 育人

在人力资源管理过程中,育人包括人力资源的培训与开发。育人是人力资源管理的重要内容之一。育人要因材施教,每个人的素质、经历、知识水平不同,应针对每个人的特点,采用不同的培训内容和方式。育人要坚持实用的原则,要同实践结合,学以致用。

3) 用人

用人主要包括组织结构的设计及通过职务分析,在每个职位上安排合适的人。用人要坚持量才录用的原则,用人不当、大材小用和小材大用都对企业不利。大材小用造成人才浪费,小材大用会给组织带来损失。岗位的设置要尽量使工作内容丰富化,枯燥、呆板的工作会降低人们的工作热情,从而降低工作效率。

4) 留人

人力资源管理的留人主要是对人的工作绩效进行科学公正的评价,给予合理的报酬和适当的奖励。留住人才是人力资源管理部门的重要职责,留不住人才是企业的损失,是人力资源管理部门的失职。为了留住人才,人力资源管理部门主要应做好以下几个方面的工作。

(1) 合理的薪酬。薪酬不仅是衡量一个人贡献大小的标准,也是衡量一个人价值能否得到体现、事业是否成功的标准。

(2) 个人的发展前景。个人对发展前景的预测对留住人才很关键,应做好员工职业生涯管理工作,完善各项人力资源管理制度。

(3) 企业文化。塑造良好的企业文化,有利于员工树立共同的价值观和使命感,便于统一认识和行动。在公平和谐的企业环境中,人际关系和谐,员工心情舒畅,工作会更有热情。

具体来讲,人力资源管理的主要内容包括人力资源规划、人员选聘、培训开发、绩效评价、奖酬与福利、安全与健康、劳动关系等,如图4-3所示。

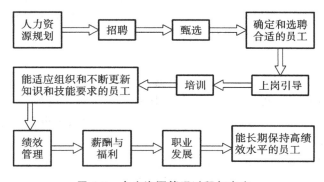

图 4-3 人力资源管理过程与内容

3. 人力资源管理的演变与发展

要准确、全面地把握人力资源管理的真实面目,就必须将人力资源管理放回到其形成与发展的具体历史环境中去观察,这样有助于正确认识和理解人力资源管理。

1) 起源:福利人事与科学管理

人力资源管理起源于人事管理,而人事管理的起源则可以追溯到非常久远的年代。18世纪,瓦特蒸汽机的发明与推广引发了工业革命,改变了以前家族制和手工行会制的生产方式,产生了大量实行新工厂制度的企业,竞争与发展要求这些企业进一步扩大规模,但劳工问题却成为制约企业主们扩大企业规模的主要瓶颈。

当时的人们不喜欢工厂的劳动方式,对劳动的单调性、一年到头按时上班等没有好感。为了招募到足够多的工人,尤其是技术工人,企业被迫采取各种各样的福利来吸引工人。为增进工人对企业的忠诚,消除工作的单调性,改进人际关系,一些企业开始采取各种各样的福利措施以留住工人,如利用传统的节日组织工人郊游和野餐等。

为解决劳工问题,有关福利人事措施逐步形成。所谓福利人事,即由企业单方面提供或赞助的旨在改善企业员工及其家庭成员的工作与生活的一系列活动和措施。福利人事是在"关心工人"和"改善工人境遇"的观念的基础上建立的一种有关"工人应如何被对待"的思想体系,其基本信念是"福利工作是能强化诚信和提高工人士气的善举",这会改善劳资关系,并有希望提高生产率。直至今天,我们仍能从人力资源管理中找到传统福利人事的影响,如企业设置澡堂和餐厅、提供医疗保健服务、修建各种娱乐和健身设施、兴办员工托儿所等。

同样关注劳工问题的泰罗认为,劳动组织方式和报酬体系是生产率问题的根本所在。他呼吁劳资双方都要进行一次全面的思想革命,以和平代替冲突,以齐心协力代替相互对立,以相互信任代替猜疑戒备;建议劳资双方都应将注意力从盈余的分配转到盈余的增加上,通过盈余的增加,使劳资双方都没必要再为如何分配而争吵。泰罗对此提出了一系列原则,形成了泰罗制的主要内容。泰罗的科学管理对人事管理概念的产生具有举足轻重的影响,推动了人事管理职能的发展。科学管理理论倡导管理分工,强调计划职能与执行职能分离,从而为人事管理职能的独立提供了依据和范例。企业管理的研究者和实践者认识到,过去由一线管理人员直接负责招聘、挑选、培养、支付薪酬、绩效评估、任命、奖励等工作的方法,已经不能适应企业组织规模扩大的现实。企业要做好人员管理这项工作,必须要有专业人士为一线管理人员提供建议,这为人事管理作为参谋部门而非直线部门的出现奠定了基础。从此,人事管理作为一个独立的管理职能正式进入了企业管理的活动范畴。

2) 演进:人事管理

人事管理是为企业对人员的管理提供支持的一种作用体系,它关注的焦点在于建立、维护和发展特定体系,从而提供一种雇用框架。这种体系作用于员工受雇于企业的整个过程,从受雇(招募与选聘等)、雇用关系管理(奖励、评估、发展、劳资关系、申诉与违纪),到雇用关系结束(退休、辞职、减员和解雇等)。

20世纪30年代的霍桑实验为人事管理的发展开拓了新的方向。霍桑实验证明:员工的生产率不仅受工作设计和员工报酬的影响,而且受到许多社会和心理因素的影响。霍桑实验引发了整个管理学界对人的因素的关注,大量的研究成果在人事管理领域得到了广泛的运用,并推动了人事管理的迅速发展。人际关系学以"管理者应该更多地关心人而不是关心生产"为核心观点,认为从工艺技术方面来解释工作的意义和以讲究效率的经济逻辑作为衡量绩效的基础,会把个人的社会需求挤到次要的低位,最终会降低个人在工作中的协作能力。因此,人事管理强调管理的社会和人际技能而不是技术技能,强调通过团体和社会团结来重建人们的归属感,重视非正式组织的作用,注意沟通,把员工满意度作为衡量人事管理工作的重要标准。

3) 蜕变:从人事管理到人力资源管理

20世纪80年代是一个充满了持续而快速的组织变革的时代,人事管理也进入了企业更高的层次,从关注员工道德、工作满意度转变为关注组织的有效性。高级人事主管开始参与讨论与企业未来发展方向、战略目标等有关的问题,工作生活质量、工作团队、组织文化等成为人事管理的重要内容。竞争压力的变化要求企业在人力资源问题上有一个定义更广泛、全面和更具战略性意义的观点,要求从组织的角度和长远目标出发,把人当作一项潜在的资本,而并不仅仅看作是一种可变的成本。20世纪80年代以后,人力资源管理研究的主要贡献集中在以下三个方面。

首先,由于20世纪80年代以后人才的竞争加剧,人们逐渐认识到,员工是与股东、管理层地位平等的一个主要利益相关者。这一观点显示了人力资源协调管理层和员工间利益冲突的重要性,大大扩展了人力资源管理所涉及的范围,直线经理(特别是总经理)应承担更多的人力资源管理职责。

其次,全球化的发展使人们认识到,人力资源管理政策和实践的设计与实施,必须与大量的、重要的具体情境因素相一致。这些具体情境因素包括劳动力特征、企业经营战略和条件、管理层的理念等。通过分析这些具体情景因素,企业管理者将人的问题与经营问题有机地结合起来,并使人力资源管理具有了战略价值。

最后,企业在人力资源管理方面的花费越多,则企业对人力资本投资收益的评估越重视。但由于人力资本投资收益的长期性,准确评估成本收益非常困难。人力资源管理政策与实践的评估应是多层次的,人力资源管理政策与实践的长期效果应从组织的有效性、员工福利和社会福利三个方面来考察。

总体而言,人事管理致力于建立一种对员工进行规范与监管的机制,以保证企业经营活动低成本地有效运行;而人力资源管理则将员工视为能创造价值的最重要的企业资源,致力于建立一种能把人的问题与企业经营问题综合考虑的机制。如果说人事管理是企业管理的一种职能,那么人力资源管理则无疑是一种新的企业管理模式。

4) 趋向:战略人力资源管理

进入20世纪90年代以后,企业经营环境变化日益频繁。从外部环境来看,技术创新加剧,国际竞争白热化,顾客需求多样化;从内部环境来看,员工素质日益提高,自我发展意识逐渐增强。企业开始从关注企业绩效的环境决定因素转为强调企业的内部资源、战略与企业绩效的关系。例如,企业能力理论认为,与外部条件相比,企业的内部因素对于企业获取市场竞争优势具有决定性的作用。由于人力资源的价值创造过程具有路径依赖和因果关系模糊的特征,其细微之处竞争对手难以模仿,所以企业人力资源将是持久竞争优势的重要来源,有效地管理人力资源而不是物质资源,将成为企业绩效的最终决定因素。这一研究显著提高了人力资源在形成竞争优势方面的地位,促进了从提高企业竞争力角度对人力资源的研究,并直接导致了战略人力资源管理的兴起。

虽然,学者们对"战略人力资源"有着不同的认识,其中的分歧主要集中在是存在一种普适的人力资源模式,还是应该根据企业战略实施不同的人力资源管理实践。但是,战略人力资源管理在基本理念上与人力资源管理是一致的,那就是战略人力资源管理把人力资源管理视为一项战略职能,以"整合"与"适应"为特征,探索人力资源管理与企业组织层次行为结果的关系。战略人力资源管理强调:①人力资源管理应被完全整合进企业的战略中;②人力资源管理政策在不同的政策领域与管理层次间应具有一致性;③人力资源管理实践作为企业日常工作的一部分被直线经理与员工所接受、调整和运用。战略人力资源管理正成为人力资源管理发展的一个新的趋向。

第二节 企业人力资源规划

一、人力资源规划的内容

人力资源规划包括两个层次,即总体规划和各项业务计划。总体规划是有关计划期内人力资源开发利用的总目标、总政策、实施步骤及总的预算安排。例如,根据企业发展战略,确定公司人员总数从目前的 3000 人扩大到 5000 人,其中专业技术人员比例占 15% 以上,90% 以上员工应达到高中或中专技术水平,劳动生产率达到人均 5 万元。总任务包括举办大规模培训、人员招聘等,总政策包括提高专业人员待遇、改革人事制度等。实施步骤:第一年补充 500 人,培训 500 人;第二年……总预算为人力投资总额每年 2500 万元(包括工资总额的增加及培训费用),如此等等。

人力资源规划所属的业务计划是指通过对企业未来的人力资源需求和人力资源供给状况的分析和预测,制订必要的政策和措施,使企业的人力资源数量和质量能够满足企业发展的需要,从而保证企业的发展。人力资源业务计划包括配备计划、退休解聘计划、补充计划、使用计划、提升计划、培训计划、薪酬福利计划、劳动关系计划、职业计划等,每项计划都由目标、任务、政策、步骤及预算等部分组成,这些计划的执行结果应能保证人力资源总体规划目标的实现。人力资源规划的内容如表 4-1 所示。

表 4-1 人力资源规划的内容

计划项目	主要内容	预算内容
总体规划	人力资源管理的总体目标和配套政策	预算总额
配备计划	中、长期内不同职务、部门或工作类型的人员的分布状况	人员总体规模变化而引起的费用变化
退休解聘计划	因各种原因离职的人员情况及其所在岗位情况	安置费
补充计划	需要补充人员的岗位、补充人员的数量、对人员的要求	招募、选拔费用
使用计划	人员晋升政策、晋升时间,轮换工作的岗位情况、人员情况、轮换时间	职位变化引起的薪酬、福利等支出的变化
培训计划	培训对象、目的、内容、时间、地点、教员等	培训总投入、脱产人员工资及脱产损失

续表

计划项目	主要内容	预算内容
职业计划	骨干人员的使用和培养方案	（含以上项）
薪酬福利计划	个人及部门的绩效标准、衡量方法、薪酬结构、工资总额、工资关系、福利项目及绩效与薪酬的对应关系等	薪酬福利的变动额
劳动关系计划	减少和预防劳动争议，改进劳动关系的目标和措施	诉讼费用及可能的赔偿

从表 4-1 可以看出，人力资源各项规划都或多或少地涉及费用问题，要在制订各项分预算的基础上制订出人力资源的总预算。

人力资源各项规划是相互关联的。例如：培训计划、使用计划都可能带来空缺岗位，因而需要补充人员；补充计划要以配备计划为前提；补充计划的有效执行需要由培训计划、薪酬福利计划、劳动关系计划来保证；职业计划与使用计划相辅相成等。

二、人力资源规划的程序

一般来说，企业的人力资源规划分为七个步骤，如图 4-4 所示。

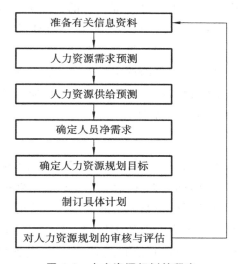

图 4-4　人力资源规划的程序

1. 准备有关信息资料

信息资料是制订人力资源规划的依据，信息资料的质量将直接影响人力资源规划工作的质量。与人力资源规划有关的信息资料主要有：企业的经营战略和目标，职务说明书，企业现有人员情况，员工的培训、教育情况等。

2. 人力资源需求预测

人力资源需求预测的主要任务是分析企业需要什么样的人以及需要多少人。为此，分析人员首先要了解哪些因素可能影响到企业的人力资源需求，这些因素包括企业技术、设备条件的变化、企业规模的变化、企业经营方向的调整、原有人员的流动及外部因素对企业的影响等。对人力资源需求进行预测的方法和技术比较多，常用的有下述几种。

1）管理人员判断法

管理人员判断法即企业各级管理人员根据自己的经验和直觉，自下而上确定未来所需人员。具体做法是：先由企业各职能部门的基层领导根据自己部门在未来各时期的业务增减情况，提出本部门各类人员的需求量，再由上一层领导估算平衡，最后由最高领导层进行决策。这是一种很粗的人力资源需求预测方法，主要适用于短期预测，若用于中、长期预测，则相当不准确。

2）经验比例法

企业中的保健人员、炊事员、政工人员等人员数量与员工总数直接有关，因此可按经验比例确定。如每名炊事员负责80名就餐人员，那么根据员工总数就很容易确定炊事员的需求量。企业中的行政管理人员、技术人员也可找到一些经验比例。例如，机械行业设计人员与工艺人员的比例通常为1∶2。

3）德尔菲法

德尔菲法是一种使专家们对影响组织某一领域的发展的看法（例如企业将来对劳动力的需求）逐步达成一致意见的结构化方法。这里所说的专家，既可以是来自第一线的管理人员，也可以是高层经理；既可以是组织内的，也可以是外部聘请的。专家的选择基于他们对影响组织的内部因素的了解程度。例如，一家软件公司在估计将来公司对程序员的需求量时，可以选择技术人员、有经验的项目经理、公司高级管理人员作为专家。

人力资源需求预测的准确程度与工作的性质有关。对于管理人员、研发人员等难以准确规定其劳动量的职位，需求预测的主观性很强，预测的结果不可能十分精确；对于操作工等能够准确规定劳动量的职位，则可以得到精确的预测结果。

3. 人力资源供给预测

人力资源供给预测包括两方面内容：一是内部人员拥有量预测，即根据现有人力资源及其未来变动情况，预测出计划期内各时间点上的人员拥有量；二是外部供给量预测，即确定在计划期内各时间点上可以从企业外部获得的各类人员的数量。一般情况下，内部人员拥有量是比较透明的，预测的准确度较高；而外部人力资源的供给则有较高的不确定性。企业在进行人力资源供给预测时，应把重点放在内部人员拥有量的预测上，外部供给量的预测则应侧重于关键人员，如高级管理人员、技术人员等。

无论是需求预测还是供给预测，对做预测的人的选择十分关键，因为预测的准确性与预测者个人的关系很大。应该选择那些有经验、判断力较强的人来进行预测。

4. 确定人员净需求

人员需求和供给预测完成后，就可以将本企业人力资源需求的预测情况与同期内企业本身可供给的人力资源情况进行对比分析，从比较分析中可测算出各类人员的净需求情况。如果净需求是正的，则表明企业需要招聘新的员工或对现有的员工进行有针对性的培训；如果净需求是负的，则表明企业这方面的人员是过剩的，应该精简员工或对员工进行调配。需要说明的是，这里所说的"净需求"既包括人员数量，又包括人员结构、人员标准，即既要确定"需要多少人"，又要确定"需要什么人"，数量和标准需要对应起来。

5. 确定人力资源规划目标

人力资源规划目标是随着企业所处的环境、企业战略与战术计划、企业目前工作结构与员工工作行为的变化而不断改变的。当企业的战略计划、年度计划已经确定,企业目前的人力资源需求与供给情况已经摸清时,就可以据此制订企业的人力资源规划目标了。目标可以用最终结果来阐述,例如,"到明年年底,每个员工的年培训时间达到 40 小时","到明年年底,将人员精简 1/3";也可以用工作行为的标准来表达,例如,"到培训的第三周,受训者应该会做这些事……"。企业的人力资源目标通常都不是单一的,每个目标可能是定量的、具体的,也可能是定性的、比较抽象的。

6. 制订具体计划

制订具体计划包括制订补充计划、使用计划、培训计划等。计划中既要有指导性的政策,又要有可操作的具体措施。供求预测的不同结果,决定了应采取的政策和措施也不同。

第三节 招 聘

一、招聘概述

招聘是指通过多种方法,把具有一定能力、技巧和其他特点的申请者吸引到企业组织空缺岗位上的过程。它由两个相对独立的过程组成:一是招募(recruitment),二是筛选(selection)。招募主要是以宣传来扩大影响,从而达到吸引人应征的目的的;而筛选则是使用各种选择方法和技术挑选合格员工的过程。

1. 人员招聘的目的

招聘的直接目的就是获得企业需要的人,但除了这一目的外,招聘还有以下几个潜在目标。

1)树立形象

招聘过程是企业代表与应聘者直接接触的过程。在此过程中,企业招聘人员的工作能力、招聘过程中对企业的介绍、散发的材料、面试的程序,以及录用或者拒绝什么样的人等都会成为应聘者评价企业的依据。招聘过程既可能帮助企业树立良好形象,吸引更多的应聘者;也可能损害企业形象,使应聘者失望。

2)降低受聘者在短期内离开公司的可能性

企业不仅要能把人招来,更要能把人留住。留住受聘者,既要靠招聘后对人员的有效培养和管理,也要靠招聘过程中的有效选拔。那些认可公司价值观,在企业中能找到适合自己兴趣和能力的岗位的人,在短期内离开公司的可能性就相对小一些,而这取决于企业在招聘过程中对应聘者的准确评价。

3)履行企业的社会义务

提供就业岗位是企业的社会义务之一,招聘正是企业履行这一社会义务的过程。

2. 人员招聘的程序

人员招聘的程序如图 4-5 所示。在人员招聘的程序中,人力资源计划和职务说明书是招聘的依据。人力资源计划决定了招聘的时间、人数和岗位等,职务说明书则明确了招聘人员的要求。根据人力资源计划和职务说明书,就可制订具体的招聘计划,从而指导招聘工作。

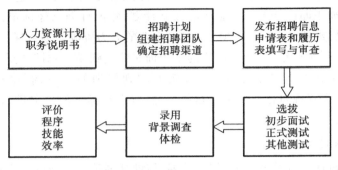

图4-5 人员招聘的程序

3. 人员招聘的原则

1) 公开

招聘信息、招聘方法应公之于众,并且公开进行。这样做一方面可将录用工作置于公开监督之下,以防止不正之风;另一方面可吸引大批的应聘者,从而有利于招聘到一流人才。

2) 因事择人

企业应根据人力资源计划进行招聘。无论是多招聘,还是招聘错了人,都会给企业带来很大的负面作用。除了增加人力成本、低效率、犯错误等看得见的损失外,由此导致的人浮于事,还会在不知不觉中对企业文化造成不良影响,并降低企业的整体效率。

3) 平等竞争

对所有应聘者应一视同仁,不得人为地制造各种不平等的限制。要通过考核和竞争来选拔人才,这样既可以选出真正优秀的人才,又可激励其他人员积极向上。

4) 用人所长

在招聘中,必须考虑有关人选的专长,量才使用,做到"人尽其才、事得其人",这对应聘者个人以及企业发展都十分重要。

二、招募

招募是企业根据招聘计划,开始招聘工作的第一步。招聘任务较轻的单位一般由企业人力资源管理部门具体承办;招聘任务较重的单位一般都临时组建招聘组织或招聘机构,专门负责组织和承办招聘事宜。招聘组织或招聘机构一般由主管人力资源管理工作的企业负责人牵头,以人力资源管理部门为主,吸收有关部门和人员参加。招聘组织或招聘机构负责招聘工作的全过程:申请招工指标,分发和宣传招聘简章,组织招聘测试或考核、考察筛选,张榜公布录取名单,办理录用手续等。

1. 招聘渠道与招录对象

当企业出现人员空缺时,既可以从公司内部挑选合适的员工,也可以从社会上招聘新员工。

1) 内部招聘

如果一个组织的员工招聘在过去是有效的,那么人才招聘的最好来源之一就是自己的员工。内部招聘可以通过四种途径来进行,即内部提升、调动、工作轮换和返聘。其中,内部提升指用现有员工来填补高于其原级别的职位空缺,调动指在平级的岗位中调换员工的工作。

2) 外部招聘

当创立新的企业或部门或内部招聘不能满足企业对人力资源的需求时,企业需要从外部挑选合格的员工。外部招聘也有多种方法,包括通过人才机构进行招聘、校园招聘、招聘会、互联网招聘及自荐或员工推荐等。

内部招聘与外部招聘各有利弊,两者基本上是互补的,如表 4-2 所示。研究表明:内、外部招聘结合会产生最佳效果。具体的结合力度取决于公司的战略计划、招聘岗位、上岗时间要求,以及对企业经营环境的考虑等因素。至于是从内部招聘还是从外部招聘,不存在标准的答案。例如,美国通用电气公司数十年来一直都是从内部选拔 CEO,日本企业的管理特色之一就是内部提拔,而 IBM、HP 等大公司的 CEO 则多是从外部招聘来的。

表 4-2 内部招聘与外部招聘的利弊

利弊	内部招聘	外部招聘
优点	(1) 了解全面,准确性高; (2) 可鼓舞士气,激励员工进取; (3) 应聘者可更快适应工作; (4) 使组织培训投资得到回报; (5) 选择费用低	(1) 人员来源广,选择余地大,有利于招到一流人才; (2) 新员工能带来新思想、新方法; (3) 当内部有多人竞争而难以做出决策时,外部招聘可在一定程度上平息或缓和内部竞争者之间的矛盾; (4) 人才现成,节省培训投资
缺点	(1) 来源局限于企业内部,水平有限; (2) 容易造成"近亲繁殖"; (3) 可能会因操作不公或员工心理原因造成内部矛盾	(1) 不了解企业情况,进入角色慢; (2) 对应聘者了解少,可能招错人; (3) 内部员工得不到机会,积极性可能受到影响

这里简单介绍一下猎头公司。猎头公司是一个英文直译名称(headhunter),指那些以受托招聘为主要业务的公司。在国外,猎头服务早已成为企业获取高级人才和高级人才流动的主要渠道之一。我国的猎头服务近些年来发展迅速,有越来越多的企业逐渐接受了这一招聘方式。猎头服务的一大特点是推荐人才素质高。猎头公司一般都会建立自己的人才库,优质、高效的人才库是猎头公司最重要的资源之一,对人才库的管理和更新是他们的日常工作之一,而搜寻手段和渠道则是猎头服务专业性最直接的体现。当然,选择猎头公司获取人才需要付出昂贵的服务费。猎头公司的收费通常能达到所推荐人才年薪的 25%～35%。但是,如果把企业自己招聘人才的时间成本、人才素质差异等隐性成本计算进去,猎头服务或许不失为一种经济、高效的方式。

2. 制订招聘简章

招聘简章是企业组织招聘工作的依据,是招聘工作的重要内容之一。它既是招工的告示,又是招工的宣传大纲。起草招聘简章应本着实事求是、热情洋溢、富有吸引力的原则,尽量表现企业的优势与竞争力。

一份完整的招聘简章一般包括:①招工单位概况;②工种或专业的介绍;③招工名额、对象、条件和地区范围;④报名时间、地点、证件、费用;⑤测试时间、地点;⑥试用期、合同期及录取后的各种待遇。

制订招聘简章时有以下几点应该特别引起注意。

首先,对于工作职位的条件和待遇,无论是好的方面还是不好的方面,都应对应聘者做真实的介绍,即通常所指的"真实的工作预视"(realistic job preview)。按照传统做法,组织通过粉饰组织和工作以吸引应聘者,这样做通常会得到满意的选择比率。但是,由于最初的带有片面性的陈述往往会使新员工产生过高的期望,因此容易产生新员工对组织的不满和随后的高流动率。

其次,要合理确定招聘条件。招聘条件是考核录用的依据,也是确定招聘对象与来源的重要依据。如果招聘条件定得过高,脱离了人力资源供给的实际情况,势必难以招到或招满员工;如果招聘条件定得过低,则不利于提高员工素质和开展工作。

最后,招聘简章的语言必须简洁清楚,还要留有余地,使应聘的人数比所需求的人数多一些。制订好招聘简章之后,下一步就是向可能应聘的人群传递组织将要招人的信息。

三、筛选

筛选是指从合格的应聘者中选择能胜任组织工作职位的人员的过程。工作分析、人力资源规划及前面介绍的招募过程都是筛选过程有效的前提条件。同时,筛选过程本身也包括一系列的环节。

1. 申请表和履历表的审查

1) 申请表的审查

申请表也称工作申请表或入职申请表,它是组织为收集申请者与应聘岗位有关的全部信息而专门设计的一种规范化的表格,它可以使组织比较全面地了解申请者的历史资料。一张设计合理并填写完整的申请表具有以下功能:①可以对一些客观的问题加以判断,如该申请者是否具备工作(岗位)所要求的教育及工作经验要求;②可以对申请者过去的成长情况加以评价;③可以从申请者的过去工作经历中了解其工作的稳定性;④初步做出该申请者是否适合某工作(岗位)及工作能否出色的预测。

2) 履历表的审查

履历表又称传记资料清单、个人履历或简历,是申请者职业经历、教育背景、成就和知识技能的总结。它既是个人一段生命历程的写照,也是个人的自我宣传广告。

尽管雇主通常都要求申请者提供履历,但雇主对履历在预测雇员绩效方面的价值却知之甚少。一些调查研究发现,30%的履历都含有言过其实的成分。筛选的目的是要把个人履历所反映的申请者概况与工作有关的要求进行比较,因而应把注意力集中在与工作有关的事件上,而且要保持清醒的头脑,不要被"光彩照人"的履历所迷惑。此外,筛选履历表时应注意一个重要问题,就是履历表所提供的信息的真实性问题。履历造假可能出现在多个方面,常见的造假手法包括:学历作假、夸大或谎称拥有某些专业知识和经验等。

2. 面试

面试是企业最常用的也是必不可少的测试手段。调查表明,99%的企业在招聘中都采用这种方法。

1) 结构化和非结构化面试

根据面试的结构化程度,可将面试分为结构化面试和非结构化面试。结构化面试的问题与回答均经过事先准备,主试人根据设计好的问题和有关细节逐一发问。为了活跃气氛,主试人也可以问一些其他方面的问题。这种方法适用于招聘一般员工和一般管理人员。非结构化面试则是漫谈式的,即主试人与应试者随意交谈,无固定题目,无限定范围,海阔天空,无拘无束,让应试者自由地发表议论、抒发感情。这种方法意在观察应试者的知识面、价值观、谈吐和风度,了解其表达能力、思维能力、判断能力和组织能力等。非结构化面试是一种高级面谈,需要主试人有丰富的知识和经验,掌握高度的谈话技巧,否则很容易使面谈失败。该方法适用于招聘中高级管理人员。

2)情境面试

情境面试是指根据面试内容对面试进行分类。情境面试是结构化面试的一种特殊形式,它的面试题目主要由一系列假设的情境构成,通过评价求职者在这些情境下的反应情况来对面试者进行评价。情境面试的试题多来源于工作,或是工作所需的某种素质的体现,通过模拟实际工作场景,反映应试者是否具备工作要求的素质。表 4-3 所示为情景面试问题的示例。

表 4-3 情景面试问题的示例

问题:在你即将旅行的前一天晚上,你已经整装待发,就在准备休息时,你接到了单位的一个电话,单位出现了一个只有你能解决的问题,并被请求处理此事。在这种情况下,你会怎样做?
记录回答
评分指导: 较好:"我会去单位,以确保万无一失,然后我再去度假";好:"不存在只有我能处理的问题,我会确定另一个合适的人去那里处理问题";一般:"我会试着找另一个人来处理";差:"我会去度假"。

3)压力面试

压力面试的目的是确定求职者将如何对工作上承受的压力做出反应。在典型的压力面试中,主考官提出一系列直率(甚至是不礼貌)的问题,让求职者明显感到压力的存在。主考官通常寻找求职者在回答问题时的破绽,在找到破绽后,针对一薄弱环节进行追问,希望借此使求职者失去镇定。例如,一位客户关系经理职位的求职者在自我描述中提到他过去的两年里从事了四项工作,主考官抓住这一问题,反问他频繁的工作变换反映了他的不负责任和不成熟的行为。面对这样的问题,若求职者对工作变换能做出平静、清晰的说明,则说明他承受压力的能力较强;若求职者表现出愤怒和不信任,就可以认为在压力环境下,他的承受能力较弱。

4)面试中常见的误区和错误

面试的有效性取决于如何实施面试,但在面试的实施过程中,常常因为一些错误的操作而影响面试的最终成效。下面简要说明一些面试中的常见错误。

(1)首因效应。主考官通常在面试开始的几分钟,就凭借对应试者的第一印象做出判断,随后的面试过程通常不能改变这一判断。

(2)面试次序差异。面试次序差异是指对应试者面试次序的安排会影响对其的评定。在一项研究中,主考官在面试了数位"不合格"的应试者以后,被安排面试一位"仅仅是一般"的应试者,结果主考官对其的评价高于他实际能得到的评价;但当他被安排到一些优秀的应试者之中进行面试时,其结果会出现较大的差异。"次序问题"是面试过程中的一个很突出的问题。一些研究发现,只有小部分求职者的评定是根据他的实际潜力做出的,多数求职者的评定是在与前面一位或几位求职者的比较的影响下做出的。

(3)非语言行为。在面试中,作为主考官,应尽量避免应试者的非语言行为对判断所造成的影响。例如,几项研究表明,表现出更多眼神接触、头移动、微笑及其他非语言行为的求职者得到的评价更高,但没有任何证据表明非语言行为和能力、素质有任何程度的相关性。因此,在面试中应尽量避免非语言行为对判断造成的影响。

另外,还有刻板效应、类我效应等。

3. 正式测试

如果要对应聘者进行更广泛、更深入的考察,了解他们的文化学识水平、技术技能、性格、气质、能力等,通行的方法就是测试。测试是指通过观察人的少数具有代表性的行为,依据一定的原则或通过数量分析,对贯穿于人的行为活动中的能力、个性、动机等心理特征进行分析推论的过程。测试有多种方法,包括人事测评的有关技术。所谓人事测评,就是指测评主体采用科学的方法,收集被测评者在主要活动领域中的表征信息,针对某一素质测评目标做出量值或价值判断的过程。人事测评常用的方法有申请表、笔试、工作模拟、评价中心、心理测试体验、背景调查等。

1) 成就测验

成就测验用来鉴定一个人在一般或者某一特殊方面,经过学习或培训后实际能力的高低。一般采用笔试和现场操作方式进行,了解应试者对该项工作"应知""应会"掌握的水平。成就测验适用于招聘专业管理人员、科技人员和熟练工人,特别适用于对应试者实际具有的专业知识和技能不能确认的情况,有利于应试者之间展开公平的竞争。

2) 人格测验

人格测验的目的是了解应试者的人格特质。人格由多种人格特质构成,大致包括:体格与生理特质、气质、能力、动机、兴趣、价值观与社会态度等。人格测验主要采用自陈量法和投射法两种方法。

自陈量法就是按事先编制好的人格量表(若干问题),由应试者本人挑选适合于描述个人人格特质的答案,然后根据量表上所得分数判断应试者个人人格的类型。自陈量法的种类很多,目前西方盛行的是明尼苏达多项人格测验。

投射法就是给应试者提供一些未经过组织的刺激材料,如模糊的图片或绘画等,让应试者在不受限制的条件下自由地表现出他的反应。

3) 笔试

笔试主要用来测试应试者的知识和能力以及性格和兴趣等。知识和能力的测试包括两个层次,即一般知识和能力的测试与专业知识和能力的测试。一般知识和能力包括一个人的社会文化知识、智商、语言理解能力、数字才能、推理能力、理解速度和记忆能力等。专业知识和能力是与应聘岗位相关的知识和能力,如财务会计知识、管理知识、人际关系能力、观察能力等。性格与兴趣通常要运用心理测试的专门技术来测试,仅靠笔试中的部分题目很难得出准确的结论。

4) 工作模拟

工作模拟是模拟实际工作情境,让应试者参与,从而对其做出评价的测试方法。工作模拟必须具体到工作,最常用的工作模拟方法有文件筐测试法、无领导小组讨论法和商业游戏法。

5) 评价中心

人们在研究和实践中发现,某一方面的管理技巧和管理能力用某些测试方法来进行测试效果最佳。如测试经营管理技巧可采用文件筐测试法,测试人际关系技巧可用无领导小组讨论法、商业游戏法,测试智力状况可用笔试法,测试工作恒心可用文件筐测试法、无领导小组讨论法、商业游戏法等,测试工作动机可用想象能力测验法、面试、模拟法等,测试职业发展方向可用想象能力测验法、面试、性格考查法等,测试依赖他人的程度可用想象能力测验法等。

评价中心是由几种工作模拟方法组合而成的,利用现场测试或演练,由评估人员观察候选人的具体行为,并给予评分。评价中心尤其适用于复杂的属性和能力测试,是目前测试准确性最高的一种方法。

6) 背景调查

背景调查就是企业通过第三者对应试者的情况进行了解和验证。这里的"第三者"主要是应试者原来的雇主、同事及其他了解应试者的人员。背景调查的方法包括打电话、访谈、要求提供推荐信等。企业在运用这种方法时,需注意以下问题:第一,只调查与工作有关的情况;第二,慎重选择"第三者";第三,要判断调查材料的可靠程度。

在确定招聘到合适的人员后,就可以做出录用决策并签署合同。

第四节 培训与开发

一、人力资源开发与培训

人力资源开发就是企业通过培训和其他工作,改进员工能力水平和企业业绩的一种有计划的、连续性的工作。许多人认为人力资源开发就是培训,其实二者不能等同。

首先,培训的目的是使培训对象获得目前工作所需的能力和知识,例如,教一名新工人如何操作车床,教管理人员如何进行生产调度等;人力资源开发的目的比培训的更广,它使开发对象掌握的知识和能力可能与目前的工作有关,也可能无关,它着眼于更长期的目标。其次,培训是人力资源开发的主要手段,但不是唯一手段。人力资源开发不仅跟培训有关,而且跟人力资源管理的其他职能有关,特别是跟考核有关。通过考核,员工就能明确自己的长处和不足,并在上级的指导和帮助下加以改进,这也是一个重要的人力资源开发过程。

1. 培训的作用

人的素质的提高,一方面需要个人在工作中钻研和探索,另一方面也需要有计划、有组织的培训。发达国家、优秀企业毫无例外地高度重视人员培训。虽然企业也可以通过招聘获得自己需要的人才,但培训仍被视为21世纪企业最主要的竞争武器。

培训的重要性主要表现在以下几个方面。

(1) 培训是调整人与事之间的矛盾,实现人事和谐的重要手段。从20世纪末开始,人类社会进入了高速发展的时代,随着科学技术的发展和社会的进步,"事"对人的要求越来越新、越来越高,人与事的结合处在动态的矛盾之中。总的趋势是各种职位对工作人员的智力素质和非智力素质的要求都在迅速提高。"蓝领职工"的比例不断下降,"白领职工"的比例不断上升。今天还很称职的员工,如不坚持学习,明年就有可能落伍。人与事的不协调是绝对的,是事业发展的必然结果。要解决这一矛盾,一要靠人员流动,二要靠人员培训。人员流动是用"因事选人"的方法实现人事和谐,而人员培训则是用"使人适事"的方法实现人事和谐。即通过必要的培训手段,使其更新观念,增长知识和能力,重新适应职位要求。显然,这是实现人事和谐更为根本的手段。

(2) 培训是快出人才、多出人才、出好人才的重要途径。所谓人才,是指在一定社会条件下,具备一定的知识和技能,并能以其劳动对社会发展做出较多贡献的人。社会对人才的需要千变万化,对各层次人才的培养提出越来越高的要求,仅仅依靠专门的、正规的学校教育越来越难以满足要求,必须大力发展成人教育,而人员培训是成人教育的重点。

(3) 培训是调动员工积极性的有效方法。组织中的人员虽然因学历、背景、个性的不同而有不同的主导需求,但就其大多数而言,他们都渴求不断充实自己、完善自己,使自己的潜力充分挖掘出来。越是高层次的人才,这种需求就越迫切。在组织中得到锻炼和成长,已成为人们重要的择业标准。企业如能满足员工的这种自尊、自我实现的需要,那么将激发出员工深刻而又持久的工作动力。国内外大量事实证明,安排员工参加培训、去国外子公司任职、去先进公司跟班学习,以及脱产去高等学校深造、去先进国家进修,都是满足这种需求的途径。经过培训的人员,不仅提高了素质和能力,也端正了工作动机和工作态度。

(4) 培训有助于建立优秀的企业文化。培训提高和增强了员工对企业的认同感和归属感。员工培训的一个重要目的是使具有不同价值观、信念、工作作风及习惯的人,按照时代及企业经营要求,通过企业文化进行教育,在和谐、宽松的企业文化环境中正确认识自身能力、价值和企业组织对他们的承认和重视。当他们产生了强烈的对组织的认同感和归属意识之后,员工的能力和潜力才能得到真正而充分的发挥,进而表现为工作绩效的提高。

2. 培训的形式

1) 新员工培训

在新员工到企业报到的一周至几周里,必须对其进行教育,这种教育主要由文化培训与业务培训构成。

在文化培训方面,首先立足于灌输企业传统、企业目的和宗旨、企业哲学、企业作风等;其次要组织新员工认真学习企业的一系列规章制度等;最后要让新员工了解企业的内外环境和企业环境内的纪念性建筑和纪念物及其反映的企业精神和企业传统。通过文化培训,使新员工形成一种与企业文化相一致的心理素质,使个人适应组织,以便在工作中较快地与共同价值观相协调。

在业务培训方面,首先要组织新员工参观企业生产的全过程,请熟练的技师讲解主要的生产工艺和流程,请企业的总工程师讲解生产中的基本理论知识;其次由企业领导以及总工程师等高级管理人员给新员工开设专题讲座,以案例形式讲解本企业的生产经营活动、经验和教训,以期新员工掌握一些基本原则和工作要求,而后可进行有针对性的实习;最后组织开展对新员工的"传、帮、带"活动。可以采取学徒制。"师傅带徒弟"是一种古今中外都流行的培训方法,一个师傅可以带一个徒弟,也可以同时带几个徒弟。师傅对徒弟的培训应该是全面的,不仅包括技术、工艺、操作、服务技巧、办事方法,而且包括思想、作风、伦理。这种方法通常能节省成本,因为学徒工的工资报酬相对较低,但该方法对师傅的要求比较高。另外,学徒期通常是固定的,要充分考虑到不同员工学徒前的技术水平以及学徒过程中学习速度的个体差异。

2) 在职培训

在职培训通常有以下几种类型。

(1) 不脱产的一般文化教育。员工根据自己的情况,通过夜大、业余自修大学或电大、函大等继续完成学历教育,使职工文化素质提高一个层次。

(2) 换岗培训。工作换岗是指将某员工安排到另一个新的工作岗位,横向调整工作,目的在于让员工学习各种工作技术,使他们对各种工作之间的依存和整个单位的活动有更深刻的了解。目前,我国企业的许多富余下岗人员面临着再就业问题,换岗培训对于他们而言显得尤其重要,培训可以为其寻找新工作岗位创造必要的条件。

（3）管理人员在职到学校或公司去培训。现代社会中,管理显得越来越重要。生产力由劳动者、劳动手段、劳动对象三个物质要素组成,也包括科学、技术、管理这三个非物质要素。非物质要素中的科学和技术必须物化在三个物质要素中,才能成为现实的生产力。管理与科学、技术不同,它不是物化在三个物质要素中,而是通过它把三个物质要素合理、有效、科学地组织起来。管理水平的高低,将直接影响生产力内部各要素的组合,从而影响经济效益。

世界各国对管理人员的培训虽各有差异,但总的内容和形式却有其相同的特点。就培训的依托对象而言,主要是企业委托大学、企业自办或企业与大学联合举办培训。这样可以发挥双方各自的优势,达到较好的效果。就培训的目的而言,主要是学历学位培训和岗位职务培训。始于美国,至今已席卷全球的MBA教育是管理人员的最高层次培训。就培训的时间而言,长短不一,灵活机动。一般来说,在职培训期限较长的中、高级管理人员培训班,教学内容与战略问题有关;在职培训期限较短的低层管理人员培训班,重点解决一两个技术问题。

3）离职培训

离职培训就是让员工离开工作岗位到大学或其他单位,或在本单位专职学习一段时间的培训,一般为半年、一年或更长时间。离职培训的方法包括课堂教学、影视教学或模拟教学等。课堂教学特别适合于向员工传授专门知识,可以有效地提高员工解决技术问题的技能;影视教学适合用于示范技术;模拟教学可以提高员工协调人际关系和解决问题的能力,可以采取案例分析、角色扮演等方式进行。

4）其他培训方式

（1）讨论会。

这种方法适用于人数较少的群体培训。其优点是提供了双向讨论的机会,受训者比较主动,培训者也可以及时而准确地把握受训者对培训内容的理解程度。这种方法对提高受训者的责任感或改变其工作态度特别有效。

（2）录像。

企业可以自制或购买培训用的录像资料。这种方法具有许多优势:可以激发受训者的兴趣;可以用来异地培训,从而节约旅行成本;可以对不同的对象重复使用而不增加成本。在行为模式化培训以及人际技巧培训中,这种方法更具有其他方法不可取代的优越性。受训者可以看到真实的行为,从而去模仿,受训者自己的言行也可以被录像并立刻回放,以给他们提供反馈。这种方法的主要缺点是录像资料的初期开发成本和后期进行调整的成本较高,某些情况下也可能比较费时。

（3）模拟。

模拟是一种以实际情况为模型的经过精心设计的练习,受训者可以参与其中并得到反馈。这种方法对于错误的风险和代价很高(如飞行员培训)以及缺乏直接的、可以看得见的反馈(如管理决策制订)的工作特别有用。模拟被经常用于管理培训。常用的模拟方法有角色扮演、案例、决策竞赛和拓展训练。

（4）内部网。

多媒体工具、网络技术的发展为企业的培训工作提供了新的、便捷的手段。企业可开发内部网,将文字、图片乃至音像等培训资料放在网上,从而形成一个网上资料馆、网上课堂。这种方法的优点是方便,突破了地域限制,成本较低。

（5）远程教育。

远程教育是借助卫星、电视、网络等通信和视听手段,实现人员异地交互的一种教育培训方法。跟内部网方法不同的是,远程教育中人员彼此之间是可视的,并能实现适时的沟通,就像在同一个教室中一样。目前,不论是在大学教育中还是公司培训中,这种方法都在日渐推广。

(6) 自学。

集体培训必须与自学相结合。企业既可以要求员工通过内部网自学,也可指定甚至提供学习资料,提倡或要求员工利用业余时间自学。不少企业还用支付部分学费的方法鼓励员工自行参加社会组织的培训。

二、职业管理

1. 职业管理的有关概念

1) 职业生涯

职业生涯是指个人从首次参加工作开始,一生中所有的工作活动和工作经历,按编年的顺序串接组成的整个过程。也有研究者把职业生涯定义为:以心理开发、生理开发、智力开发、技能开发、伦理开发等人的潜能开发为基础,以工作内容的确定和变化、工作业绩的评价、工资待遇、职称职务的变动为标志,以满足需求为目标的工作经历和内心体验的经历。

2) 职业计划

职业计划是指一个人对一生各阶段从事的工作、担任的职务及职业发展道路所进行的设计和规划。从管理的角度看,职业计划有个人与组织两个层次。从个人层次看,每个人都有从现在和将来的工作中得到成长、发展和获得满意的强烈愿望和要求,为了实现这种愿望和要求,他们不断地追求理想的职业,并希望在自己的职业生涯中得到顺利的成长和发展,从而制订了自己成长、发展和不断追求满意的计划,这个计划就是个人的职业计划;从组织层次看,职业计划是指组织为了不断增强员工的满意度并使其能与组织的发展和需要统一起来而制订的协调有关员工个人成长、发展与组织需求和发展的计划。

3) 职业管理

职业管理是一种专门化的管理,即从组织角度,对员工从事的职业所进行的一系列计划、组织、领导和控制等管理活动,以实现组织目标和个人发展的有机结合。对于这一概念,需要明确以下几点:第一,职业管理的主体是组织,在本书中特指企业;第二,职业管理的客体是企业内员工及其所从事的职业;第三,职业管理是一个动态的过程;第四,职业管理是将组织目标同员工个人职业抱负与发展融为一体的管理活动,它谋求企业和个人的共同发展,同时也是促其得以实现的重要方式、手段和途径。

2. 企业怎样进行职业管理

1) 协调企业目标与员工个人目标

首先,树立人力资源开发思想。人力资源管理强调企业不仅要用人,更要培养人,职业管理正是培养人的重要途径。企业只有牢固地树立了人力资源开发的思想,才能真正实施职业管理。其次,了解员工需求。员工的需求是多样化的,不同的员工有不同的主导需求,企业只有准确把握员工的主导需求,才能采取针对性措施满足其需求。特别是企业的骨干员工,他们在个人发展上的愿望更为迫切,职业计划更为清晰,企业尤其应注意重点了解和把握。最后,要使企业与员工结为利益共同体。企业在制订目标时,要使企业目标包含员工个人目标,还要通过有效的沟通使员工了解企业目标,让他们看到实现企业目标给自己带来的利益。在企业目标实现后,企业要兑现自己的承诺。

2) 帮助员工制订职业计划

第一,设计职业计划表。职业计划表是一张工作类别结构表,即通过将企业中的各项工作进行分门别类的排列而形成的一种较系统地反映企业人力资源配给状况的图表。借助这张表,公司的普通员工、中低层管理人员及专业技术人员就可以瞄准自己的目标,在经验人士、主管经理的指导下正确选择自己的职业道路。图 4-6 所示是摩托罗拉公司技术人员的职业计划。第二,为员工提供职业指导。企业为员工提供职业指导有三种途径。一是通过管理人员进行,这是管理人员的义务。管理人员长期与下属共事,对下属的能力和专长有较深入的了解,应在下属适合从事的工作方面给其提供有价值的建议,并帮助下属分析晋升及调动的可能性。二是通过外请专家进行。企业可以外请专家为员工进行职业发展咨询。三是向员工提供有关的自测工具。有许多工具可以帮助员工进行能力及个人特质方面的测试,企业可以购买这类工具,供员工使用。有的企业把这种工具装在内部网上,员工可以自己上网测试。

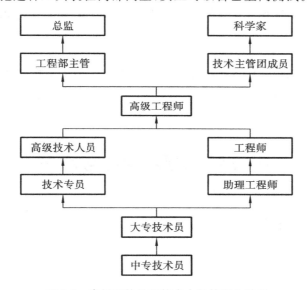

图 4-6 摩托罗拉公司技术人员的职业计划

3) 帮助员工实现职业计划

(1) 在招聘时重视应聘者的职业兴趣并提供较为现实的发展机会。

企业在招聘人员时,既要强调职位的要求,又要重视应聘者的愿望和要求,特别是要注重了解应聘者的职业兴趣和对未来的职业发展计划,这是企业正确地使用和培养人才的基本条件。试想,如果企业连员工想干什么都不了解,又怎么可能为其安排合适的工作呢?如果企业根本不具备满足员工的长远职业计划的条件,员工又怎么可能在企业中长期工作下去呢?

(2) 提供阶段性的工作轮换。

工作轮换对员工的职业发展具有重要意义。它一方面可以使员工在一次次新的尝试中了解自己的职业性向和职业目标,更准确地评价自己的长处和短处;另一方面可以使员工经受多方面的锻炼,拓宽视野,培养多方面的技能,从而为将来承担更重要的工作打下基础。

(3) 多样化、多层次的培训。

培训与员工职业发展的关系最为直接。职业发展的基本条件是员工素质的提高,而且这种素质不一定要与目前的工作相关,这就有赖于持续不断的培训。企业应建立完善的培训体系,使员工在每次职业变化时都能得到相应的培训。同时也应鼓励员工自行参加企业内外提供的各种培训。

(4) 为员工提供职业发展咨询。

企业可以购买有关软件为员工进行职业性向等的测试,也可以聘请专家为员工进行咨询,企业的管理人员也可以在职业发展方面为员工提供有价值的建议。

(5) 以职业发展为导向的考核。

许多人都认为考核的主要目的是评价员工的绩效、态度和能力,或者是为分配、晋升提供依据。其实,考核的根本目的应是保证组织目标的实现、激励员工进取及促进人力资源的开发。考核不能满足于为过去做一个结论,而要使员工了解怎样在将来做得更好。以职业发展为导向的考核就是要着眼于帮助员工发现问题和不足,明确努力方向和改进方法,促进员工的成长与进步。为此,必须赋予管理人员培养和帮助下属的责任,把员工的发展作为衡量管理人员成绩的重要标准之一。应要求管理人员定期与员工沟通,及时指出员工的问题并与员工一起探讨改进的措施。

(6) 晋升与调动管理。

晋升与调动是员工职业发展的直接表现和主要途径。企业应建立合理的晋升和调动的管理制度,保证员工得到公平竞争的机会。在招聘人员时,应允许企业内员工与外部人员平等竞争,在同等条件下,应优先录用内部员工。

第五节 绩效评估与管理

一、绩效的概念与特征

1. 绩效的概念

1) 什么是绩效

管理学中一般可以从组织、团体、个体三个层面定义绩效。层面不同,绩效所包含的内容、影响因素及其测量方法也不同。因为绩效管理主要研究的是如何通过对员工绩效的管理来达成组织的目标,所以在这里我们主要考察的是个体层面的绩效。员工绩效本质上是指一个员工做了或没做什么。员工绩效取决于他们对组织的贡献,包括产出数量、产出质量、产出的及时性、出勤率和合作精神。

2) 绩效的特征

(1) 有效性。绩效是人们行为的结果,是目标的完成程度,必须有实际的效果,无效的劳动结果不能称为绩效。绩效应当体现投入与产出的对比关系。比如,每天生产100件产品的工人和每天生产90件产品的工人,如果前者废品率为10%,而后者废品率为零,那么,即使数量上前者高于后者,其绩效也要低于后者。

(2) 工作性。绩效是一定的主体作用于一定的客体所表现出来的效用,即它是在工作过程中产生的。

(3) 可测性。绩效应当具有一定的可度量性。对于实际成果的度量,需要经过必要的转换方可取得,具有一定难度,这正是评价过程中必须解决的问题。因此,绩效是工作过程中的有效成果,是企业对员工最终期望的达到程度。

另外,还要注意"效果""效率""绩效"三个概念的区别:效果是指目标的达到程度;效率是指投入与产出之间的关系,是一种对资源成本最小化的追求;而绩效是员工对组织目标的贡献,和效果相比更具行为特征和主观能动性。

2. 绩效标准和关键绩效指标

1) 绩效标准

有关一位员工每天生产十件产品的信息并没有表明员工是否达到了满意绩效。一个绩效标准必须提供必要的比较信息。绩效标准定义绩效的水平,是"标杆""目标""任务"。实际的、可测量的、容易理解的绩效标准对组织和员工均有利。在工作实施之前确定判定标准是十分重要的,只有这样,参与工作的员工才能对所期望完成的目标有所了解。

2) 关键绩效指标

企业在进行绩效评估时经常遇到的一个很实际的问题是很难确定客观、量化的绩效标准。其实,对所有的绩效指标进行量化并不现实,也没有必要。通过行为性的指标体系,同样可以衡量企业绩效。企业关键绩效指标(key performance indicator, KPI)是通过对组织内部流程的输入端、输出端的关键参数进行设置、取样、计算、分析,衡量流程绩效的一种目标式量化管理指标,是把企业的战略目标分解为可操作的工作目标的工具,是企业绩效管理的基础。KPI可以使部门主管明确部门的主要责任,并以此为基础,明确部门人员的绩效衡量指标。建立明确的切实可行的KPI指标,是做好绩效管理的关键。

确定关键绩效指标有一个重要的SMART原则。SMART是五个英文单词的首字母:S代表具体(specific),指绩效考核要切中特定的工作指标,不能笼统;M代表可度量(measurable),指绩效指标是数量化或者行为化的,验证这些绩效指标的数据或者信息是可以获得的;A代表可实现(attainable),指绩效指标在付出努力的情况下可以实现,避免设立过高或过低的目标;R代表现实性(realistic),指绩效指标是实实在在的,可以证明和观察的;T代表有时限(time-bound),注重完成绩效指标的特定期限。

建立KPI指标的要点在于流程性、计划性和系统性。首先明确企业战略目标,并在企业会议上利用头脑风暴法和鱼骨分析法找出企业的业务重点,也就是企业价值评估的重点;然后利用头脑风暴法找出这些关键业务领域的关键指标;接下来,各部门的主管需要依据企业级KPI建立部门级KPI,并对相应部门的KPI进行分解,确定相关的要素目标,分析绩效驱动因素(技术、组织、人),确定实现目标的工作流程,分解出各部门级KPI,以便确定评价指标体系;最后各部门的主管和部门的KPI人员一起再将KPI进一步细分,分解为更细的KPI及各职位的绩效衡量指标,这些绩效衡量指标就是员工考核的要素和依据。这种对KPI指标的建立和测评的过程,就是统一全体员工朝着企业战略目标努力的过程,必将对各部门管理者的绩效管理工作起到很大的促进作用。

指标体系确定之后,还需设定评价标准。一般来说,指标指的是从哪些方面衡量或者评价工作,解决"评价什么"的问题;而标准指的是在各个指标上分别应该达到什么样的水平,解决"被评价者怎样做、做多少"的问题。绩效评估必须有标准,作为分析和考察员工的尺度。标准一般可分为绝对标准和相对标准。绝对标准如出勤率、废品率、文化程度等,是以客观现实为依据,不以考核者或被考核者的个人意志为转移的标准。相对标准如在评选先进时,规定10%的员工可选为各级先进,于是采取相互比较的方法,此时每个人既是被比较的对象,又是比较的尺度,因而标准在不同群体中往往就有差别,不能对每一个员工单独做出"行"与"不行"的评价。表 4-4 所示为客户服务经理的绩效标准。

表 4-4　客户服务经理的绩效标准

工作职责	增值产出	绩效标准
领导客户服务团队为客户提供服务	满意的客户(为客户解决的问题和提供的信息)	(1)一个月内客户投诉次数不超过五次; (2)一个月内没有在承诺的期限内解决的客户投诉次数不超过一次; (3)95%以上的客户能够对服务中的以下方面感到满意: ①客服人员能够迅速到达; ②客服人员能够对所有问题做出正确回答; ③客服人员非常有礼貌; ④问题解决的结果
向领导和相关人员提供信息和数据	提供的信息和数据	一个季度内,信息接收者提出的投诉不超过一次;不满意可能来自于: ①不正确的数据; ②想要的东西没找到; ③提供的信息迟到
为解决问题提供建议	所提供解决问题的建议	(1)客户对解决问题的建议表示满意; (2)解决问题的方案
对下属的管理	下属的生产力和工作满意度	(1)下属有能力和按照时间表工作; (2)通过调查发现: ①员工能够理解公司的发展方向、部门的目标和自己的角色; ②员工能够了解上司对自己的期望; ③员工能够了解自己的工作表现以及在哪些方面需要改进; ④员工拥有胜任工作的知识和技能

二、绩效管理与绩效考核

绩效管理,就是为了更有效地实现组织目标,由专门的绩效管理人员运用人力资源管理知识、技术和方法,与员工一起进行绩效计划、绩效沟通、绩效评价、绩效诊断与提高的持续改进组织绩效的过程。

绩效考核是指对员工的工作绩效进行评价,以便形成客观公正的人事决策的过程。绩效考核从制订绩效考核计划开始,确定考核的标准和方法,对员工前段时间的工作和业绩等进行分析评价,最后将考核结果运用到相关人事决策(晋升、解雇、加薪、奖金)中去。绩效考核实质上是一个将实际结果与计划进行比较的过程。

1. 绩效管理与绩效考核的联系

绩效考核是绩效管理的一个不可或缺的组成部分。通过绩效考核,可以为组织改善绩效管理提供资料,帮助组织不断提高绩效管理的水平和有效性,使绩效管理真正帮助管理者改善管理水平,帮助员工提高绩效能力。绩效管理以绩效考核的结果作为参照,通过与标准比较,寻找之间的差距,提出改进方案,并推动方案的实施。

2. 绩效管理与绩效考核的区别

(1) 绩效管理包括绩效计划的制订、动态持续的绩效沟通、绩效考核、绩效的诊断与提高四个环节,是一个完整的绩效管理过程,而绩效考核只是这个管理过程中的局部环节和手段。

(2) 绩效管理具有前瞻性,能帮助组织和管理者前瞻性地看待问题,有效规划组织和员工的未来发展,而绩效考核仅仅是回顾过去的一个阶段的成果,不具备前瞻性。

(3) 绩效管理充分地考虑员工的个人发展需要,为员工能力开发及教育培训提供各种指导,注重个人素质、能力的全面提升,而绩效考核只注重员工的考评成绩。

(4) 有效的绩效管理能建立绩效管理人员与员工之间的合作伙伴关系,而单纯的绩效考核往往使绩效管理人员与员工站到了对立的两面,从而制造紧张的气氛和关系。

三、绩效考核的内容和程序

1. 绩效考核的内容

根据不同的目的,绩效考核的内容是不一样的。一般而言,一个有效的考评系统要对以绩为主的德、能、勤、绩诸方面进行全面综合测评,这是和考绩内涵相一致的。但在实际运用时可以对不同方面有所侧重,而且要兼顾到可操作性。

(1) 德:包括思想品质、工作作风、道德水平等方面。"德"的考核对于各级领导者尤为重要。

(2) 勤:包括积极性、主动性、责任感、纪律性、出勤率等方面。"勤"的考核侧重反映员工工作过程的特点,是一个人能力素质的外在体现。

(3) 能:员工从事工作的能力,包括体能、学识、智能和技能等方面。体能主要是指年龄、性别、健康状况等因素,学识主要包括文化水平、专业知识水平、工作经验等,智能包括记忆、分析、综合、判断、创新等方面。技能包括操作、表达、组织领导、计划决策、监督控制等方面。

(4) 绩:员工的工作效率与效果,包括完成工作的数量、质量、成本费用、时效性,以及对组织的其他贡献。

有时,对于一些特殊目的的考评,还要求对被考评者的个性特征(如性格、兴趣、爱好等)进行评价。

上述几方面内容的考核,在实际操作时都是通过一个或几个具体的问题或者指标来反映的,所有的这些指标构成了一个绩效考核指标体系。一个考核系统设计得是否有效、科学,指标体系的设计是非常重要的一环。在考虑考评内容的全面性时,要注意考评对象是有着某种具体工作岗位的在职员工,指标设计应只限于与该具体工作岗位的职务活动有关的内容。此外还应注意以下几点:考核指标的数目虽然主要取决于考评方法,但在保证公正评价的前提下,指标应尽量减少;指标的内容应简单明确;当对不同单位或岗位的人员的同一指标项目进行考评时,原则上指标内容应有所不同(但态度评价指标可不受此限制);应避免内容重复的指标。

2. 绩效考核的一般程序

绩效考核的效果很大程度上取决于考评系统的设计、考核方法的选择和实施过程的安排。

一般而言,完整的绩效考核程序必须包括以下步骤,如图 4-7 所示。

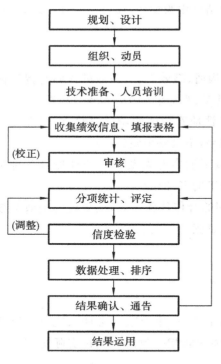

图 4-7 绩效考核的一般程序

(1) 规划、设计:一旦要对员工进行考评,单位领导和人事主管部门应着手制订考评活动的实施规划,明确考评的目的、要求和内容,确定考评方案和具体执行办法,发布相应的文件。

(2) 组织、动员:成立相应的组织机构和工作小组,指定工作人员,明确职权划分,在考评对象或全体工作人员范围内进行实际操作前的动员,说明考评的目的、内容、方法、要求及考评结果的运用方式,以端正态度,消除有意无意的抵制情况和抗拒心理。

(3) 技术准备、人员培训:根据工作(职务)分析的结果,确定具体的考评标准,制订和准备考评所需的各种表格和工具;对考评工作人员进行特别的培训,提高他们的业务能力,减少评定中人为的非正常误差。培训的内容一般包括以下两个方面。

① 培养正确的态度:提高对绩效考评及其意义、人力资源开发与管理和考评关系的认识。

② 提高专业知识和技术水平:包括考评中容易产生错误的原因及其防止对策、考评方法、文件资料和数据处理方法、专用工具与设备的使用技术等。

(4) 收集绩效信息、填报表格:按照拟订的考评方案,收集考评所需的绩效信息(其中包括日常工作记录等资料);安排有关人员填写各种考评表格,以期全面反映考评对象的绩效情况。

(5) 审核:对收集和填报的初始信息资料进行审查与核实,剔除虚假信息,修正有误的资料。

(6) 分项统计、评定:对于不同的考评指标,按标准或专门设计的方法进行分项计数或计量统计计数;而对于不可直接统计分析的指标项目,由特定的评议委员会(小组)按照标准系统设计的规则和数据加以评定。

(7) 信度检验:对分项统计和评定质量进行检查和验证,提高统计的准确性和评定的一致性。若发现统计和评定质量不符合要求,应及时反馈调整,复核统计或重新评定。

(8) 数据处理、排序:按一定的规划,将分项统计和评定结果加以综合运算,根据运算结果区分绩效水平的优劣、等级,作为相关决策的依据。

(9) 结果确认、通告:对排序得出的人员考评的初步结果加以确认,对于不合理的考评结果与排序,需通过复议予以调整或重新评定和分析,然后将最终结果在一定的范围(大到全体员工,小到考评对象本人)进行通告。如有人对考评结果不服,必要时可以再次进行复议。

(10) 结果运用:按最终确定的考评结果,对考评对象的职务、职称、工资、奖惩、培训等做出合理的安排。

四、绩效考核的几种方法

任何一种绩效考核方法都具有优点和缺点,有其特定的使用范围。美国著名的人力资源管理专家韦恩·卡肖指出:"多少年来,人事管理专家一直在煞费苦心地寻找一种'完美无缺'的绩效评估方法,似乎这样的方法是万灵丹,它能医好组织的绩效系统所患的种种顽疾。不幸的是这样的方法并不存在。"绩效考评应用比较广泛的方法有以下几种。

1. 民意测验法

民意测验法就是请被考核者的同事、下级及有工作联系的人对被考核者从几个方面进行评价,从而得出被考核者绩效的考核结果。民意测验法在我国许多企业和事业单位中被广泛应用。该方法的优点是具有民主性、群众性,能够了解到广大基层员工,特别是与被考核者有直接工作联系的人员对被考核者的看法;其缺点是只有由下而上,缺乏由上而下,受群众素质局限。如果某位管理者工作积极,具有开拓性,对于企业绩效来说,可能是做了很大的贡献,但是却很可能由于影响了部分人的眼前利益而得不到多数人的理解与支持,他在民意测验中就难以得到比较好的评价结果。

2. 共同确定法

最典型的共同确定法是大学、科研部门和企业都在采用的评价科学技术人员、教师的工作绩效,特别是评定职称时所采用的方法。基本过程是:先由基层考评小组推荐,然后进行学科(专业)考核小组初评,再由评定分委员会评议投票,最后由评定总委员会审定。这一方法的优点是通过专家进行评价,能保证被考核者的水平、能力、素质等方面确实符合要求,得到比较公正的考核结果;不足之处是考核的结果可能受考核者的主观因素影响过多。

3. 配对比较法

配对比较法就是将被考核者进行两两逐对比较,绩效更好的得 1 分,绩效不如比较对象的得 0 分。在进行完所有比较后,将每个人的得分加总,就是这个人的相对绩效,根据每个人的得分,评定出被考核者绩效的优劣次序,如表 4-5 所示。

表 4-5 配对比较法

	得 分					
	张三	李四	王五	赵六	刘七	得分总数
张三	—	1	1	0	1	3
李四	0	—	1	0	1	2
王五	0	0	—	0	1	1
赵六	1	1	1	—	1	4
刘七	0	0	0	0	—	0

配对比较法的主要缺点是,当评定对象较多时会很麻烦。如同时考核 N 个员工,就需要进行 $N(N-1)/2$ 次比较。因此,该方法适用于被考核者人数不多的情况。

配对比较法的其他缺点有:难以得出绝对评价,只能给出相对的比较次序;有时会造成循环,如 3 个人的绩效是 A 优于 B、B 优于 C、C 又优于 A,则每人都得 1 分,这将给评估带来困难。

该方法的优点是准确度比较高。

4. 等差图表法

等差图表法在实际操作时要重点考虑两个因素：一是考核项目，即要从哪些方面对员工的绩效进行考核；二是评定等级，即将每个考核项目分成几个等级。在确定了考核项目和评定等级后，即可由考核者按照评定要求对被考核者给出分数。表 4-6 所示就是按照工作质量、工作数量、工作知识和工作协调四个方面，每个方面分为五档，对员工采用等差图表法进行考核的例子。

表 4-6 等差图表法

姓名：						职务：	
考核项目	评级记位					得 分	
工作质量	太粗糙	不精确	基本精确	很精确	最精确		
工作数量	完成任务	完成任务	完成任务	超额完成	超额完成		
工作知识	缺乏	不足	一般	较好	很好		
工作协调	差	较差	一般	较好	很好		
总分							

等差图表法的优点是：考核内容全面，打分档次设置比较灵活；若恰当地加以辅助要求，比如在某一档次的不能超过或少于一定的比例，可以要求考核者给出具有一定区别性的考核成绩；简单实用；开发成本低。

等差图表法的缺点是：受主观因素影响，因为每个考核者给出的分数都是个人的主观意见，难免会产生一定的片面性；没有考虑加权，各考核因素对考核结果的影响是一样的；图表不能指导行为，员工不知道自己该如何做才能得到高分。该方法不适合为绩效考核面谈提供信息。比如，面谈中你告诉下属"考核结果反映出你为人不够可靠"，这会引起员工的困惑、不解甚至不满。如果通过其他考核方法提供的信息向他明确指出"上周有 6 位顾客投诉你没有及时回电话"，那么员工就会知道自己具体哪方面做得不好，应如何改进。因此，等差图表法适用于考核工作行为和结果都比较容易被了解的员工,如基层的工人和职员等。

5. 欧德伟法

欧德伟法在我国的应用比较广泛,它与西方所用的关键事件法(critical incident method)实际上是相同的。每人以一定的分数(如 70 分)为基本分,然后根据一系列加分和减分项目进行计算,得出考核总分。一般由主管人员将每一位下属员工在工作活动中所表现出来的非同寻常的好行为或非同寻常的不良行为(或事故)记录下来,然后在某一段固定的时间(比如 6 个月)里,根据所记录的特殊事件来决定下属的工作绩效。

在运用欧德伟法进行奖惩决策时,先确定一个奖惩分数范围,比如超过 80 分的员工将获得奖励或晋升,低于 70 分的员工将受到警告、处罚或辞退等。这种方法的优点是:排除了主观因素的影响,使绩效考核的结果有确切的事实依据;避免了近因效应,因为它所依据的是员工在整个年度或一段时间中的表现,而不是员工在最近一段时间的表现;由于考评项目明确,因此能为绩效改善提供依据。

在使用欧德伟法时,可以将其与工作计划、工作目标及工作规范结合起来使用。如表 4-7 所示,一位厂长助理的职责之一是监督工作流程和使库存成本最小化,考评结果表明,他使库存成本上升了 15%,说明他在工作中亟须改善的是库存管理水平。

表 4-7 欧德伟法举例:对厂长助理的绩效考核(部分)

职 责	目 标	关键事件(加分、减分项目)
安排企业的生产计划	充分利用企业中的人员和设备,及时发布各种指令	为企业建了新的生产计划系统,上个月的指令延误率降低了 10%,上个月的设备利用率提高了 20%
监督原材料采购、库存控制	在保证充足的原材料供应的前提下,使原材料的库存成本降低到最小	上个月原材料库存成本上升了 15%,"A"部件和"B"部件订购富余了 20%,"C"部件的订购短缺了 30%
监督设备的维修、保养	不出现因设备故障而造成的停产	为企业建立了一套新的设备维护和保养系统,由于及时发现设备故障而避免了设备的损坏

6. 情景模拟法

情景模拟法是美国心理学家茨霍恩等首先提出的。情景模拟是为了适应管理和执行工作的发展而提出来的。工作中完成每一项任务都需要多方面的素质和能力,而不同任务所需要的素质和能力又是不同的。利用仿真评价技术,通过计算机仿真、模拟现场、代理职务等真实现场的考核,可以了解被考核者是否具备所需要的素质、能力和水平。该方法的优点是被考核者真实面对实际工作,能够表现出自己的实际水平;缺点是成本高,费时费力。这种方法适用于关键岗位或特殊岗位的员工。

第五章

现代企业市场营销管理

XIANDAI YU GUOJI
QIYE GUANLI

案例　轮胎界的战斗机米其林是如何玩转营销的

作为全世界最大的轮胎生产商和供应商,米其林享有极高的美誉度与知名度,而且米其林至今已经走过百年岁月。在米其林身上有许多值得我们学习的成功经验,以下要跟大家探讨的是,米其林是如何玩转营销的。

史上最成功的跨界营销经典案例

卖轮胎的米其林却给世界顶级大厨和餐厅评分,或许你会觉得莫名其妙,但这却是史上最成功的跨界营销经典案例。

在第一版《米其林指南》出版的 1900 年,那时候的法国,举国上下只有 3000 辆机动车,米其林的主要业务是生产自行车轮胎。事实上,一直到 1908 年福特的 Model T 问世,机动车才逐渐走向大众。

米其林的逻辑很简单,为了提高轮胎的需求量,首先就要提高汽车的需求量。为了提高汽车的需求量,当然就要鼓励大家远行,说服大家远处有更吸引人的好吃好玩的地方。为此,米其林编纂了第一本《米其林指南》,里面的内容包括旅行小秘诀、加油站位置、地图和更换轮胎的说明书等。《米其林指南》成为米其林至关重要的品牌宣传媒介,并以免费的形式一直发到 1920 年。

为了使更多的用户参与其中,在随后的 1926 年,米其林颁发了首颗米其林星,并从 1931 年在法国各城市开始了影响全球美食界的"米其林三星分级评选"。红色指南从此因"米其林星"而扬名天下,成为美食的代名词。如今它每年一更新,成为无数美食爱好者们开启环球尝鲜之旅的"闹钟"。甚至很多大厨一生都在为成为米其林大厨而努力。

由此可见,米其林的野心何止是卖轮胎,它是通过美食和消费者建立情感层面的联系,一步步影响人们的生活方式。这种高级的洗脑,将长久地建立起品牌忠诚度,让消费者忍不住在朋友圈不断提起"米其林"的大名,使人想不知道也难。

品牌人格化的典型

米其林创造了品牌人格化的典型,那个长得酷似大白的轮胎人,本名叫"必比登",是一个可爱又亲切的卡通形象,在 2000 年被评为"本世纪最佳标志"。轮胎人的创意来自于 1898 年里昂的一次展览会,展台入口处由许多不同直径的轮胎堆成的小山启发了米其林兄弟之一的爱德华:"如果有了手臂及腿脚,它就是一个人了!"不久,画家欧家洛就根据那堆轮胎的样子创造了一个由许多轮胎组成的特别人物造型。

不仅仅是塑造个形象就完了,米其林立志于把轮胎人的形象刻画到消费者内心。1901 年,米其林在《汽车—自行车》(后改名为《汽车》)杂志上开了个专栏:米其林的星期一。每篇文章都配有一幅轮胎人的插图:有时,它是一位天使,兴高采烈地坐在云彩上;有时,它拉手风琴,邀请意大利美人跳舞;有个星期,它是罗马国王,受到路易十四的热烈迎接;另一个星期,它与总统阿尔芒·法利埃手挽着手。

为了让轮胎人跟上时代的步伐,每隔一个时期,设计师都会对其形象进行调整。比如 20 世纪六十年代到八十年代这段时间里,为了显出青年人的样子,必比登一双圆圆的眼睛取代了夹鼻眼镜,也就是现在我们经常说的"品牌年轻化"。

不难发现,我们现在遵循的种种营销理念,米其林在百年前便已经运用得炉火纯青了,由此可见其创新之超前,这也是其成功的一大关键吧。

案例讨论

1. 请简述米其林轮胎是如何取得市场营销成功的。
2. 请举一个你所了解的市场营销成功的典型例子。

第一节 营销管理的基本理论

一、市场营销的概念

市场营销是指个人或集体通过创造或提供出售,同别人交换产品和价值,以获得所需物质的社会管理活动。市场营销有以下几个核心概念,如图5-1所示。

图 5-1 市场营销的核心概念

1. 需要、欲望和需求

1)需要

市场营销中所讲的需要是指人类的需要,是一种状态,是人感到没有得到某种满足的状态。如每个人都有食品、衣服、住所、安全、归属、受人尊重等需要。这些需要是客观存在的,不是社会或营销人员所能创造和改变的。

2)欲望

为了满足相同的需要,不同的人在不同的环境条件下,会对不同的物品产生欲望。如一些人肚子饿了,想得到一碗饭;一些人感到寒冷,想得到一件衣服;一些人希望被尊重,想拥有汽车、高级住房。但另外一些人则是饿了想吃汉堡包、渴了想喝可乐等。人类的需要并不多,但欲望却很多。需要不可以被创造,但人对某种物品的欲望却可以被外界因素所激发。

3)需求

欲望不等于需求,只有具备购买力时,欲望才等于需求。如目前中国的许多家庭都想拥有一套商品房、一辆高级轿车,但只有一些家庭有这种购买力。

2. 产品

人们的各种需要和欲望的满足都是通过产品来实现的。广义上讲,任何能用以满足人类某种需要或欲望的东西都是产品,包括商品、劳务、人物、地方、组织、事件、活动及观念等,如到歌剧院听歌、长假期间选择旅游、周末去钓鱼等。

3. 价值、成本和利益

有许多产品都能满足消费者的某一需要,但消费者一般会在这些产品中进行选择。选择的依据是产品的价值。所谓价值,是指消费者所获利益与其所付出成本的差距。差距越大,价值越高,产品被选择的可能性越大。其中,所获利益包括产品功能利益和情感利益。

4. 交换、交易及关系营销

1) 交换

交换是市场营销产生的最直接的原因。所谓交换,就是通过提供某种东西作为回报,以获得另外一种所需要东西的行为。如农民通过提供粮食作为回报来获得日常生活用品。

2) 交易

交换是一个过程。如果双方正在进行谈判并趋于达成协议,我们称之为正在进行交换,一旦达成协议,我们就说发生了交易行为。交易是由双方之间的价值交换所构成的,是交换的度量单位。一次交易必须包括:两个或两个以上有价值的东西,交易的时间、地点,相应的法律、法规制度。

3) 关系营销

关系营销的目的是企业与其重要伙伴,如供应商、销售商、中介公司、顾客等,建立长期相互满意的关系,以赢得长期的业务。关系营销不但可以降低成本和企业风险,还可以增加企业收益。关系营销最理想的状态是建立企业的有效营销网络,这是企业无形资产的一部分。营销网络应包括所有与企业有利益关系的集团或个人,如顾客、职工、供应商、销售商、广告媒介公司、科研机构等。现如今,竞争已不再是公司与公司之间的竞争,而是营销网络之间的竞争。美国营销专家经过调查和统计后发现,开发一个新顾客的成本大约是 3000 美元,而留住一个老顾客的成本大约为 60 美元。由此可见,企业与顾客(客户)需要建立长期稳定的业务联系。

5. 市场

对于市场的概念,我们可以从不同的角度来理解。最早的市场概念是指商品买卖场所,如农贸市场、布匹市场、日用品批发市场等。在经济学家眼中,所谓的市场,是指某一特定产品或某类产品进行交易的卖主与买主的集合,如家电市场、房地产市场等。从营销者的角度来看,买主即为市场,市场分为现实市场和潜在市场;卖主即为行业,如电脑行业、汽车行业等。

6. 4PS 和 4CS

4PS 指的是产品(product)、价格(price)、地点(place)和促销(promotion),就是市场营销中所讲的营销组合,如图 5-2 所示。它体现了市场营销观念指导下的整体营销思想。

图 5-2 营销组合的 4PS

4CS 指的是顾客需要与欲望（customer needs and wants）、费用（cost）、便利（convenience）、传播（communication）。

4PS 是站在销售者的立场上来讲的，4CS 则强调营销者应从顾客角度出发，为顾客提供利益。不论是 4PS 还是 4CS，它们都是市场营销的内容，只是立足点、侧重点不同而已。

二、市场营销的内容

市场营销是以顾客的需要作为企业再生产过程的起点，以顾客需要的满足作为再生产过程的终点，以顾客的需求为导向，按顾客的实际需要开发和生产适销对路的产品，并有的放矢地推销到市场上，实现商品交换，满足顾客的需要。市场营销是涉及企业生产经营全过程的一项重要工作。

市场营销主要包括以下内容。

1. 市场调研工作

进行市场调查和预测，掌握市场需求状况及其变化趋势、发展动向；了解市场供给情况，掌握竞争对手动向和竞争的变化趋势；搞好销售统计，积累基础资料；根据市场信息和历史统计资料进行预测预报。

2. 目标市场选择工作

在市场调研的基础上进行市场态势的分析；细分市场，确定目标市场和重点市场；制订开辟、占领和扩大市场的战略和策略。

3. 产品开发建议与商标、品牌、包装设计工作

根据市场调查取得的需求信息，及时向技术开发部门和生产制造部门提出开发和生产适销对路的新产品的建议；参与商标和包装的设计工作，制订有关商标和品牌的战略与策略。

4. 产品定价工作

配合财务部门做好产品或劳务的定价工作，提出定价战略和策略的建议，给用户报价，决定浮动价格，同用户协商定价。

5. 销售渠道选择工作

根据企业营销队伍情况和产品特点，正确地选择营销方式和销售渠道，制订正确的渠道战略和策略。

6. 产品促销工作

根据企业产品特点和经营实力，做好产品的广告和宣传工作，做好公关工作，做好人员推销工作和营业推广工作，制订相应的广告战略和策略、公关战略和策略。

7. 产品储存和运输工作

组织好产品的入库、保管、出库和发运工作；有些产品需要在销售地点做适当准备，需要做储存和保管工作，调节好各地产品的供需平衡。

8. 承接订货和销售服务工作

承接客户订货，签订各种合同，加强对合同的管理，认真履行合同；做好售前、售时和售后的各项服务工作，制订有效的服务战略和策略。

9. 客户关系管理

客户关系管理（CRM），就是指企业对客户有关信息进行分类、收集、整理，通过分析研究，区分出重点客户和一般客户，根据他们的需求，调整企业的业务流程，集中企业优势资源，为他们提供优质、多样化和差异化的产品和服务，以保证客户较高的满意度和忠诚度而进行的协同销售、协同市场、协同服务等一系列工作。

三、市场营销观念及其发展

市场营销观念起源于 19 世纪的产业革命。产业革命后进入大量生产的时代，随着技术的革新、运输条件的改善、人们剩余产品的增多，交换日渐频繁。随后，城市人口增加，专业化生产形成，更多的人参与交换，使得商业活动逐渐频繁和复杂起来，市场营销观念在此基础上逐步形成并不断发展。

1. 生产观念

生产观念是指导企业行为的古老观念之一。生产观念认为：消费者喜好价格低廉的产品，因此企业的主要任务是致力于生产效率的提高（提高产量，降低成本，实现规模效益）。以此种观念指导生产经营并取得成功的企业是美国福特汽车公司。该公司在 20 世纪五六十年代的产品只有黑色 T 形豪华轿车，由于实行了规模经营，因此成本降低，该产品深受消费者欢迎，很快打开了市场。

奉行这种观念有一定的条件。一是产品供不应求，顾客关心的是能否得到该产品，而不是该产品的其他特征。如我国 20 世纪 70 年代，产品严重供不应求，此时企业的主要任务是想方设法地扩大生产。二是当产品的生产成本较高，阻碍了产品的销售时，可采用这种观念指导生产经营。

2. 产品观念

产品观念认为：消费者选择商品的标准是质量最优、性能最好、功能最多，他们愿意为此支付更高的价格。在这种产品导向型观念的指导下，企业的主要任务是改良设备、提高技术、生产最好的产品。如英国 Dunhill 箱包，在生产流程中规定每个箱包都要有 800 个钉子；又如劳斯莱斯汽车也是以产品观念指导生产的。在这种观念的指导下，企业容易患"营销近视症"，将注意力放在自己的产品上，而不是顾客的需求上。

3. 推销观念

推销观念认为：消费者通常有一种购买惰性或抗衡心理，一般不会足量购买某一产品。因此，企业必须用一系列有效的推销、促销措施刺激顾客大量购买。

推销观念被广泛用于推销"非渴求商品"，即购买者一般不会想到要购买的商品，如保险、百科全书等。在这种观念的指导下，企业非常重视销售工作，有庞大的推销队伍，以销售量来考核推销人员的业绩。

推销观念用于解决企业的短期产品积压问题时，效果十分明显，但这种观念不利于企业的长期效益的提高。

4. 市场营销观念

上述三种观念都是从企业已有的产品出发的，但是到 20 世纪 50 年代，由于激烈的推销竞争，加上大量的军工企业转为民用企业，产品供应大量增加，市场竞争更加激烈，企业逐渐意识到不能再依靠"硬卖"的方式。要想保证企业获得高额利润、赢得良好的市场声誉、提高产品销量,可以采用诱导的方式,将整个市场营销活动建立在如何满足消费者需要的基础上。这就是市场营销观念。

市场营销观念的核心是:以消费者的需求为中心,比竞争对手更好地了解消费者的需求,比竞争对手更好地满足消费者的需求。

市场营销观念与推销观念的区别如表 5-1 所示。

表 5-1　市场营销观念与推销观念的区别

项　目	推销观念	市场营销观念
起点	企业	市场(消费者)
中心	产品	顾客需求
手段与方法	推销和促销	整体营销
目标	利润	直接目标:满足市场需求 间接目标:获得利润

5. 社会市场营销观念

到了 20 世纪 80 年代,环境不断恶化,资源短缺,人口激增,世界性贫穷,社会服务被忽视,人们发现以满足消费者需求和企业利润回报为企业目标已不再适合社会的发展。如造纸厂在满足市场的同时也在很大程度上破坏了当地的森林资源,污染了当地环境,危害了周围群众的身体健康。在市场营销观念的基础上产生了新的观念,如"人类观念""明智的消费观念""生态准则观念"等,这些统称为社会市场营销观念。

相关链接

绿色市场营销观念是指企业在绿色消费需求的推动下,从保护环境、充分利用环境资源、绿色资源出发,研发绿色产品,把日常生活中的废品和大自然的绿色资源变成消费品,从而满足消费者需求的企业营销理念。它是以消费者的绿色消费需求为基础,综合利用各种资源进行企业营销的整个营销过程。这种绿色市场营销观念有利于社会环境的保护和人们的健康,是现代企业比较推崇的营销观念。

社会市场营销观念综合考虑了社会、消费者和企业三者的利益。现在许多企业为了实现企业的可持续发展,开始实行绿色市场营销观念。

第二节　市场调查

市场调查就是用科学的方法,有目的、系统地搜集、记录、整理和分析市场情况,了解市场的现状及其发展趋势,为企业的决策者制定政策、进行市场预测、做出经营决策、制订计划提供客观、正确的依据。

市场调查是企业生产经营活动的出发点,是企业制订市场竞争策略的依据。

一、市场调查的内容

1. 市场基本环境调查

（1）政治环境调查：主要是了解对市场有影响和制约的国内外政治形势以及国家管理市场的有关方针、政策。

（2）法律环境调查：企业必须了解相关法律法规。

（3）经济环境调查：主要包括调查地区经济发展状况、产业结构情况、交通运输条件等。经济环境是影响企业生存和发展的重要因素。

（4）社会文化环境调查：社会文化环境在很大程度上决定了人们的价值观和购买行为，影响人们购买产品的动机、种类、时间、方式及地点，企业只有很好地了解它，才能不断满足消费者的需要。

2. 市场需求调查

市场需求调查主要包括社会购买力调查、消费者人口状况调查、消费者购买动机和行为市场供给调查。

3. 市场供给调查

市场供给是指全社会在一定时期内对市场提供的可交换的商品和服务总量，是市场需求得以实现的保证。市场供给调查包括商品供给来源、商品供应能力等方面的调查。

4. 市场营销活动调查

市场营销活动调查主要包括产品调查、价格调查、销售渠道调查、促销调查。

二、市场调查的程序

一般来说，市场调查有以下八个步骤。

1. 确定调查目的和内容

确定调查目的，即明确调查要解决哪些问题，通过调查要取得什么样的资料，取得这些资料有什么用途等。在确定了调查目的的基础上，可以确定调查的具体内容。

2. 确定调查对象和调查单位

调查对象是根据调查目的、任务确定的调查范围以及所要调查的总体，它是由某些性质相同的许多调查单位组成的。

调查单位（调查单元）是指所要调查的社会经济现象总体中的个体，即调查对象中的一个具体单位，是调查实施中需要具体回答各个调查项目的承担者。

3. 确定调查项目

调查项目是对调查单位所要调查的主要内容。确定调查项目即明确向被调查者了解哪些问题。

确定调查项目时除了要考虑调查目的和调查对象外，还要注意：确定的调查项目应当既是调查任务所需，又是能够取得答案的；项目表达必须准确，要使答案具有确定的表示形式，如数字式或文字式等；应尽可能做到项目之间相互关联，使取得的资料相互对照；项目的含义要明确、肯定,必要时可附以调查项目解释。

4. 确定调查方式和方法

确定调查方式和方法即规定采用什么组织方式即方法取得调查资料。调查方法有多种,各种方法都有优缺点,都有其适用范围,企业要根据不同情况,合理地确定调查方法。

5. 编写调查提纲

编写调查提纲,又称设计调查表,这直接关系到调查资料的准确性,所以调查提纲应紧贴调查主题,措辞简练、清楚。

6. 实际调查

实际调查是按照调查主题的要求去发现问题、寻找原因、收集资料。

7. 整理和分析资料

将调查到的各种资料进行严格的筛选、评审、分类、统计。

8. 写调查报告

调查报告力求做到内容扼要、重点突出、文字简练、分析客观。调查报告的结构一般有导言、主体、附件几个部分,其主要内容应当说明调查目的、调查对象和调查方法,描述和解释调查结果,陈述调查结果与建议。

三、市场调查的方法

1. 面访调查法

面访调查法是将要调查的事项以当面或书面形式向被调查者提出,询问有关问题,征求意见,获取所需要的资料的调查方法。

相关链接

面访调查法的分类

入户面访调查法是访问员按照抽样方案中的要求,到抽中的家庭或单位,按事先规定的方法选取适当的被访者,依照问卷或调查提纲进行面对面的直接访问的调查方法。

拦截式面访调查法,就是经过培训的访问员在事先选定的若干地点,如交通路口、户外广告牌前、商场或购物中心内(外)、展览会内(外)等,或租借访问专用的房间,按照一定的程序和要求(如每隔几分钟拦截一位或每几个行人拦截一位等),选取访问对象,征得其同意后,在现场按照问卷进行简短的面访调查的调查方法。这种方法常用于需要快速完成的小样本的探索性研究。

计算机辅助个人面访调查法,是指经过培训的访问员手持普通笔记本电脑或手持最新发展起来的面访专用的无键盘轻型电脑,向被访问对象进行面访调查的调查方法。

面访调查法的优点是:入户访问可望获得较有代表性的样本,可望获取较多内容、较深问题、较高质量的数据,具有激励的效果,资料真实程度较高。其缺点是:调查成本高,调查所需时间长,某些群体的访问成功率低,实施质量控制较困难。

2. 小组座谈法

小组座谈法又称焦点访谈法,是由一个经过训练的主持人,以一种无结构的、自然的形式与一个小组的被调查者交谈的调查方法。

3. 深层访谈法

深层访谈法是一种无结构的、直接的、个人的访问方法。在访问过程中,一个掌握高级技巧的访问员深入地访谈一个被调查者,以揭示其对某一问题的潜在动机、信念、态度和情感。

4. 德尔菲法

德尔菲法是20世纪60年代美国兰德公司首创和使用的一种特殊的调查方法,是专家调查法的一种。它用背对背的判断代替面对面的会议,即采用函询的方式,依靠调查机构反复征求每个专家的意见,经过客观分析和多次征询,使各种不同意见逐步趋向一致的方法。

5. 电话调查法

电话调查法是调查人员根据抽样规定或样本范围,以电话的方式向被调查者了解情况的一种方法。

电话调查法的优点是:信息收集速度快;扩大了调查面,对不易直接见面的调查对象也可进行调查;有一定的灵活性;调查费用较低。其缺点是:调查对象只限于有电话的用户;不易取得被调查者的合作;访问交谈时间有较大限制,调查不易深入。

6. 邮寄调查法

邮寄调查法是将问卷通过邮局寄给选定的调查对象,请其按规定要求填答后寄回调查机构的调查方法。

邮寄调查法的优点是:保密性强;调查区域广,不受调查者所在地的限制;费用较低;能避免个人访问中可能产生的调查人员偏见的影响;被调查者有充裕的时间作答。其缺点是:问卷回收率低,填答问卷的质量难以控制,回收所需时间较长。

7. 在线调查法

在线(online)调查法又叫网上调查法,具体有三种:一是e-mail调查法,即把问卷发到被调查者的私人电子信箱里,被调查者填写后再发回来;二是被调查者在网上下载调查问卷,填写后可以通过任何一种方式把答案传输回来;三是被调查者直接填写网上问卷,数据直接录入网站服务器。在线调查法的速度优势和成本优势非常明显。

8. 观察法

观察法是调查者在现场直接观察、记录被调查者的情况,以取得市场信息资料的一种调查方法。

观察法的优点是:直接记录调查的事实和被调查者在现场的行为,调查结果更接近实际;有利于对难以进行语言交流的市场现象进行调查,排除语言交流或人际交往中可能发生的误会或干扰;简便易行,灵活性强。其缺点是:只能反映客观事实的发生经过,不能说明发生问题的原因和动机;耗费时间长,调查费用较高;调查人员必须具有较高的业务知识和一定的调查技术。

9. 实验法

自然科学中的实验,是要求在某一受控制的环境下,使其他因素保持不变,研究所控制的变量(自变量)对某一变量或某些变量(因变量)的影响。将自然科学实验法应用于市场研究,称为市场实验法,简称实验法。实验法包括:产品包装实验、新产品试销实验、商品试用实验、商品价格实验、商品展销实验等。

实验法的优点是：可以探索不明确的因果关系；科学性强，资料可信度高，结论有较强的说服力。其缺点是：花费时间长，调查费用高，管理、控制困难，保密性差。

四、市场调查报告的书写格式

写市场调查报告也是市场调查中的一个重要步骤。市场调查报告一般由标题、概要、正文、附件、署名几部分组成。

1. 标题

市场调查报告的标题必须准确揭示主题思想，做到题文相符，表达要高度概括、简单明了，具有较强的吸引力。

市场调查报告的标题没有固定的格式，较常见的有如下几种。

1）直叙式标题

直叙式标题直接交代调查地点、调查范围和调查内容，并使用"调查"或"调查报告"点明文章名称。

相关链接

直叙式标题举例

《2003年杭州居民空调消费状况调查》（李煦，《青年时报》，2003年6月23日）

《鄂州市房地产交易市场收费情况调查》（余耀华，《价格月刊》，1992年第9期）

《澳门人在珠海消费调查》（李银好、欧琼芳、余少珊、李伟，《统计与预测》，2002年第6期）

《对武汉市民营科技企业的调查》（李喜梅，《统计与决策》，2003年第3期）

直叙式标题简明客观，在市场调查报告中使用最多。

2）结论式标题

把作者的观点、看法或对市场状况的判断、评价浓缩为一个概括性的短语来作为市场调查报告的标题，如《市场定位准确是取得经营成果的关键》。

3）问题式标题

把调查研究的问题加以概括后作为市场调查报告的标题，如《安徽省农民人均纯收入距小康标准还有多远》。

4）复合式标题

复合式标题即在正标题下加副标题。复合式标题的正标题一般点明本篇市场调查报告的主要观点，或表明调查的问题，或对观点、问题有所暗示，有时直截了当，有时比较含蓄；副标题一般交代调查的内容、范围、时间等，有时也交代调查的实施者。

相关链接

复合式标题举例

《枝叶不展茶自愁——我国茶叶产销现状调查》（范平，《经济参考报》，1995年4月9日）

《未来3年:民间投资将平湖起波澜——关于襄樊市民间投资意向的调查》(金德安,《统计与决策》,2003年第1期)

《打破小农意识 发展规模经济——对钟祥市四乡镇小规模猪鱼配套生产效益的调查》(张法一、陈一江,《统计与决策》,2003年第1期)

2. 概要

概要即市场调查报告的内容摘要。概要主要包括以下四个方面的内容:简要说明调查目的,即简要说明调查的由来和委托调查的原因;简要介绍调查对象和调查内容,包括调查时间、地点、对象、范围、调查要点及所要解答的问题;简要介绍调查研究的方法;简要说明调查执行的结果,包括主要发现、结论和建议。

3. 正文

正文是市场调查报告的主要部分,一般由引言、主体、结尾几部分组成。正文部分必须准确阐明全部有关论据,包括问题的提出、引出的结论、论证的全部过程、分析研究问题的方法等。

1) 引言

引言即前言,一般简要说明调查的目的,调查的时间、地点、范围、对象,参加调查的人员情况,调查的经过与方法等。这样开头的作用是开门见山,使读者阅读全文前先对调查情况及调查报告的内容有一个总体的了解。

相关链接

《2017年中国汽车消费者调查报告》的开头引言

中国消费者对车内连接性的需求更高,三分之一的受访者表示连接性至关重要,相比之下,美国只有20%,德国只有18%;只有11%的受访者不愿意额外付费加装车载连接系统,相比之下,德国有43%,美国有30%。

付费内容有望成为新收入来源:62%的中国车主愿意订阅付费内容,显著高于美国的29%和德国的13%,也有越来越多的中国车主愿意购买在线视频等高质量数字内容(与许多预测恰恰相反)。在线视频平台爱奇艺如今付费用户超过2000万,而三年前几乎无人付费。

2) 主体

主体是市场调查报告的重心所在,决定整个市场调查报告质量的高低和作用的大小。这一部分着重通过对调查了解到的事实进行分析,说明被调查对象的发生、发展和变化过程,调查的结果及存在的问题。

主体部分从逻辑上讲,一般包括基本情况、对基本情况的分析两个方面的内容。

基本情况部分要真实地反映客观事实,但不等于简单地罗列事实,而应该是有所提炼。

基本情况部分的写作主要有三种方法:第一种,先对调查数据资料及背景资料做客观的介绍说明,然后再分析部分,阐述对情况的看法、观点或分析;第二种,先提出问题,提出问题的目的是要分析问题,再找出解决问题的办法;第三种,先记事物的一面,由肯定的一面引出分析部分,再由分析部分引出结论,循序渐进。

分析部分是市场调查报告的主要部分。在这个部分,要对资料进行质和量的分析,通过分析了解情况、说明问题和解决问题。

分析常常围绕三类情况进行：第一类，似因分析，是对出现问题的基本成因进行分析；第二类，利弊分析，是对事物在社会经济活动中所处的地位、起到的作用等进行分析；第三类，预测分析，是对事物的发展趋势和发展规律做出分析。

不同目的和要求的市场调查报告，其主体部分的写作重点各有不同。有的把重点放在摸清事实情况上，有的把重点放在分析形成某种状况的原因上。写作时应该根据主题表达的需要，通盘考虑，灵活变化，不要拘泥于形式，墨守成规。

3）结尾

结尾部分是市场调查报告的结束语，它主要是概括全文，得出调查的结论，提出看法、建议和可行性方案。

4．附件

附件是指市场调查报告正文没有包含或没有提及，但与正文有关，必须附加说明的部分。它是对正文的补充或更详尽的说明。

附件一般包括数据汇总表、原始资料、背景材料和必要的工作技术报告，如调查选定样本的有关细节资料、调查期间所使用的文件副本等。

5．署名

市场调查报告一般应将调查单位名称或作者姓名署在标题之下、正文之前，正文结束后，在右下方位置应写上调查报告完成的日期。如果是在报刊上发表，则一般不写调查报告的写作日期。

第三节 市场细分与市场选择

一、市场细分

1．市场细分的含义

市场的定义在前面已做了具体的阐述。人的需求有许多，且各有不同，任何一个企业的实力都是有限的，不可能满足所有人的需求，企业只能满足众多顾客中的一小部分顾客的需求，为他们提供产品和服务。因此，企业有必要对市场进行细分。

市场细分是指根据众多用户或众多消费者不同需求的特点，把企业某一产品的总体市场划分为若干个用户群或消费群，即细小市场的分类过程。

2．市场细分的必要性

1）有利于选择目标市场和制订市场营销策略

市场细分后的子市场比较具体，比较容易了解消费者的需求。企业可以根据自己的经营思想、方针、生产技术和营销力量，确定自己的服务对象，即目标市场。针对较小的目标市场，制订特殊的营销策略。同时，在细分的市场中，信息容易反馈，一旦消费者的需求发生变化，企业可以迅速改变营销策略，制订相应的对策，以适应市场需求的变化，提高企业的应变能力和竞争力。

2）有利于发掘市场机会，开拓新市场

通过市场细分，企业可以对每一个细分市场的购买潜力、满足程度、竞争情况等进行分析对比，探索出有利于本企业的市场机会，使企业及时做出投产、移地销售的决策，或根据本企业的生产技术条件编制新产品市场开拓计划，进行必要的产品技术储备，掌握产品更新换代的主动权，开拓新市场，以便更好地适应市场的需要。

3）有利于集中人力、物力投入目标市场

任何一个企业的资源、人力、物力、资金都是有限的。通过细分市场，选择适合自己的目标市场，企业可以集中人、财、物及资源，去争取局部市场上的优势，然后占领自己的目标市场。

4）有利于企业提高经济效益

前面三个方面的作用都能使企业提高经济效益。除此之外，企业通过市场细分后，可以面对自己的目标市场，生产出适销对路的产品，这样既能满足市场需要，又可增加企业的收入。产品适销对路，可以加速产品流转，加大生产批量，降低企业的生产销售成本，提高生产工人的劳动熟练程度，提高产品质量，从而全面提高企业的经济效益。

3．市场细分的标准

按不同的标准，同一个市场可以细分为不同的子市场。

1）地理标准

按消费者所处的地理位置、地理条件来细分市场（因为不同的地理环境下消费者的需求特点不一样），如不同的国家、地区、乡村、城市规模、交通、气候、地形等。

2）人口标准

根据人口统计的一些因素来划分市场，如性别、年龄、家庭规模、收入、教育、职业、宗教、民族、国籍、家庭生命周期等。

3）心理标准

按消费者的心理特征来划分市场。由于消费者所处的环境不同，因此不同的消费者会有不同的心理特征。心理因素包括：生活格调、个性、购买动机、价值观等。

4）行为标准

按消费者的不同行为特征来划分市场，如消费者进入市场的程度、品牌忠诚度、购买的数量和频率、所追求的利益等。

表 5-2 所示为美国学者哈雷对牙膏市场运用市场细分取得成功的一个范例。

表 5-2 牙膏市场的利益细分

利益细分	人文特征	行为特征	心理特征	符合该利益的品牌
价廉物美	男性	大量使用者	自主性强者	中华
防治牙病	大家庭	大量使用者	忧虑保护者	佳洁士
洁齿美容	青少年	吸烟者	社交保护者	美加净
口味清爽	儿童	果味爱好者	清洁保护者	高露洁

二、市场选择

细分市场的目的是让企业更好地选择目标市场。企业所选择的市场必须具备以下条件。

(1) 差异性：子市场相互之间必须有本质的差异，以便于企业进入。
(2) 可衡量性：子市场的规模应该能进行定性或定量的衡量。
(3) 可进入性：企业的人、财、物力各方面的条件都具备进入该市场的能力。
(4) 效益性：企业所选择的市场必须能实现企业的效益目标。
(5) 稳定性：子市场中消费者的需求在一定时间内具有相对稳定性。

三、目标市场选择

所谓目标市场，就是企业经过市场细分后，根据自身能力确定的最佳子市场。有了明确的目标市场后，企业才可提供适当的产品或服务，以及根据目标市场的特点制订一系列的措施和策略，实施有效的市场营销策略。

根据各个细分市场的独特性和企业自身的目标，共有以下三种目标市场策略可供选择。

1. 无差异市场策略

无差异市场策略是指企业只推出一种产品，或只用一套市场营销办法来招揽顾客的策略。当企业断定各个细分市场之间的差异很小时，可考虑采用这种目标市场策略。

这种做法的优点是：可以降低营销成本，大批量生产，使单位产品的生产成本保持相对较低的水平，发挥规模经济的优势，从而以较低的价格提高产品在市场上的竞争力。

2. 密集性市场策略

密集性市场策略是指公司将一切市场营销努力集中于一个或少数几个有利的细分市场，做到"广种薄收不如精耕细作，四面出击不如集中兵力打歼灭战"。

这种策略一般适合中小企业和初次进入新市场的大企业。其优点是：有利于企业进行专业化生产经营，降低生产成本。其缺点是：风险较大，一旦企业所选择的目标市场情况变坏，如目标消费者改变偏好、强大的竞争者进入，就会使企业措手不及，陷入困境，甚至破产倒闭。正是由于这个原因，很多企业宁可少赚钱，也要实行产品多元化，以化解风险。

3. 差异性市场策略

差异性市场策略是指公司根据各个细分市场的特点，相应扩大某些产品的花色、式样和品种，或制订不同的营销计划和办法，以充分适应不同消费者的不同需求，吸引各种不同的购买者，从而扩大各种产品的销售量的策略。

这种策略的优点是：在产品设计或宣传推销上能有的放矢，分别满足不同地区消费者的需求，可增加产品的总销售量，同时可使企业在细分小市场上占有优势，从而提高企业的信誉，在消费者心中树立良好的企业形象。其缺点是：会增加各种费用，如产品改良成本、制造成本、管理费用、储存费用等。

第四节 营销管理策略

一、产品策略

产品是能用以满足人类某种需要或欲望的任何事物，它包括商品、服务、创意。

1. 产品整体概念

从市场营销的角度来看,产品是指能够提供给市场被人们使用和消费并满足人们某种需要的任何东西,包括有形的物品、无形的服务、人员、地点、组织、观念等。产品是一个整体概念,由三个层次构成,如图5-3所示。

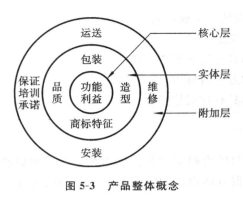

图 5-3　产品整体概念

1)核心层

核心层是指产品提供给消费者的功能和利益。消费者购买产品的目的是得到该产品所提供的某种利益,满足某种需要,而不是为了产品的实体。如购买照相机的顾客是为了留下美好的回忆。满足消费者对产品功能利益的追求,是企业设计和开发产品的基本出发点。

2)实体层

实体层是指产品在市场中的物质实体外形,包括产品品质、造型、特征、商标、包装等,是核心层得以实现的载体。虽然消费者并不是为了产品实体而购买,但如果产品实体层与核心层相符的话,会提升产品的总体价值,最大限度激发消费者的购买欲望。

3)附加层

附加层是指产品整体提供给消费者的一系列附加利益,如送货、安装、维修、保养、培训及各种承诺。由于目前企业之间在产品、技术等方面的创新能力的差异在不断减小,企业在核心层表现出来的实质性优势已不明显,企业之间的竞争核心已转移到附加层的竞争上来。如手机"三包"承诺就属于附加层。

顾客消费时是追求产品的整体满足最大,企业必须从产品整体角度来满足顾客的需要。

2. 品牌

品牌已成为企业无形资产的重要组成部分,是产品不可缺少的一部分。品牌即产品的牌子,它包括产品的名称和标记。产品名称是产品中可以用语言来表述的部分,如红旗、中华、健力宝等;而标记是指产品中不可用语言来表述的一些符号、图像、色彩、字体等,如红旗轿车的一面红旗、奥迪轿车的四个圆环等。

相关链接

2017年全世界十大最有价值品牌

近日,全球著名的传讯服务集团 WPP 联手公司旗下的市场咨询机构 Kantar Millward Brown 发布了2017年 BrandZ 品牌价值报告,列出了2017年全球最具价值的百大品牌。该榜单前十名中新增了一家中国企业,那就是腾讯,这也是腾讯首次进入前十,而阿里巴巴则以591.27亿美元的品牌值排在第14位。

2017年全世界十大最有价值品牌排名为:1.谷歌(2455.81亿美元);2.苹果(2346.71亿美元);3.微软(1432.22亿美元);4.亚马逊(1392.86亿美元);5.Facebook(1298.00亿美元);6.AT&T(1151.12亿美元);7.Visa(1109.99亿美元);8.腾讯(1082.92亿美元);9.IBM(1020.88亿美元);10.麦当劳(977.23亿美元)。

3. 产品生命周期

产品生命周期指的是产品市场寿命，而不是产品的使用寿命。产品生命周期包括产品从完成试制、投放市场，直到最后退出市场的过程，一般将其分为四个阶段：投入期（开发期、介绍期）、成长期、成熟期和衰退期。每一个阶段的特征有所不同，在不同的阶段企业营销目标和采用的产品经营策略也相应有所不同。产品生命周期特征对照表如表 5-3 所示。

表 5-3 产品生命周期特征对照表

特征 \ 阶段	开发期	介绍期	成长期	成熟期	衰退期
销售额	无	低	迅速上升	达到顶峰	下降
单位成本	高	高	平均水平	低	低
利润	无	无	上升	高	低
顾客类型	无	领先采用者	早起采用者	多数采用者	无
竞争者数目	无	少	渐多	相对稳定 开始减少	无
营销目标	尽快投产上升	建立知名度，争取试用	提高市场占有率	保持市场占有率，争取利润最大化	妥善处理超龄产品，实现产品更新换代

4. 新产品开发

所谓新产品，包括全新产品、改进产品和更新换代产品。企业获得新产品的途径有两种：收购和开发。收购新产品又可分为收购一个企业、购买专利、购买其他企业新产品的生产许可证或特许权。开发新产品又有两种途径：企业技术人员自己开发、企业与专门的研究机构合作开发。

5. 产品组合

产品组合指企业产品线和产品项目的组合。产品线是满足同类需求的一组产品，产品项目指产品线中的个别产品。如家电企业中有彩电生产线、冰箱生产线、空调生产线等。产品组合有组合深度、组合宽度和组合相关性三个指标。组合深度是指每条产品线中产品项目的多少，组合宽度是指企业拥有的关联程度。企业应依据市场、竞争对手和企业自身的情况来调整企业的产品组合策略。

6. 包装

包装是指设计和生产装产品的容器或包扎物的一系列活动。多数营销人员把包装看成是产品策略的一部分。搞好产品包装，可以美化产品、保护产品、促进销售、增加收益、增加产品价值。

二、价格策略

价格是企业四个可控因素中唯一一个产生利润的因素。定价过高，市场难以扩大；定价过低，企业目标难以实现。因此，企业采用什么样的定价策略对企业的发展影响巨大。

1. 产品定价

影响产品定价的因素主要有：产品的定价目标（利润、市场、竞争等）、成本、市场需求、市场竞争和其他因素（利率、政治环境）等。

在上述影响产品定价的因素中，成本、市场需求和市场竞争是三个最关键的因素，产品定价时必须加以考虑。

（1）以成本为中心的定价方法：在生产成本、管理费用、销售费用的基础上加上企业的目标利润额（利润率）来确定价格的方法。

（2）以市场需求为中心的定价方法：将消费者对该产品价值的感受水平作为定价依据，对不同的顾客在不同的时间和不同的地点采用不同的价格。如同一个产品，针对不同的批发商、零售商和消费者，其价格会不同。

（3）以市场竞争为中心的定价方法：以市场竞争为导向，依据市场上竞争对手的产品价格来确定自己的产品价格，并随对手的产品价格的变化来变化自己的产品价格。

2. 价格调整

价格要随着消费者的需求变化、竞争对手的实力和策略、企业自身的实力及产品在市场上的生命周期而及时调整。调整有两个方向：提价、降价。

相关链接

几家成功企业的定价策略

沃尔玛公司提倡"天天平价"，在同一时间对大量品种的品牌低价销售，同时又提供优秀的服务和品质保证。

美国西南航空公司只收取竞争者1/3的价格，但提供舒适的服务。西南航空公司已成为美国唯一赢利的航空公司。

戴尔公司是直销计算机的公司，向购买者提供高质量的电脑和出色的服务，价格比竞争者的低很多，它的销售额和利润远远超过了其他竞争者。

三、销售渠道策略

销售渠道是产品从生产企业向消费者转移时所经过的环节、通道等的总称。企业应根据自身的实力、产品的特点、需求的情况来选择合适的分销渠道，将产品最合理、最有效地传递到消费者手中，同时还应加强渠道管理，根据内外环境的变化及时调整销售渠道策略。

1. 直接渠道和间接渠道

按产品流向消费者过程中是否有中间商的介入，产品销售渠道可分为直接渠道和间接渠道两种。直接渠道是指企业将产品直接销售给消费者的分销形式；间接渠道是指企业通过若干中间环节将产品销售给最终消费者的分销形式，如通过批发商、零售商将产品销售给消费者。

2. 长渠道和短渠道

产品从生产企业到达消费者手中所经历的过程称为渠道的长度。所经历环节越多，渠道越长，反之越短。一般来说，日用品应采用尽可能长的渠道，而技术性强的产品则宜采用短的渠道,如汽车、电脑等。

3. 宽渠道和窄渠道

产品从生产企业到达消费者的过程中,销售环节上中间商数目的多少称为渠道的宽度。一个环节上同级中间商越多,渠道越宽,反之越窄。

四、促销策略

促销称为促进销售,指企业(中间商)向消费者或用户传递产品和企业信息、树立产品和企业形象、唤起顾客需求,从而达到企业营销目标的过程。

企业促销策略一般是四种促销方式的综合运用。这四种促销方式为人员推销、营业推广、广告和公共关系。

1. 人员推销

人员推销是企业的营销人员通过与顾客直接接触来推动销售的一种促销方式。人员推销比较直接、灵活,营销人员能把握主动权,及时调整推销方法与技巧,且能建立与顾客的良好关系;但人员推销费用高,对营销人员个人能力的要求也较高。

2. 营业推广

采取营业推广的目的在于刺激顾客,促使其短期购买行为的发生,最终达到促进销售的目的。常用的措施与手段有产品陈列、展销会、样品赠送、优惠券,如肯德基和麦当劳快餐店针对小朋友们的现场表演等。

3. 广告

广告是企业通过一定的媒介向顾客传递企业或产品信息的一种促销方式,也是目前企业采用的一种主要促销手段。广告的媒介有报纸(杂志)、广播、电视、路牌、网络等。企业在选择广告媒介时一定要保证媒介的定位与企业的营销目的相一致。

4. 公共关系

企业通过营销活动处理与公众的关系,以树立企业和产品的形象,最终达到促进销售的目的,这种活动称为公共关系。如企业通过赞助某一项公益活动来树立企业"公益大使"的形象,以获得消费者的信赖,赢得市场声誉。

第六章
现代企业新产品开发

XIANDAI YU GUOJI
QIYE GUANLI

 案例引导

案例　关于腾讯QQ你不知道的20个断章

2017年7月31日,腾讯股价再度上涨破顶,市值突破3万亿港元。腾讯从创业初期濒临变卖的危局中走出,到如今成为全球互联网公司巨擘。腾讯QQ的开发,抓住过哪些机遇?经历过怎样的挣扎?又掉进过哪些坑?为此,我们特意收集、整理了腾讯20年发展史上的20个小故事,以飨读者。

1. 马化腾最早想出的注册名是"网讯",就是"网络通讯"的意思,第二个注册名是"捷讯",第三个注册名是"飞讯",第四个注册名才是"腾讯",因为前几个名字都在工商行政管理局登记不下来,于是腾讯就叫了"腾讯"。

2. QQ(当时为OICQ)的第一个版本只有220 kb,当时的上网宽带普遍是14 k,28 k,54 k就很快了,普通的ICQ软件体积为3~5 MB,下载一个软件要几十分钟,而用户下载QQ只需5分钟。

3. 在张志东闭门研发的同时,曾李青说服"老东家"深圳电信出资60万元,并提供服务器以及宽带,以"联合立项"的方式参与QQ的研发推广,QQ也找到了发布平台。

4. QQ的logo最初是一台寻呼机的样子,创始人大多倾向换成企鹅图标,马化腾决定把图标挂到网上让用户决定。这是中国互联网企业第一次把品牌logo的决定权交给用户,最终"企鹅"取代了"寻呼机"。

5. 在腾讯最挣扎的时候,马化腾先后找了4家公司谈判购买腾讯的事宜,都因没达到预期底线而没有达成。为了筹备资金,几位创始人不得不觍着脸四处找朋友借钱。马化腾向朋友提出,能否用腾讯的股票来还债,他们都婉拒了,甚至有一位朋友慷慨地说:"你真的没钱了,不还也可以,不过我不要你的股票。"

6. 在递给IDG的商业计划书中,马化腾和曾李青将腾讯估值为550万美元,被王树问及:"腾讯凭什么值550万美元?"马化腾回答:"因为我们缺200万美元。"因为转账手续复杂,而腾讯又急需资金补血,王树托朋友先垫资450万元给腾讯救急。

7. 美国判定腾讯将OICQ.com和OICQ.net域名归还给美国在线公司,正当大家苦恼于用什么名字来代替OICQ时,吴宵光在公交车上听到QQ这个名词,回到公司说起此事,立即得到马化腾的肯定,从此将OICQ定名为QQ。

8. 以30万元买断企鹅形象的衍生商品的东利行,于2001年10月在广州开出了第一家"Q-GEN"专卖店,专门出售腾讯企鹅品牌的服装、玩具和手表,腾讯抽取10%的授权费,后来的3年里,东利行相继开出了199家专卖店。

9. 当QQ每天新注册人数达到100万时,腾讯开始对用户注册进行限制,同时用户注册时需支付一定费用,但很快引起用户不满,并有网友发帖《腾讯QQ,你做得太绝了!》。由于朗玛UC、网易泡泡等产品的上线,马化腾如梦初醒,决定重回免费之路。

10. 腾讯于2003年引进第一款网游《凯旋》,并发布公测版,但是在12小时内脆弱的服务器即被撑垮。因为《凯旋》所采用的3D技术对电脑配置及网络宽带的要求相当高,这对当时的网络环境提出极大的挑战,尽管多次对服务器进行优化,但仍无法保证游戏的流畅性。

11. 在2004年集体上市热中,腾讯不是耀眼的一家,在香港开市股价表现不错,一度最高

曾见4.625港元，午后即遭大规模的抛盘打压，收盘时跌破发行价。绝大多数购买腾讯股票的股民在第一个交易日就选择了抛售，很多年后，他们为之懊悔不已。

12. 为腾讯上市立下汗马功劳的刘炽平，于2004年12月正式加入腾讯，并得到一个专设的职位——首席战略投资官，"土鳖＋洋龟"结合产生的化学作用开启。当陈一丹很抱歉地告诉刘炽平，他在腾讯得到的薪水将要比在高盛的少2/3时，刘炽平笑着说："也许哪一天，腾讯的股票会上涨100倍哩！"而事实上，腾讯的股票何止上涨了100倍。

13. 2004年4月的一天，马化腾把增值开发部经理任宇昕叫到办公室，问道："现在有两个业务模块，增值业务和游戏业务，你选哪一个？"任宇昕选择了在腾讯内部刚起步的游戏业务。自《凯旋》失利后，任宇昕又指挥着"业余部队"，开始了与盛大、网易等公司的游戏市场争夺战，凭借辉煌的战绩，任宇昕成为中国游戏市场的一号人物。

14. 腾讯于2005年3月宣布正式收购张小龙研发的Foxmail，完成了腾讯史上第一次收购案。由于张小龙不愿意到深圳工作，马化腾做出让步，成立广州研发中心，由张小龙出任总经理。而日后帮助腾讯坐稳社交类头把交椅的微信，即是出自广州的张小龙团队，张小龙后来也被称为"微信之父"。

15. 当年微软的MSN给腾讯带来极大威胁，而由于国际跨国公司普遍在中国"水土不服"，以及其他原因，MSN最终没能成功狙击腾讯。不过，带领MSN与腾讯"作战"的熊明，离开微软后带着旧部郑志昊和殷宇加入腾讯，在腾讯的最高管理层出现了第二张国际公司的面孔。

16. 腾讯于2008—2009年三战庞升东的51，经历了"技术流战争""网吧争夺战"以及对QQ外挂的遏制，期间腾讯多名员工跳槽到51，并且迫使腾讯对QQ空间在全国范围内进行了扫地式的速度优化。最终，51不仅在QQ外挂的官司中败诉，而且在中国社交平台争夺战中也彻底被边缘化。

17. 《开心农场》于2009年5月在QQ空间上线，第一次完成外部程序进驻QQ空间，之后发生的景象出乎所有人的预期。上线第一天，天量级的用户流量一下子就把服务器撑爆了，这是腾讯史上从来没有过的先例，《开心农场》的研发团队"五分钟"，不得不把服务器的管理权限让渡给腾讯。

18. 2010年7月，《"狗日的"腾讯》刊登在《计算机世界》周报封面，它如同一篇不容争辩的"檄文"，充满了业内对腾讯的指责谩骂。腾讯陷入空前的舆论围攻之中，马化腾在腾讯紧急召开的总裁办公会上喃喃自语："他们怎么可以骂人？"腾讯的高管们不知道，此时距离著名的"3Q大战"还有两个月。

19. 2014年10月，历时四年之久的"3Q大战"以腾讯胜诉而告终。尽管在法律层面上，腾讯取得了全胜，可判决对两家公司均不构成实际的利益影响。相比较，360的冒险取得了空前的商业成功，大战后360用户反而增加，并迅速启动上市计划，而后一跃成为市值第三的中国互联网公司。

20. 雷军的小米仅用了一个月的开发时间，就发布了中国第一款模仿kik的产品——米聊，而此时张小龙团队才刚刚立项不到20天，距离微信第一代上线还有40多天。在与微信的赛跑中，雷军团队表现出极强的战斗力，然而因为一些基础性能力的薄弱，米聊没能赢得最终胜利。

案例讨论
1. 上述案例提到了哪些腾讯的新产品？
2. 你认为新产品开发对现代企业有何重要意义？

第一节 企业新产品开发管理

一、新产品开发相关知识

1．新产品开发的方式

（1）自行研制：企业依靠自己的力量，根据现有产品的状况，创造性地研制出具有特色的新产品。采用这种方式开发的一般是更新换代的或是全新的产品。这种方式要求企业有较强的技术力量，要花费很多资金和人力，适用于大中型企业。

（2）技术引进：企业通过引进市场已有的成熟技术来开发新产品。这种方式投资少、见效快，可以较快地掌握产品制造技术，以节约科研经费和人力，缩短与先进企业的技术差距，是企业常用的一种新产品开发方式。

（3）研究与引进相结合：这种方式可以在充分消化引进技术的基础上，结合本企业的特点进行某些创新。

2．老产品整顿的方式

整顿老产品是指不断地改进老产品性能，淘汰技术老化、性能落后的产品。通常老产品的整顿可采取如下措施。

（1）改进部分设计，提高产品的工作效率。
（2）增加辅助装置，改进产品的安全可靠性。
（3）改进产品结构、形式，发展产品的有用性，扩大或改变产品原有的用途。
（4）简化产品结构，方便使用，提高经济效益。
（5）改进产品的动力机构，节能降耗。
（6）改变产品的外观，增加花色、款式等。

3．新产品开发的条件

新产品开发必须具备一定的条件，否则会功败垂成。一般情况下，新产品开发应具备以下五个条件。

1）科技队伍

人是一切社会经济、科技活动的主体。企业开展新产品开发，必须具有一定数量和质量、结构合理的科技人员群体，既要有高级研究人员作为项目的带头人，又要有中级科技人员作为攻坚骨干，还要有一定数量的初级技术人员做好一般技术工作。

2）科研场所

一定规模的试验场所是企业开展科研开发的必备条件。一项新技术、一个新产品的问世，要有一个小试、中试直至正式批量生产的过程。因此，企业的科研部门既要充分利用企业生产部门的设备、加工条件、场地等有利条件,又要建设一个自己的试验基地和场所。

3) 技术装备

技术装备水平是衡量企业科研开发能力的重要标志。技术装备品种多,维修复杂,购置费和使用费昂贵,因此,要进行有效的管理。

4) 科技情报

科技情报是科研开发活动的原料和基础。科学技术的重大突破,都是建立在丰富的科技情报的基础上的。因此,企业要尽可能广泛地收集、掌握情报资料,借鉴前人和他人的经验教训,避免不必要的重复研究。

5) 科研经费

科研经费是从事科研开发的重要条件,它决定着科研活动的空间规模和时间的持续性。企业应通过争取政府拨款、企业自筹、接受委托的科技合同收入、银行贷款等多种途径,扩大资金来源。

总之,只有在人员、场所、装备、情报、资金上提供必要的条件,企业才能搞好科学研究,把握好产品的开发时机,做好技术储备,确保产品的先进性和市场竞争能力。

4. 新产品开发的趋势

根据市场发展的动向,新产品呈现如下趋势。

1) 多功能化、高功能化

多功能化是指增加产品的功能,一物多用。高功能化是指产品向高效率、高质量的方向发展。例如,现在手表已不是单纯的计时工具了,而是多功能的信息传载器。日本的精工表号称有 27 种功能。

2) 微型化、轻型化

微型化、轻型化是指在产品基本性能不变甚至提高的条件下,缩小体积、减轻重量。例如,计算机在不断地微型化、轻型化,变小、变轻。

3) 多样化

多样化是指生产多品种、多型号、多档次的产品,注重产品的特色,以满足消费者多层次、多样化的需求。

4) 系列化

系列化是指根据产品在使用上的联系,将相关产品组成系列。例如,家具、家用电器、化妆品、餐具等,均可形成系列。

5) 简易化、公益化

简易化是指新产品应结构简单,操作、维修方便,自动化程度高。傻瓜照相机是简易化的最好范例,它既提高了功能,又简化了操作。公益化是指新产品要有利于节省能源和材料,在生产和使用过程中无污染,不产生公害。

6) 健美化、舒适化

健美化、舒适化是指新产品应能给消费者带来健康、愉快和享受,从营养、美观、舒适等方面来满足消费者的需求。

二、新产品开发计划

新产品开发计划是指企业为了生存与发展的需要所制订的产品发展总体计划和分产品开发计划及各分部门新产品开发计划。其中,分产品开发计划一般是根据企业的行业特点来展开的,分部门新产品开发计划则是关于新产品的研究计划、设计试制计划、生产技术准备计划、市场开发计划等。只有制订好各种计划,才能把新产品开发活动落到实处。

新产品开发计划的主要内容包括以下5个方面。

1. 确定新产品开发计划的目标

新产品开发计划的目标,是指企业预计在计划期内新产品开发应达到的目标,主要包括以下4个方面的内容。

(1) 计划期内开发多少新产品、改进多少老产品、淘汰多少落后产品。

(2) 确定新产品占全部产品的比重。

(3) 开发的新产品应达到的技术水平,如哪些产品达到国内同行的先进水平、哪些产品达到或超过国际先进水平。

(4) 确定新产品开发应达到的经济效益指标。

2. 分析新产品开发计划的依据

新产品开发计划的依据主要是指企业外部环境的要求和企业内部条件的保证。

(1) 必须分析企业的外部环境,寻找新产品开发的机会,主要包括:①计划期内市场对新产品的需求情况;②价格接受能力的预测分析;③技术发展趋势的预测;④国家技术、经济政策的分析。

(2) 必须分析企业的内部条件,提出新产品开发的现实可能性,主要包括:①企业内部的人力、物力、财力、技术能力分析;②原材料、设备等的供应前景。

3. 确定新产品开发的方式

确定新产品开发的方式即明确新产品开发应采用的方式。

(1) 确定新产品开发是独立研制,还是技术引进。

(2) 确定新产品开发是自行研制,还是与技术引进相结合。

(3) 确定新产品开发是本企业自行研制,还是发展不同形式的横向联合。

4. 确定新产品开发计划的进度

确定新产品开发计划的进度应包括按产品安排各个开发阶段的日程进度,以及保证该日程要求的相应工作进度。

5. 明确相关部门的职责

应在计划中明确负责单位和负责人,不仅要让他们各负其责,而且要加强各单位之间的协调与合作,以保证新产品开发计划的实施。

总之,对于一个企业来说,一个完整的新产品开发计划,应能体现一种新产品一旦投放市场,它的第二代产品就已进行试制、第三代产品正在研究的格局。

三、新产品开发策略

新产品开发策略是指针对产品的生命周期,研究不同发展阶段的新产品开发规律,以指导新产品的开发。

1. 产品寿命周期的概念、各阶段的特点及其划分标准

由于科技的进步和生活水平的不断提高,社会对产品的要求也日益提高。企业为了适应市场竞争的需要,必须不断开发新产品,以取代那些衰退和即将衰退的产品,否则企业就不可能持久地立足于市场。因此,研究产品寿命周期问题,便成了一项事关企业生存和发展的重大策略问题。

1) 产品寿命周期的概念

产品寿命周期是指产品的经济寿命(不同于产品的自然寿命和使用寿命),也就是指产品从投入市场到退出市场所经历的时间。由于科技进步和市场竞争,产品寿命周期有日益缩短的趋势。

2) 产品寿命周期各阶段的特点

产品寿命周期一般包括4个阶段:投入期、成长期、成熟期和衰退期。

产品寿命周期主要是根据产品的销售量(额)来衡量的。如果以时间为横坐标,以销售量(额)为纵坐标,那么产品的寿命周期将表现为一条S形曲线,如图6-1所示。

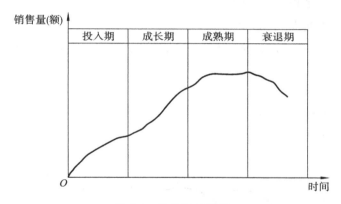

图 6-1 产品寿命周期

(1) 投入期:新产品由试制转为小批量生产,开始进入市场试销阶段。在这个阶段,由于产品性能、质量不稳定,销售渠道不够畅通,消费者对产品不太了解,所以销售量增长缓慢且不稳定,一般难以提供理想的利润,有时还可能产生亏损。因此,企业在此阶段的任务主要是发展和建立市场对产品的需求,集中力量提高产品质量,完善性能,扩大宣传,积极占领市场,使产品进入成长期。

(2) 成长期:新产品开始被消费者接受、销售量迅速增长的阶段。由于销售量的增长,单位产品成本下降,产品利润率升高。竞争者被日益增长的市场所吸引,竞争产品也将相继投入市场,销售量的增长将减慢。这是决定性的阶段,企业务必采取措施,促使产品高速成长并进入成熟期。

(3) 成熟期:产品的主要销售阶段。这时产品已经享有盛誉,有一定的市场,企业为开发和推销新产品所支付的投资已全部收回,利润达到最高点。但由于竞争加剧和新产品的出现,产品销售量的增长逐渐出现减缓的趋势。这时企业应采取措施,增加推销费用,以争取最后的消费者,使产品保持尽可能长的成熟期,延缓产品进入衰退期的时间。

(4) 衰退期：这时产品逐渐老化，不能适应市场发展的需要，销售量锐减，直至被市场所淘汰，退出市场。这个阶段该收则收，应及早做战略转移，把力量转移到创新和改进上，避免打得不偿失的消耗战。有的产品可能多年维持在较低的销售水平上。

3）产品寿命周期各阶段的划分标准

产品寿命周期各阶段的划分，在理论上尚无一定的标准，无法进行准确的计算，基本上属于定性判断。在产品寿命周期变化过程中，判断产品处于哪一个阶段，通常采用以下四种方法。

（1）经验判断法：依据产品进入市场后销售量的变化来判断产品所处的寿命周期阶段。

（2）类比法：与先于该产品进入市场的类似产品的市场销售情况进行比较，从而做出判断。美国在彩色电视机进入市场后，参照黑白电视机寿命周期资料进行预测，事后证明二者寿命周期大致相同，因此，预测取得了较好的效果。

（3）社会普及程度判断法：根据某一地区的社会普及程度来判断该产品在这一地区的市场上大致处于寿命周期的哪一个阶段。

（4）销售增长率判断法：以事先确定的阶段销售增长率为标准来划分产品目前所处的阶段。投入期的销售增长率不稳定，成长期的销售增长率在10%以上，成熟期的销售增长率为0.1%～10%，衰退期的销售增长率则为负数。

2．产品寿命周期与产品开发

产品寿命周期理论，对于企业整顿老产品、开发新产品和抓好产品的升级换代工作，具有重要的指导意义。

1）产品开发的规律

产品开发的规律如图6-2所示。

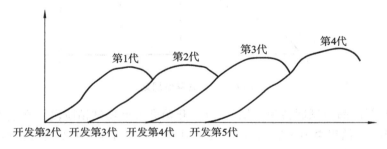

图6-2 产品开发的规律

（1）当第1代产品处于投入期时：生产量小，成本高，销售量小。这一阶段广告宣传要短而强，要做有力度的广告，旨在使产品迅速进入市场。同时要广泛征求用户意见，搜集相关的产品市场信息，着手第2代产品的构思和研究。

（2）当第1代产品进入成长期后：生产量、销售量的增长，带来了利润和竞争。在此阶段，不仅要提高产品质量，创名牌，更应投入相当的技术力量，对第2代产品进行设计性试制。

（3）当第1代产品进入成熟期后：除了在提高产品和服务质量上下功夫，以求获得较高的市场占有率、扩大销售量、延缓销售量下降趋势外，对第2代产品应进行小批量生产并投入市场试销。销售增长率递减的趋势较为明显之际，正是新产品投入市场的最佳时机。

（4）当第1代产品处于衰退期时：第2代产品要扩大产量，使第2代产品进入成长期，适时接替第1代产品，使企业保持原有的销售旺势。

总之,在市场竞争日益加剧的今天,产品寿命周期也日趋缩短。企业应根据生产的产品及其复杂程度等,遵循"生产一代、试制一代、设计一代、构思一代"的规律,制订适应市场需要的产品开发规划,增强企业的市场竞争能力。

2) 产品改进与产品寿命的延长

在产品的寿命周期内,企业通常应采取有效措施,力求缩短投入期、追求成长期内更高的增长率、尽可能延长成熟期、着力推迟衰退期。企业的产品渐趋衰退时,还可以通过以下措施来延缓产品的衰退步伐。

(1) 改变包装及外观质量。

(2) 扩大用途,改进服务,降低售价。

(3) 改善性能,增加可靠性。

这些措施将促使产品出现另一个销售高峰,即双周期、多周期,以延长成熟期、推迟衰退期,给企业创造尽可能多的经济效益。产品寿命的延长措施如图6-3所示。

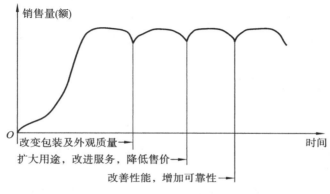

图 6-3　产品寿命的延长措施

第二节　企业新产品开发流程

一、新产品开发的调查与创意

1. 新产品开发的调查

企业在着手新产品开发前,应组织人员进行调查,以便使企业对新产品开发的方向和要求做到心中有数。

调查的内容包括以下几个方面。

(1) 市场需求的变化趋势和潜在的需求。

(2) 生产技术的发展动向。

(3) 竞争对手产品的特点。

(4) 本企业产品的销售情况与用户意见等。

2. 构思创意的来源

新产品开发的创意来源有以下4个渠道。

（1）消费者。消费者需求是开发新产品的起点和归宿，企业应通过各种方式调查、搜集消费者的愿望和要求。实践证明，来自用户的构思创意最有生命力，在此基础上发展起来的新产品的成功率最高。

（2）科技情报。应了解科学新发明、新技术，引发创新构思。

（3）竞争产品。应客观地分析竞争产品的成功和失败之处，从中找出新的突破点。

（4）企业的业务人员和经销商。企业的业务人员和经销商最了解市场和消费者的需求，对竞争的压力也最敏感，是产生新产品构思的重要来源。

3. 构思创意的筛选

构思创意的筛选是指从征集到的许多个方案中选择具备开发条件的那个构思创意，目的是既要剔除那些不可行的方案或设想，以减少不必要的时间浪费和费用开支，又必须保留那些有新意而又有开发条件的设想，以免使企业失去盈利的机会。

因此，构思创意的筛选是新产品开发过程中的重要决策，企业领导者要亲自过问，慎重从事。

4. 新产品开发的创意方法

1）技术创新法

根里奇·阿奇舒勒对20万个发明专利进行了研究，特别是在对其中的4万个他认为发明程度很高的专利进行深入研究后，总结出了各种技术发展进化遵循的规律模式，以及解决各种技术矛盾的创新原理和法则，即TRIZ理论。

矛盾（冲突）普遍存在于各种产品的设计之中。按传统的折中法设计，冲突并没有彻底解决，而是冲突双方取得折中方案，或降低冲突的程度。TRIZ理论认为，产品创新的标志是解决或移走设计中的冲突，产生新的有竞争力的解决方法。

2）顾客需求研究法

（1）直接观察法，即产品使用或顾客购买时观察顾客，寻找创新灵感。

（2）顾客意见研究法，即对顾客意见，尤其是重点顾客的意见进行研究，寻找创意灵感。

3）产品属性分析法

产品属性有3个方面，即特征、功能和利益。

（1）特征指维度、美感、构件、原料组成、制造过程、材料、服务、性能、价格、结构、商标等。

（2）功能即对产品如何工作的描述。

（3）利益包括用途、感官享受、经济利益、非物质的福利等。

特征决定了一定的功能，然后带来利益。通过对产品属性的分析，可以从中寻找创意灵感。

二、新产品的分析与检验

在这个阶段，要把产品的构思创意变成一个具体的建议方案，进行生产可行性分析并接受市场的检验。产品构思是企业从自身的角度对其可能向消费者提供的产品的设想；产品概念则是企业从消费者的角度对这种设想的具体、形象的描述，即把新产品的构思具体化，用文字或图像描述出来。

当产品概念形成后,即可进行概念的检验。可以将其拿到一般目标顾客中采用问卷方式进行测试,也可以邀请各类消费者组成小组来讨论、评价产品概念,根据他们反映的意见和提出的问题,与相似产品的属性进行比较。

产品概念的检验,可以使企业根据消费者的反映,初步确定该产品是否有发展前途及进一步改进的方向。如果消费者反映不佳,就不宜继续进行该项新产品的开发。

三、新产品的研制、经营分析及市场试销

1. 新产品的研制

新产品经过经营分析后,如果判断是有前途的,那么就要将这个产品的构思转变为可以进行生产的实际样品。新产品的研制包括设计、工艺准备及试制和鉴定等。

1)设计

新产品设计的任务是生产什么样的产品。新产品设计分为编制设计任务书、技术设计和工作图设计三个阶段。

2)工艺准备

工艺准备的任务是如何制造产品。工艺准备是完成对产品设计图纸的工艺分析和审查,拟订工艺方案,制订工艺规程,设计、制造工艺装备,确定产品质量控制等。

3)试制和鉴定

任何新产品和有重大改进的老产品,在完成产品设计、工艺准备后,都必须经过一定形式的试制和鉴定,才允许正式投产。

2. 新产品的经营分析

新产品的经营分析是指对已基本定型的新产品构思,从财务上进行更加详细的分析,合理地估计新产品的收益情况。

新产品的经营分析的具体内容包括:细分市场研究、市场潜力估计、销售预测、产品开发费用预算、价格水平估计、整个产品寿命周期内的盈利和投资报酬估计等。估计时,应参考同类产品的销售历史,并调查用户意见,同时对销售额做最高销售额与最低销售额的两种估计,借以观察风险的大小。

必须注意的是,成本估计应由研究与开发生产、销售和财务等部门联合进行。

经过分析,如果新产品符合企业的既定目标,有足够的盈利,即可正式进入新产品的具体开发阶段。此外,还应考虑机会成本问题,即权衡企业由于将资金用于该产品的开发而不能用于其他投资所损失的利益。

3. 新产品的市场试销

在包装、商标、制造与营销规划等工作都准备好以后,即可将试制成功的产品拿到所选定的市场进行试销。这是对产品进行的最有效、最可信赖的检验。

所谓试销,就是把产品和营销方案在更加符合实际的条件下推出,以便企业了解顾客对该产品在使用与重复购买上的实际反应,以及预估市场规模的大小。在试销过程中,一般要掌握试用率、再购率、正式采用率和购买频率4个数据。同时,还应注意收集关于市场定位、销售渠

道、广告宣传、价格、品牌、包装等方面的资料和数据,以便为商业性投产的成功奠定基础。

企业进行试销,可以确保新产品大规模投资的安全,降低产品投放市场后失败的风险。试销的缺点是:①试销并不能精确预测市场销售的成功,因为有些客观因素有时是难以预测的;②试销的费用较高;③试销容易泄露企业的新产品信息,为竞争者所利用。

因此,并非所有的产品都要经过试销阶段。

四、新产品的商业性投产

经过试销成功的新产品,即可大批量投产上市。这时需要大量投资,用以支付设备、原材料、广告、推销人员培训等的费用。商业性投产是新产品开发的最后一个阶段。这一阶段应当做出以下几项决策。

1. 投放时间

新产品要选择上市的最佳时机。如果是季节性较强的产品,最好是应季上市,以便立即引起消费者的注意;如果新产品直接起着代替原有产品的作用,则应适当推迟上市时间,待原有产品库存不多时再投放市场;如果新产品尚可进一步改进,应等改进后再上市,以保证扩大销路、提高信誉。

2. 投放地点

一般情况下,企业应当找出最有吸引力的市场集中投放,加强促销宣传及服务,在某一部分市场占有一定的份额,取得立足点,再向其他地区扩张。

通常,小企业可选好一个中心城市推出新产品,迅速占领市场,站住脚后,再逐步发展到其他地区。大企业可先在一个地区推出新产品,然后再逐步扩展到其他地区。如有把握,大企业也可在全国甚至国际市场上同时推出新产品。

企业在选择地点或地区时,还应考虑竞争者的市场分布状况、运输条件及该市场对其他地区的影响,然后做出抉择。

3. 目标顾客

推销新产品时应当选择最有利的目标顾客,目的是利用这些顾客带动一般顾客,以最快的速度、最少的费用扩大市场占有率,提高产品的销售量。因此,目标顾客应具备以下条件:是产品的早期使用者,是产品的大量使用者,是对产品有好评并且在社会上有影响力者(意见领袖),是用最少的促销费用可争取到的购买者。

4. 营销策略

企业应当设计最有利的营销策略来把新产品打入市场。事前应先决定各营销组合要素的投资比例,安排各种营销活动的先后顺序,从而有计划地进行新产品销售活动。对于不同的地区、不同的市场和不同的目标顾客,应有不同的营销策略,即要因地、因货、因客制宜。

本节讲解新产品开发的一般程序。在实际工作中,企业可以根据自身情况有所取舍。许多企业省去了新产品开发的调查、新产品的市场试销等步骤。

第七章
现代企业质量管理

XIANDAI YU GUOJI QIYE GUANLI

案例 "大疆神话"是如何炼成的？

有一家公司,至今成立时间不到10年,却备受众人瞩目,成为全世界最大的民用无人机制造商,占了70%的份额,在美国拿下了近一半的"江山",被估值100亿美元。这简直是商界的一大神话！今天就让我们走进大疆,看看其背后成功的秘诀。

不断创新

不断创新是大疆的内动力。对于行业领跑者来说,创新更意味着超越自我。大疆的座右铭是"激极尽志,求真品诚",这句话透露出大疆的理念——创新思维,秉持真诚,追求卓越,做到极致。

在大疆网站的首页上,来自世界各地的用户分享着用无人机记录下的精彩时刻:南加利福尼亚湾的鲸鱼迁徙、肯尼亚国家野生动物园的万马奔腾、冰岛活火山的喷涌而出……大疆无人机为人们带来了俯瞰世界的全新视角,而"到手即飞"的体验,得益于每一次的创新突破。

追求高品质

大疆非常关注产品本身,用技术和质量说话,让用户有良好的产品体验;同时,保持敏锐的洞察力,挖掘潜在的用户需求,开拓全新的市场领域,激发人们的使用欲望。他们希望拿出的每一款产品,都足够令人赞美。

品位,是大疆人常提到的一个词。在他们眼中,品位决定了品质。零件的设计、外观的造型,甚至海报的绘制,每一处细节都需几番打磨。

强大的团队

大疆能够保持创新、追求高品质,离不开其背后的强大团队。大疆拥有一支规模可观的研发团队,人数近800人。公司对研发投入不设预算限制,同时,鼓励员工内部创业,实践自己的创意。

而且,大疆的环境更能激发员工创新。大疆的员工如此评价公司:在创意面前"没大没小"——公司很扁平化,没有什么"领导"与"员工"的层级差别,大家为了创新创意协同配合。

平价得有些"另类"

与一些动辄十万元、百万元的无人机相比,大疆的产品平价得有些"另类"。原因是他们只追求合理的利润,通过技术创新和扩大市场来降低成本,但绝不会为了控制成本而折损品质。

大疆才成长了10年,就能够火遍全世界,如此成就,不是一般企业能企及的。站在巨人的肩膀上,会让我们看得更远、走得更准吧！

随着中国加入WTO后,中国的市场化进程更为加快了,而中国企业所面临的竞争也空前加剧起来。由于影响企业竞争力的诸要素均与质量有关,因此,"质量是企业的生命"这句格言在今天意义就更深刻了。美国著名质量管理专家朱兰曾指出:20世纪是生产率的世纪,21世纪则是质量的世纪。

案例讨论
1. 你认为"大疆神话"是如何炼成的？
2. 请简述你对企业质量管理的认知。

第一节　企业质量管理概论

一、关于质量的概念

1. 产品的概念

ISO9000:2008 中关于产品的定义是:产品是过程的结果。

从定义可知,产品是具有极其广泛含义的概念。任何一个过程的结果都可成为产品,诸如原材料、中间产品和最终产品。

产品通常分为四大类:服务、软件、硬件和流程性材料。服务通常是无形的,并且在供方和顾客接触面上至少需要完成一项活动的结果,如运输等;软件是指通过承载的媒体表达的信息组成的一种知识产物,通常是无形产品,其承载的媒体形式有方法、论文或程序等,如计算机程序、字典;硬件是指具有特定形状和计数特征的有形产品,通常由通过加工制造、建造或装配而成的零件、部件或组件组成,如发动机机械零件;流程性材料是指通过将原材料转化为某一预定状态,其量具有连续特性的有形产品,一般呈液体、气体或粒状、块状、线状、板状等,如润滑油。硬件和流程性材料经常被称为货物。

2. 质量的概念

关于什么是质量,可能不同的人会有不同的理解,如优良程度、适用性、物有所值、符合规范或要求等。

ISO9000:2008 中关于质量是这样定义的:"质量是一组固有特性满足要求的程度。"围绕这一定义,可从以下几个方面去理解。

(1) 组织承诺持续改进其效率和有效性,并通过满足顾客或相关方的需求和期望来实现,因此,质量是事业成功的关键。

(2) 相关方是指可以在组织的成功和业绩中获益的个人或团体,例如顾客、所有者、员工、供方、银行、集团、合作伙伴或者社会。相关方对质量产生影响。

(3) 对于组织来说,顾客可以是内部的,也可以是外部的。

(4) 质量是动态的,需要在持续不断的控制之中。

(5) 各种评优、评奖活动,并不能真正反映质量。

二、质量管理

ISO9000:2008 中对质量管理的定义是:在质量方面指挥和控制组织的协调活动。质量管理通常包括质量方针、质量目标、质量策划、质量控制、质量保证和质量改进。

1. 对质量管理的理解

(1) 质量方针是由组织的最高管理者正式发布的该组织总的质量宗旨和方向,是组织的管理决策层通过对市场和宏观环境的分析,对顾客需求和期望的调查,针对本组织产品或服务质量水平及其发展趋势,结合组织目前的运行能力,按照一定的程序亲自制订出来的,是组织总方针的一个组成部分。对内,由管理决策层通过各种形式的宣传,使全体员工理解与遵循,并努力去实现;对外,是一种声明和承诺。

(2)质量目标是在质量方面所追求的目的。质量目标通常依据质量方针所提供的框架制订,并通常对组织的相关职能和层次分别规定质量目标。质量目标是针对某一时期提出的具体的可定性的或定量测量的指标。

(3)质量策划是质量管理的一部分,致力于制订质量目标并规定必要的运行过程和相关资源,以实现质量目标。质量策划包括组织的质量目标的策划、工作改进的策划和产品的策划。

(4)质量控制是质量管理的一部分,致力于质量要求。

(5)质量保证是质量管理的一部分,致力于提供质量要求会得到满足的信任。

(6)质量改进是质量管理的一部分,致力于增强满足质量要求的能力。

2. 质量管理的意义

质量管理是企业管理的重要组成部分,是企业管理的中心环节,对促进企业的发展、促进国民经济的发展具有重要意义。

一个企业要想以质量求生存,立足于国内市场,竞争于国际市场,就必须制订正确的质量方针和适宜的质量目标。围绕着一定时期质量目标的实现,企业的管理者就要在新产品开发的策划、技术设备的引进和改造、工艺水平的提高、人员的补充和培训、组织机构的设置和职责的分配与落实、产品全过程的质量控制和质量保证活动的组织与实施等方面开展管理活动。这些管理活动就是为了建立、健全质量管理体系,并使之有效运行。各项质量活动的安排要有经济观点,要讲究实效,要寻找既能满足质量要求,又经济合理的最佳方案,使企业及相关方的利益都能得到保证。

3. 质量管理的发展历史

管理是一种社会现象,它随着人类社会分工协作的产生和发展而产生和发展。质量管理是组织各项管理中的一项,其思想与实践早在三千多年前就已在我国出现,只不过当时基本上属于经验式管理。真正把质量管理作为科学管理的一个组成部分,并且在组织中有专人负责,则是近百年来的事。通常认为,质量管理的发展历程大体经历了三个阶段。

1)质量检验管理阶段

(1)操作者的质量管理。20世纪以前,市场经济处于低级阶段,生产分工粗糙,质量管理由工人自己完成。

(2)质量检验管理阶段。20世纪初,资本主义生产组织日臻完善,生产分工细化,这是从技术到管理的完全革命。美国管理学家泰勒首创计划、标准化和统一管理三项原则管理生产,提出计划与执行分工、检验与生产分工,建立终端专职检验。

2)统计质量管理阶段

二次大战后,美国经济复苏,军需物资出现大量质量问题,"终端检验制"这种"事后把关"无法解决。美国政府颁布了三项战时质量控制标准:Zl.1《质量控制指南》、Zl.2《数据分析用控制图法》、Zl.3《工序控制用控制图法》。这些是质量管理中最早的正式的质量控制标准。

二次大战后,美国民用工业也相继采用这三项标准,并逐渐运用于国际合作中,至此正式进入了"统计质量管理阶段"。把质量管理的重点由生产线上的"终"移至生产过程中的"工序",把全数检验改为抽样检验,用统计的抽样数据制作控制图,再用控制图对工序进行加工质量监控,变"事后把关"为"事先控制,预防为主,防控结合,使质量管理工作建立在科学的基础上",从而杜绝生产过程中大量不合格品的产生。

3）全面质量管理阶段

这一阶段从20世纪60年代初开始，一直延续至今。随着人们对产品的功能及技术服务的要求日益提高，仅靠质量控制的统计方法已不能满足人们日益增长的需要。为此，企业除了要对生产过程进行控制外，还需对产品的设计、准备、制造、销售、使用等环节，依据"系统"的观念和技术进行控制，把质量问题作为一个统一的有机整体进行综合分析和研究。

20世纪50年代末，美国通用电气公司的费根堡姆和质量管理专家朱兰提出了全面质量控制（total quality control）的概念。1961年，费根堡姆出版了《全面质量控制》一书。20世纪60年代，世界各国纷纷接受这一全新概念，在日本首先开花结果。经过30多年的实践和运用，至20世纪90年代，日本科学技术联盟将TQC改称为TQM（total quality management）。

质量管理的三个发展阶段是一个相互联系的发展与提高的过程。质量检验至今仍是杜绝不合格品流入下道工序和用户手中的不可缺少的质量管理环节，统计质量控制方法仍是生产过程中质量控制的重要手段。

第二节　全面质量管理

一、全面质量管理的概念及特征

1. 全面质量管理的概念

全面质量管理（TQM）是以质量为中心，以全员参与为基础，指导和控制组织各方面的相互协调的活动，目的在于通过让顾客满意、让本组织所有成员及社会受益而达到长期成功的管理途径。

2. 全面质量管理的特征

全面质量管理的特征简而言之为"四全、一科学"。

"四全"：全过程的质量管理、全企业的质量管理、全指标的质量管理、全员的质量管理。

"一科学"：以数理统计方法为中心的一套科学管理方法。

1）全过程

一个新产品，从调研→设计→试制→生产→销售→使用→售后服务，每个阶段都有自己的质量管理。

2）全企业

纵向：原料入厂→生产的各工序→销售的各环节。横向：生产车间→各管理职能部门全部参与质量管理。

3）全员参与

企业领导、中层干部、技术人员、生产工人、服务人员等都参与质量管理。

4）全指标

除了产品的技术指标外，还有各部门、各项工作的质量要求，如价格、服务等。

二、全面质量管理的基本内容

全面质量管理的基本内容包括设计试制、生产制造、辅助生产、使用过程四个方面。

1. 设计过程的质量管理

设计过程包括设计调研、试验研究、产品设计、工艺设计、新产品试制和鉴定等工作,也就是产品正式投入批量生产之前的全部技术准备过程。

设计过程是企业生产活动中最基本的一个环节,它是以保证产品设计质量为目标的质量管理。产品质量满足使用要求的程度,主要取决于设计过程。"先天不足"(设计过程中存在的种种问题)必将导致"后患无穷",不仅影响产品质量,而且影响投产后的生产秩序和经济效益。如果设计上有问题,一切工艺和生产上的努力都将是徒劳的。因此,设计过程是全面质量管理的起点。

加强设计过程的质量管理,一般要抓好以下几个方面的工作。

(1) 制订产品质量目标。质量目标是根据质量方针的要求,企业在一定期间内在质量方面所要达到的预期成果。质量目标的制订,首先要对使用要求和生产的实际情况做充分的调查研究,同时还要掌握国内外科学技术的发展趋向,系统地调查和积累以下三个方面的情报资料:

① 顾客的反映和使用效果。
② 生产过程中发现的质量问题。
③ 国内外有关技术与经济情报。

(2) 加强设计过程中的试验研究工作。试验研究工作是设计过程质量管理中的重要环节,做好试验研究工作,可以保证产品顺利投产。为了做好这项工作,企业应建立一个科学实验基地和一支科学试验队伍,运用先进的测试手段,高效率地开展试验研究工作。

(3) 设计评审。设计评审是保证产品设计质量的主要手段之一,其目的是及早发现并设法弥补设计上的缺陷,以避免给以后的生产和销售带来损失。设计评审的要点是:

① 方案设计阶段:主要评审质量目标是否符合顾客和企业发展的要求,技术是否先进可行,经济上是否有利。
② 技术设计阶段:主要评审原理结构是否先进合理,其质量、性能、可靠性、安全性、经济性是否符合方案设计阶段规定的质量目标的要求。
③ 工作图设计阶段:主要评审其可生产性、质量特性和缺陷的分级是否在有关图上标注清楚。

设计评审的主要方式是召开设计评审会议。

(4) 检查产品试制、鉴定质量。研制的新产品或改制的老产品,在完成设计后,都必须通过试制、试验和鉴定,方可正式批量生产。试制是对设计的验证,只有通过试制,做出样品样机,并经过试验和使用验证,才能确定设计的正确程度,发现设计中料想不到的问题和缺陷,对设计进行必要的修正和校正。

样品试制完成后,要组织有关单位和人员进行严格的鉴定,这是质量管理工作的一个重要环节。通过鉴定,对样品从技术上和经济上做出全面评价,经正式认可后制定于各项技术文件中,使它成为指导制造过程并在制造过程中保证产品质量的依据。

(5) 保证技术文件质量。技术文件是设计的成果,它既是生产制造过程中技术活动的依据,也是质量管理的依据,这就要求技术文件本身也有质量保证。

(6) 严格标准化审查工作。实行标准化,不仅能提高工作质量和产品质量,而且还可减少设计工作量,从而提高设计工作的质量。因此,标准化审查工作是设计过程的一项重要内容,也是全面质量管理的基础工作之一。

(7) 组织新产品设计质量的技术经济分析。一般来说,产品质量越高,其价格相应越高,但质量超过一定限度后并不能按价格增加的比例来提高;反之,质量低的产品,固然在价格上可以便宜一些,但下降到一定程度,会影响企业的经济效益和声誉。设计质量与成本的关系曲线如图 7-1 中的曲线 C 所示。从另一方面看,设计质量好,销售额将会增加,但设计质量无限地提高,由于价格的提高,销售额会下降;反之,质量很差的产品,用户也不会购买,销售额也就谈不上。设计质量与销售额之间的关系如图 7-1 中的曲线 S 所示。对于一个企业来说,利润是销售收入减去成本所得。为了取得盈利,销售收入应高于成本,否则就要亏损。由图 7-1 可知,能够盈利的部分只是图中画阴影线部分。也就是说,只有将质量水平保持在 Q_1 和 Q_3 之间才能获利。因此,设计质量必须保持在 Q_1 和 Q_3 之间,最好是在最大盈利的质量水平 Q_2 上。

还应该看到,设计上考虑周到与否,影响到产品制造的难易。有时即使是同一产品,如果在质量要求上有些变动,也可给制造工艺带来很大变动。而在质量水平方面,也常常因为生产过程有些变动或革新而使产品质量大大提高,特别是生产技术上的进步,会使生产成本降低。如图 7-2 所示,原来的成本曲线为 C,改进后的成本曲线为 C',这就使盈利区由 $Q_1 \sim Q_3$ 扩展到 $Q_1' \sim Q_3'$,并使能获得最大利润的质量水平由 Q_2 向 Q_2' 提高。设计过程直接影响到制造过程中生产技术水平、管理水平的提高,而生产技术水平和管理水平的提高,对提高产品质量、增加盈利又起到较大的促进作用。

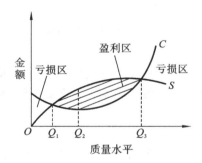

图 7-1 设计质量与成本及销售额之间的关系曲线　　图 7-2 变动后的设计质量与成本之间的关系曲线

2. 制造过程的质量管理

制造过程是产品正式生产以后保证产品质量的关键,是质量管理的中心环节。经过鉴定,符合质量标准的新产品正式投产后,能不能保证达到质量标准,能否加工出优质产品,在很大程度上取决于制造过程的质量管理水平以及生产车间的技术能力。

制造过程的质量管理一般要抓好以下几个方面的工作。

1) 对影响制造质量的诸因素进行有效控制

在制造过程中,影响产品质量的因素很多,主要有操作者(人)、机器工具、原材料、工艺方法、测量手段及生产环境,简称 5M1E。通过对诸因素进行有效控制,使之能长期稳定地生产符合设计要求的优质产品。

(1) 要求岗位上的职工成为"自控"工人。成为"自控"工人的标志(条件)是：知道怎么做和为什么这样做、知道生产出来的产品是否符合规格、具备对异常情况进行处理的能力。

只有达到"自控"条件的工人才允许上岗操作，这是管理者的责任。为此，必须对上岗职工进行足够的培训和严格的考核。

(2) 原材料的质量管理。原材料质量管理的要点是：选定合格的供应商；原材料入厂检验和进库后的保管工作严格化；必要时对关键原材料进行认定试验(所谓认定，就是对初次购入品进行全面化分析和工艺试验)；必要时投料进行小批量生产，以确定该物品的技术性能能否制造合格零件和符合质量标准的产品。

(3) 合理选择加工设备和工具，并使之经常处于良好的技术状态。现代工业中，机器、工具对产品质量的影响极大，因此，必须合理地选择适用的机器和工具。所谓合理，就是既要满足加工精度要求，又要比较经济。

应当指出，设备、工具不像原材料那样一次性消耗，而是长期使用。随着使用时间的增加，设备、工具的磨损增加，精度下降。当精度下降超过某一限度时，就会导致不良产品的大量出现。为避免因设备精度过度下降而导致不良产品出现，应建立一套合理的设备维修保养制度。某些对设备精度有重大影响的部位或对产品质量有重大影响的工艺参数，要定时进行检测。

(4) 工艺和其他因素的质量管理。工艺是联系设计和制造的纽带，是确保产品质量的因素。为此，制造部门应参加有关设计评审会议，要从加工工艺性生产的可能性和公差要求方面提出改进意见；对于关键工艺和新工艺，应严格验证，证明按工艺能稳定地生产符合设计要求的产品(零件)。工艺一经规定就必须严格执行，严肃工艺纪律，并和岗位责任制结合起来。

(5) 计量检测器具是现代工业生产的"眼睛"，是保证产品质量的重要手段之一。企业应配齐精确、适用的计量检测器具。

某些对环境条件，如温度、湿度、空气洁净度有特殊要求的产品，还应进行相应的管理。

2) 健全质量检验制度

质量检验是用一定的检验测试或检查方法来测定产品质量特性，并把它同规定的质量标准做比较，对产品是否合格做出判断。质量检验是一道工序，是监督产品质量的重要手段，是整个生产过程不可缺少的一个重要环节。

做好质量检验，要抓好以下三个方面的工作。

(1) 要正确规定质量检验范围和设置专职检验点。质量检验分为入厂检验、工序间检验、出厂检验。凡是对质量产生重要影响的环节、部分都应进行必要的检验。

(2) 合理选择检验方法。不同的检验方法，反映了不同的检验精度的要求。合理的检验方法不仅可以正确地反映产品质量的情况，而且可以减少检验费用，缩短检验周期。检验方法多种多样，要根据具体情况加以选择。

(3) 建立一支专群结合的检验队伍，实行自检、互检、专检的"三检制"。

3) 掌握质量动态

为了充分发挥制造过程质量管理的预防作用，必须系统地、经常地、准确地掌握企业在一定时间内产品质量或工作质量的现状及发展动态。质量状况的综合统计与分析是掌握质量动态的有效工具。

4) 加强不合格产品的统计与分析

分析不合格产品产生的原因，采取措施"对症下药"，避免下次再出现不合格产品。企业除进行日常不合格产品统计与分析工作以外,还要做到三个"不放过",即不合格产品没找到责任人和原因"不放过",没有提出防范措施"不放过",当事人没受到教育"不放过"。

利用排列图、因果分析和统计分析表,有助于找出造成不合格产品的重要原因。

5) 控制工序质量

实行工序质量控制的措施有:

(1) 立质量管理点。所谓质量管理点,就是在一定时期、一定条件下,为实现一定质量目标,对于生产工序或工作中的质量关键因素,需要特别注意监控、管理的重点。它们是:

① 关键工序、关键部位;

② 工序本身有特殊要求,对下道工序加工或装备有重大影响的加工项目;

③ 质量不稳定,出现不合格产品较多的加工部分或项目;

④ 顾客使用过程中反映集中的部分。

(2) 用控制图。

3. 辅助过程的质量管理

辅助过程包括原材料、外购件等物资供应,工具制造,设备维修,运输服务等。所有这些都是为生产第一线服务的,为直接加工提供质量良好的物质技术条件。因此,这一过程的质量管理要面向生产、面向基层,充分发挥各自的质量保证作用。制造过程的许多质量问题,都同这些工作的质量有关。因此,在质量保证体系下,辅助过程的质量管理占有相当重要的地位。

4. 使用过程的质量管理

使用过程的质量管理,既是质量管理的归宿,又是质量管理的出发点。因此,企业的质量管理工作,必须从生产过程延伸到使用过程。使用过程的质量管理,应着重抓好以下三个方面的工作。

1) 开展对用户的技术服务工作

建设、维护好售前的宣传推广、售中的技术指导、售后的服务体系,如提供适用的使用说明书,编写用户培训材料,帮助培训操作人员,设置维修站点,及时提供备品、备件。

2) 做好产品质量信息的反馈分析工作

通过走访客户、投寄调查表、整理维修资料等方式,收集客户对产品质量的意见,发现问题和新的、潜在的质量要求,为改善设计、提高产品质量提供真实、可靠的依据。

3) 认真处理客户投诉问题

对客户投诉要充分关注,要热情、耐心、细心地处理。可采用投诉首问负责制,即第一个接到投诉的部门和人员有责任全程跟踪服务,直到客户有了满意的答复,还要追溯到企业内部,找到问题出现点为止。

三、PDCA 循环

PDCA 循环是 plan—do—check—action(计划—实施—检查—处理)四个英语单词首字母的组合。PDCA 循环就是按照这四个阶段的顺序来进行质量管理工作的。事实上,PDCA 循环不仅是一种质量管理方法,也是一套科学的、合乎认识论的通用办事程序。PDCA 循环需遵循四个阶段八个步骤。

第一阶段是计划,包括分析现状并找出存在问题的原因,分析产生质量问题的原因,找出主要原因,制订措施、计划四个步骤。

第二阶段是实施,即执行、贯彻计划和措施,这是 PDCA 循环的第五个步骤。

第三阶段是检查,即把实际工作结果和预期目标对比,检查计划执行情况,这是 PDCA 循环的第六个步骤。

第四阶段是总结和处理,包括两个方面的内容:一是总结教训、巩固成绩、处理差错;二是未解决的遗留问题转入下一个循环,作为下一个目标的计划目标。这是 PDCA 循环的第七和第八个步骤。

下面以图表示 PDCA 循环的工作程序。图 7-3 所示是 PDCA 循环示意图,图 7-4 所示是 PDCA 循环的 8 个步骤示意图。

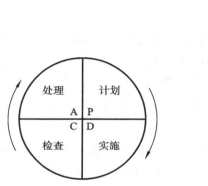

图 7-3　PDCA 循环示意图

图 7-4　PDCA 循环的 8 个步骤示意图

PDCA 循环具有下列几个特点。

(1) 大环套小环,一环扣一环,小环保大环,推动大循环。整个企业质量目标计划和实施过程是一个大的 PDCA 循环,各个车间、科室、班组以至个人,要根据企业总的方针和目标,制订自己的工作目标和实施计划,并进行相应的 PDCA 循环。这样就形成了大环套小环的综合管理体系。上一级 PDCA 循环是下一级 PDCA 循环的依据,下一级 PDCA 循环是上一级 PDCA 循环的贯彻落实和具体化。大循环是靠内部各个小循环来保证的,小循环又由大循环来带动,如图 7-5 所示。

(2) PDCA 循环每转动一次,质量就提高一步,它是一个如同爬旋转楼梯般的螺旋上升过程,如图 7-6 所示。每循环一次,解决一批问题,质量水平就会上升到一个新高度,从而下一次循环就有了更新的内容和目标。这样不断解决质量问题,企业的工作质量、产品质量和管理水平就会不断得到提高。

(3) A 阶段是关键。只有经过总结、处理 A 阶段,才能将成功的经验和失败的教训纳入制度和标准中,才能进一步指导实践。没有 A 阶段的作用,就不能发扬成绩,也不能防止同类问题的再度发生,PDCA 循环也就失去了意义。因此,推动 PDCA 循环,不断提高质量水平,一定要始终抓好 A 阶段。

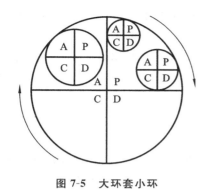

图7-5 大环套小环

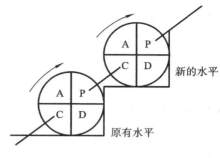

图7-6 循环上升图

第三节 质量管理的常用工具

随着质量运动的迅速铺开,许多人耗费大量的时间和精力在自己的企业内实施质量管理。可是他们经常失望地发现,他们很难知道哪种工具和技术(统计分析方法)适合哪些具体场合。

下面介绍几种质量工具以及如何运用它们解决日常业务问题。

一、鱼缸会议

这是一种组织会议的方式。不同的群体本着合作的精神,一起分享各自的观点和信息。因此,让销售部与客户服务部,或高层管理人员与管理顾问碰头,这种做法一定管用。

何时用:鱼缸会议使某些群体与顾客、供应商和经理等其他和与之利益攸关的群体加强沟通。

何时不用:如果用这种方法不能明确地分清各群体的职责,就不宜使用。

能达到何目的:迅速增进了解,消除误解。

注意事项:这类会议影响巨大,可能会暴露实情,使知情人和旁观者感受到威胁,因此需要精心组织。

使用程序:把与会者安排成内外两圈。内圈人员在会上比较活跃,外圈人员可从旁观察、倾听,必要时提供信息,会议结束时推荐改进方案,取得外圈人员的赞同。

二、横向思维

这是一种为老问题寻找新解决方案的工具。

何时用:老方法、旧思路不再管用或已经不够好,需要寻找新方法、新思路时使用。

何时不用:种种制约使这种全新的思维方式无法发挥作用时不要用。

能达到何目的:开创新思路,激发创意,找出可行的解决方案。

注意事项:需要传统的逻辑思维加以支持。爱德华建议,只有10%的解决问题过程采用横向思维。

使用程序:确定问题,运用幽默、随机排列和对流行观念的挑战来制订横向思维解决方案,对找到的各种想法加以适当的提炼和取舍。

例如,某工业缝纫线轴制造商的传统市场已经消失,公司不得不另寻出路。对此,公司经理们的本能反应是,从常规思路出发,为产品找新的出路、新的市场或新的销售手段。不过,事态的发展很快表明,他们需要一种彻底的解决方案。

公司召开了一次集思广益会,对参加者不设任何框框,思路应能用得上现有的技能和经验,但只能把它作为起点。结果,横向思维把他们引向高尔夫球,这家公司成为一家成功的高尔夫球制造商。

三、巴雷特分析法

巴雷特分析法又称排列图法,它是强调为 80% 的问题找出主要的几个原因(通常为 20%)的一种有效方法。1897 年,意大利经济学家巴雷特在分析社会财富的分布状况时,发现了所谓的"关键的少数和次要的多数"的关系。1951—1956 年,美国质量管理专家朱兰把他的原理应用于质量管理,作为改善质量活动中寻找主要因素的一种工具。

何时用:凡是问题的产生有多个变量因素并需要找出其中最主要的因素时,都可使用这一方法,在一个改进项目的开始阶段尤为有用。

何时不用:如果设置有更完善的系统,就没有必要使用此方法。

能达到何目的:非常直观地展示出如何确定问题的优先顺序,将资源集中在何处才能取得最佳效益。这种展示让企业各级一看就懂。

使用程序:利用"关键的少数和次要的多数"的原理,找出问题和可能的原因、影响程度的大小、主次排列,从中找出主要因素,以确定从哪入手解决问题收效最大。

巴雷特分析图(排列图)如图 7-7 所示,横坐标表示原因,纵坐标表示问题,其中左纵坐标表示出现的频数,右纵坐标表示出现的频率(或造成的成本),长方形的高度表示某个因素影响的大小,曲线表示各影响因素的大小累计百分比,这条曲线称为巴雷特曲线。

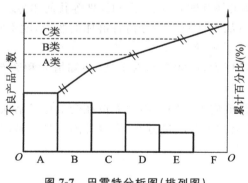

图 7-7 巴雷特分析图(排列图)

一般把巴雷特曲线分为三类:0%～80% 为 A 类,是主要因素;80%～90% 为 B 类,是次要因素;90%～100% 为 C 类,是一般因素。

例如,某厂调查近一个月生产的产品,不合格产品(不良产品)统计表如表 7-1 所示。

表 7-1 不合格产品(不良产品)统计表

不 良 项 目	不 良 个 数	比率/(%)	累计百分比/(%)
尺寸不良	60	30.7	30.7
材料不良	46	23.6	54.3

续表

不良项目	不良个数	比率/(%)	累计百分比/(%)
零件不良	38	19.5	73.8
划伤	24	12.3	86.1
光泽不良	17	8.8	94.9
其他	10	5.1	100
合计	195	100	—

根据以上统计资料,可以画出它的排列图,如图 7-8 所示。从图 7-8 中可以看出,尺寸、材料、零件不良是影响质量的主要因素。

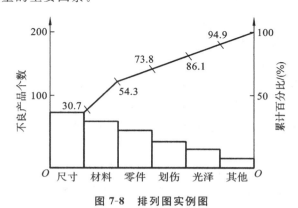

图 7-8　排列图实例图

注意事项:第一,仔细分析结果很重要,不仅要靠数据,还要运用常识找出问题的原因和优先顺序;第二,主要因素不应超过 3 个,否则就失去了找主要因素的意义;第三,为使横坐标不过长,不太重要(影响小于 5% 的因素)的项目很多时,一般都列入"其他"栏内,并统一放在横轴的最后;第四,确定了主要因素,采取相应措施后,为了检查效果,还要重新画排列图。

四、质量功能分布图

这是一种产品和流程设计工作的方法,可以用于把顾客的呼声转化成产品或流程和特点。采用该方法能防止企业仅因为某些观念似乎有效就予以实施。

何时用:用于设计或重新设计产品或流程,保证提供给顾客切实需要的产品特性;专为制造业设计,但也可用于服务业。

何时不用:如果问题的优先顺序已经分明,流程设计卓有成效或设计团队经验老到,则不需要采用该方法。

能达到何目的:有能力分辨基本的产品与流程特色和所期望的产品与流程特色,这样可以看清高成本的技术或工程投资在哪方面将有回报,同时还提供了一个评估产品或流程变化影响的框架准则。

注意事项:花时间通过市场调研来找顾客的真正需求所在。

使用程序:研究顾客的需求,找出符合顾客需求的流程设计特色,绘制一个矩阵图(即性能/方案矩阵图),将顾客的需求与设计特色进行比较并加以计分,选取五个左右分数最高的设计特色,然后再按三个层次(设计特色和关键部件特点、关键部件特点和制造工序、制造工序和生产要求)绘制矩阵图。

例如,某割草机制造商耗时费资重新设计其畅销割草机的控制性能,却发现顾客对此毫无反应。因此,公司经理人在计划改进另一较老型号的割草机时,想要确保所做的改善的确是顾客想要的。

研究结果表明,顾客感兴趣的是性能。因此改善马达、驱动链和刀的效率比改善控制性能可以产生大得多的影响。

五、关联树法(或分层法)

这种方法主要是对关联项进行层次分类。这是一种不错的方法,因为它提供了一种快捷的方法把各种想法总括出来,并在相关的枝权出现时可随即增加细节。

何时用:为同一目标寻求多种不同的实现途径。

何时不用:不可用于详细比较各种方案,只能用于总体上探索新的方向。

能达到何目的:能很有逻辑地提示该采用什么方法来实现目标,它们要求哪些行动和资源。

注意事项:如果选用的方法经不起分析,要随时准备回到关联树图上来。

比如,一个发展中的小公司运用这种方法来考虑员工的托儿问题。许多员工大学一毕业就加入了公司,现在都供养着子女。

公司开会讨论各种选择方案。结果,大家都赞成建一个日托中心。但树形图显示,潜在的成本太高,需要满足的地方法规要求太多,很难实行。于是,公司选择了托儿津贴计划,让有子女的员工有选择的余地。

六、方案效果分析法

这种方法用于分析手头解决方案可能产生的效果。

何时用:在提议变革时可运用这种方法,它能看清各解决方案的效果。

何时不用:所提议的不是根本性变革的话,不要使用。

能达到何目的:是一种向前的思维方式,并能预见所建立的方案会造成什么影响,避免未能预见的效果。

注意事项:人们对你正在致力的变革前景看淡时,不要阻止他们,他们并非有意发难,也许他们是对的。接受辅导会减轻自己受威胁的感觉。

使用程序:记下正在考虑实施的解决方案,放在图的左侧,箭头指向右方,在主箭头两侧用分箭头标出各种重大效果;通过集思广益找出所有可能的效果并添加到图上;计划实施行动,以确保该方案行之有效。

例如,某公司决定引入弹性工作时间,以减少员工通勤途中损失的时间,同时充分利用资源。随着改用新工作时间期限的临近,协调这一变革的人事部开始担心,员工还未弄清新工作时间的意义。为此,公司举行了一系列方案效果分析会,使公司员工能想通各种问题,从而为采用新的工作时间做好更为充分的准备。

七、因果分析图法

因果分析图又称特性要因图、石川图或鱼刺图,它是日本东京大学教授石川馨提出的,用来寻找质量问题产生的原因的一种方法。采用开"诸葛亮会"的办法,集思广益,同时将群众意见反映在一张图上(带箭头的线图),探讨一个问题产生的原因;从大到小,从粗到细,寻根究底,直到能采取具体措施为止,如图7-9所示。

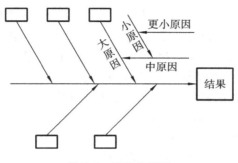

图 7-9　因果分析图

何时用:寻找某个质量问题产生的原因时,例如用车床加工轴承时,轴颈出现刀痕质量问题。

何时不用:不需要寻找某个质量问题产生的原因时。

能达到何目的:寻找质量问题产生的原因并使质量问题成为人人都关心的大事,集思广益,树立全员质量意识,调动群众的积极性。

注意事项:第一,影响产品质量问题的大原因一般有五个方面——人、机器、材料、方法、环境;第二,要充分发挥民主,把各种意见记下来;第三,原因的分析应细到可以采取措施;第四,大原因不一定是主要原因,主要原因可用排列图、投票或其他方法来确定,然后用方框框起来,以引起注意;第五,到现场去落实主要原因的项目,再制订措施去解决;第六,采取措施后,应用排列图等方法检查其效果如何。

使用程序:第一,明确画图对象,弄清什么是质量特性结果,并用一条主干线指向结果;第二,将影响质量的原因分类,先大后中再小,直到可以直接采取措施为止,并用箭头表示到图上;第三,对起决定作用的因素画重线或做标记,使之醒目;第四,记载必要的有关事项,包括标题、单位、参与者、制图人、年、月、日。

关于质量管理的常用工具还有很多,如散布图法、统计分析法、控制图法等,这里就不一一介绍了。

第四节　企业质量管理发展的新趋势

一、基准管理与六西格玛管理

近年来,在竞争异常激烈的美国,许多大企业纷纷开展基准研究,实施基准管理,以此抵御市场风险和提升企业竞争力。同时,世界各国企业群起效仿,基准管理正风靡全球。

1. 基准管理

基准管理（benchmarking）又称为标杆管理，是一种管理理念，也是一种管理方法，其核心是向业界或其他行业的最优企业学习。具体地说，基准管理是指企业把自己的产品或经营管理方式与全球最好的企业进行比较，找出自身不足，学习他人长处，提高产品质量和经营管理水平，增强抗市场风险的能力，提升企业竞争力。从知识管理角度讲，基准管理正是推动管理进步的目标与阶梯，它为管理知识化找出了目标，为进步安上了阶梯。

施乐公司是"基准管理运动"的最先发起者之一。在大卫·克恩斯（David Kearns）的领导下，施乐公司提出了一整套质量改进战略，以夺回失去的市场份额。这套战略就是基准管理的雏形。通过实施基准管理，施乐公司找到了自身的不足，改进了业务流程，并很快就见到实效。这一下子引起了美国企业和研究机构对基准管理的浓厚兴趣。施乐公司在基准管理方面首开先河后，世界上许多大公司也群起效仿，纷纷开展此项研究，如美国电话电报公司（AT&T）、杜邦公司（DuPont）、通用汽车公司（GM）、福特汽车公司（Ford）、国际商业机器公司（IBM）、伊士曼·柯达公司（Kodak）、摩托罗拉公司（Motorola）等。

作为一种管理方法，基准管理是面向管理实践的。因此，基准管理有着一整套逻辑严密的实施步骤，具体如下：

（1）制订基准管理的目标；
（2）检查企业业务流程，找出不足；
（3）寻找基准；
（4）系统学习；
（5）评价与提高。

基准管理的所有阶段都相互贯通，是一个多次反复的循环过程，每一个循环圈都需要围绕基准管理的目标、基本概念和基准研究假设进行有意识的精心思考。

2. 六西格玛管理

管理是科学还是艺术，学术界仁者见仁，智者见智。我们视之为科学，因为面对的是数字和物质；我们视之为艺术，因为整个过程都离不开人。然而利润与增长是其最终目的之一。企业减少成本与提高质量是永恒不变的主题。在全球化经济背景下，一种全新的管理模式在美国摩托罗拉和通用电气两个巨头中试行并取得了立竿见影的效果，逐渐引起了欧美各国企业的高度关注。这一管理模式便是六西格玛管理。该管理模式由摩托罗拉公司于20世纪80年代率先开发。采取六西格玛管理模式后，该公司平均每年提高生产率12.3%，由质量缺陷造成的费用消耗减少了84%，运作过程中的失误降低了99.7%。

这一管理模式真正名声大振，是在20世纪90年代中后期，即在通用电气公司全面实施六西格玛管理模式并取得光辉业绩后。通用电气公司于1995年开始引入六西格玛管理模式，随后其经济效益加速增长；1998年，公司节省资金达75亿美元，经营率增长4%，达到了16.7%的历史最高水平；1999年，公司因六西格玛管理模式节省资金达160亿美元。

西格玛原为希腊字母 σ，又称为sigma，学过概率统计的人都知道其含义为"标准偏差"。六西格玛意为"6倍标准差"，在质量上表示每百万个机会中次品率（简称DPMO）小于3.4。但是，六西格玛的含义并不简单地指上述这些内容，而是指一整套系统的理论和实施方法。它适用于生产流程，着眼于揭示每百万个机会当中有多少缺陷和失误，这些缺陷和失误包括产品本身、产品生产的流程、包装、转运、交货延期、系统故障、不可抗力等。大多数企业运作在3~4西格玛的水平,这意味着每百万个机会中已经产生6210~66 800个缺陷。这些缺陷要求生产者耗费其销售额的15%~30%进行弥补。从另一方面看,一个运作在六西格玛水平的公司,仅需耗费年销售额的5%来矫正失误。

六西格玛管理模式不仅专注于不断提高,而且更注重目标,即企业的底线收益。假设某一大企业有1000个基层单元,每一基层单元开发一个六西格玛管理模式项目,而每个项目为公司节省1美元或使公司销售额增加10万美元,其贡献就可想而知了。通过该管理模式,公司还可以清晰地知道自身的水平、提高的额度和改进的目标。

我们可以把六西格玛管理的核心内容总结为6个要素。

1) 要素1:真诚地以客户为中心

在六西格玛管理中,以客户为中心是最优先的事。例如,六西格玛管理的业绩度量是从客户开始的。六西格玛管理的改进是由客户满意和价值的影响程度来确定的。

2) 要素2:由数据和事实驱动的管理方法

六西格玛管理把"以事实来管理"的理念提高到一个更有利的新层次。虽然现在许多公司对衡量、改进信息系统、知识管理等关注不少,但其决定仍然是基于一些观点和假设。六西格玛管理一开始就通过分清什么是衡量公司业绩的尺度,然后应用数据和分析来建立对关键变量的理解和优化结果。

3) 要素3:流程的聚焦、管理和改进

在六西格玛管理中,流程是采取行动的地方。设计产品和服务、度量业绩、提高效率和客户满意度,甚至经营企业等,都是流程。流程在六西格玛管理中被定位为成功的关键。精通流程不仅是必要的,而且是在给客户提供价值时建立竞争优势的有效方法。一切活动都是流程,所有流程都有变异,六西格玛管理帮助我们有效减少变异。

4) 要素4:有预见的积极管理

六西格玛管理谈及的控制是过程的控制,但从管理层面上来说,它是预见性的,是积极、主动地推动改革,真正地有预见一切的假象。实际上,这是一位经理或一个组织已失去控制的表现。

5) 要素5:无边界的合作

"无边界"是杰克·韦尔奇的企业成功的秘诀之一。在采用六西格玛管理之前的几年,他曾致力于在公司上下、内外打破障碍和改进团队工作。毕竟公司内部和与供应商及客户合作的潜力是巨大的。不同集团间的缺乏联系和不适应的竞争,导致每天白白损失数以亿美元计的机会。供应产品的各方应该为同一个目标工作:为客户提供价值。

正是六西格玛管理扩展了合作的机会,人们认识到他们的角色是如何融入为客户提供价值这一"蓝图"中去的,并且意识到在一个流程中所有活动之间的相互依赖性。无边界合作打破了官僚制,密切联系了团队之间的关系,加速了业务的发展。六西格玛管理中的无边界合作并不意味着牺牲个性,而是要求理解最终用户和流程中工作流向的真正需求。进一步说,这要求一种承诺:用客户和流程知识来使所有人得益的工作态度。因此,六西格玛管理能够创造一个支持真正团队合作的环境和管理结构。

6) 要素6:追求完美,容忍失误

六西格玛管理倡导冒险。一辈子不犯错误的员工不是好员工,第二次犯错误也不是好员工。幸运的是,所提供的改进业绩的方法包括了如何进行风险管理,以确保即使犯错误也仅是小错。总之,一个以六西格玛管理为目标的公司在不断地追求完美的同时,也愿意接受和处理偶然的所得。

在企业内部,规范的六西格玛模式项目一般是全体员工根据自己的工作,通过创造性思维方式,提交革新项目,获得"六西格玛模式精英小组"(six sigma champion)执行委员的同意。这个小组的职责之一是选择合适的项目和分配资源,并辅导项目人员有效利用六西格玛工具,按时按质按量完成项目。一个公司典型的六西格玛模式项目可以是矫正关键客户的票据或减少库存,比如在通用电气公司,通过削减发票,以争取加快付款;还可以是改变某种工作程序,以提高生产率。领导小组将任务分派给黑带管理师〔黑带管理师是六西格玛架构中的中坚力量,黑带(black belt)之下是绿带(green belt),这些人构成了一个公司推行六西格玛模式的动力〕,黑带管理师再依照六西格玛模式组织一个小组来执行这个项目。

小组成员对六西格玛模式项目应定期通告并严密监测。流程图成为项目管理的中心,它概括了工作的流程并且界定了一个项目内容。流程图关注特定的问题或环节,比如瓶颈、弱链接及延误区。

对于通用电气公司的黑带管理师们,六西格玛模式意味着应顾客需求而表现出来的管理行为。高层管理人员认为他们学到了宽容失败和奖励成功,并且给予雇员自主决定的权利,无须过多地从上到下进行干预,即通过把解决问题的决策下放给最了解该工作的一线员工,从而达到"无边际"的合作。

二、6S 品质管理

1. 6S 品质是通用电气公司的制胜法宝

20 世纪 80 年代初期,当通用电气公司面临着外来竞争者的威胁时,韦尔奇曾经说道:"像摩托罗拉、德州仪器、惠普与施乐等公司,并没有足够雄厚的本钱与我们抗衡,他们仅有的竞争力只是其产品的品质。"结果,这些公司因此而变成了品质控制与改良方面的专家。在一项针对员工的调查中,通用电气公司得知绝大多数的员工都想要改善他们自身的品质,而且深信一定会成功。于是,通过亚利桑那州史考特倍尔市 6S 学院的顾问麦凯尔·哈利的协助,通用电气公司也开始将注意力转向品质的控制,而 6S 品质也成为韦尔奇在 20 世纪 90 年代后期非常热衷追求的一件事。韦尔奇说:"在通用电气的进展过程中,我们有一项重大科技含量的品管任务,这项品管任务会在四年内将我们的生产方式引至一个卓越的层次,使我们无论是在产品制造还是服务等方面所产生的缺陷或瑕疵都会低于 $4/1\,000\,000$。这是通用电气前所未有的大挑战,同时也是最具潜力与最有益处的一次出击。"

通用电气公司 1999 年总收入 1116.3 亿美元,比 1998 年增长了 11%;1999 年利润为 107 亿美元,比 1998 年增长了 15%,保持业务利润每年两位数百分比快速增长。通用电气公司取得如此骄人业绩的核心秘密是什么?其一就是 6 sigma(简称 6S)。

那么,什么是 6S 呢?1996 年,在弗吉尼亚州夏洛特城举行的通用电气公司年会上,韦尔奇解释了 6S 所代表的含义:

"在通用电气典型作业流程中,通常会有 3.5% 的缺陷比例,这听起来似乎很吓人。没错,这个比例是不低,然而却是与任何一个成功企业的缺陷比例相一致的。而今天你们之所以能飞到夏洛特城安坐在自己的座位上,是因为根据飞航纪录显示,乘客搭机的安全性比值是超过6个S的。也就是说,飞机失事的比例远低于1/5 000 000。只是,当你想到了航空公司所经营的两项工作时,你会发现,他们将你从A处顺利地载往B处的安全比值是7~8个S,然而,载运你的行李的安全比值却只有3个S而已。"

全世界只有少数几个公司能够达到6个S的品质水准,其中有些公司是在日本,至于美国本土公司,也只有摩托罗拉一家公司而已。

通用电气公司从前也有过一些品管计划,但是却都没有像6S这般渗透到整个公司。"我们推翻了老旧的品管组织,因为它们已经过时了。现在的品管组织是属于领导者、属于经理人员的,也是属于每一位员工的。"

简单地说,6S是一种商业流程,企业通过设计、监视其每日商业活动,从而显著提高其底线收益,将资源的浪费降至最少,同时提高顾客满意度。6S指导企业做任何事时都能更少犯错,从填写采购单到制造产品,在最早可能出现问题时避免质量错误。6S提供有效的方法来改进企业流程,从而控制错误和废品的增加。摩托罗拉公司运作6S后,公司平均每年提高生产率12.3%,由质量缺陷造成的费用消耗减少84%,运作过程中的失误降低99.7%,节约制造费用超过110亿美元,公司平均每年业务、利润和股票价值增长17%。

2. 6S会改变个人行为、企业行为乃至企业文化

初接触6S,有人会认为6S没有什么特别之处,与全面质量管理(TQM)无多大区别。6S的部分思想与TQM的相似。6S强调把所有的运作都放在一个过程中进行提高,同时运用6S可以清楚地知道自己处于什么水准、提高了多少;而TQM强调提高单个不相关的运作流程,它强调的是过程,至于目标的量化指标概念,则相对比较模糊。

6S的执行,首先是整个公司从上至下得改变"我一直都这样做,而且做得很好"的想法。6S会改变个人行为、企业行为乃至企业文化。

大多数企业处于4S水平,质量成本为销售额的15%~25%;而达到5S水平时,质量成本为销售额的5%~15%;如达到6S水平,则质量成本小于销售额的1%。因此,在6S理念中,S水准越高,质量成本越低。

6S的质量定义为顾客和供应者从商业关系各个角度共同认知的价值理念。对于顾客,该价值理念意味着用尽可能低的价格买到高质量的产品;对于供应者,该价值理念意味着提供给顾客期望水准的产品的同时获得最大可能的利润。这里的产品不仅包括传统意义的产品,还可理解为服务、项目或流程。

6S的全面推行要求整个公司从上至下使用同样的6S工具、同样的6S语言。按6S理念设计、规划产品,是6S成功的重要起点。传统观念认为设计占价格影响因素的5%,而6S理念认为设计占价格影响因素的70%。

6S不仅专注于不断提高,而且更注重目标。通过6S可以清楚地知道自身的水准,需要提高多少,离目标多远。6S不是一套空谈的理论,它尤其注重企业底线收益。假设一个大企业有1000个基层单元,每一个基层单元运用6S每天节约100美元,一年以300天计,该企业一年将节约0.3亿美元。

6S一般执行当年就会见效,执行两三年会有明显效果。6S水准不是迅速达到的,它需要时间和过程,一般需要执行五年方能达到。

3. 6S的成员组成和实施步骤

6S的一大特色是要创建基础设施,以确保企业提高绩效活动具备必需的资源。一般6S的成员组成如下。

(1) 倡导者:一般由企业高级管理层组成,通常由行政总裁、总裁、副总裁组成,大多数为兼职,一般会设一到两位副总裁全职负责6S的推行,主要职责为调动公司各项资源,支持、确认6S全面推行,决定"该做什么",确保按时、按质完成既定财务目标,管理、领导黑带主管和黑带。

(2) 黑带主管:与倡导者一起协调6S项目的选择和培训。该职位为全职6S人员,其主要工作为培训黑带和绿带,理顺人员,组织和协调项目、会议、培训,收集和整理信息,执行和实现由倡导者提出的"该做什么"的工作。在6S质量导入前期,该职位通常由顾问公司的顾问担任。

(3) 黑带:企业全面推行6S的中坚力量,负责具体执行和推广6S,同时肩负培训绿带的任务。一般情况下,一个黑带一年培训一百位绿带。该职位也为全职6S人员。

(4) 绿带:兼职人员,是公司内部推行6S众多底线收益项目的领导者。他们侧重于6S在每日工作中的应用,通常为公司各基层部门的负责人。6S占其工作的比重可根据实际情况而定。

6S的成功实施从以下几个步骤开始。

第一步,策略规划。这一步需根据自身客观实情,深入体察顾客需求,广泛收集客观数据,做好必要的资金投入。在此阶段,高级管理层的直接参与十分重要。那么到底需投入多少资金来展开6S才合适?一般需投入每年总营业额的0.1%~0.2%。此数字并不是一成不变的,可根据公司实情做调整。在展开6S的第一年,投入比例相对会高一点。

第二步,招兵买马。这一阶段通常需花时间选择好的专业顾问公司,由专业顾问公司来制订6S项目人员招募、培训、推广计划。对于如何决定需要多少人做6S,一般可以采用如下公式:黑带总数=公司每年总营业额(美元)÷100万;黑带主管总数=黑带总数÷10。

第三步,培训推广。这一阶段需有切实有效的计划,全员参与。通用电气公司行政总裁杰克·韦尔奇在6S推广初期,曾给其属下所有中层以上经理人发了一封电子邮件,内容为"任何想在未来得到提升的经理人,必须在半年内完成6S的培训,否则将无任何提升机会!"

通用电气公司推行6S的过程可描述为DMAIC:界定(define)、度量(measure)、分析(analysis)、改进(improve)和控制(control)。

界定:确定顾客对质量认知的首要因素,以及自身所包括的核心商业过程,确认谁是顾客、顾客对产品的要求是什么、顾客的期望是什么,界定项目范围、起点和终点,定义、绘制、使用地图和流程图来改进流程。

度量:测量自身所含该业务流程动作的有效性,开发流程数据收集计划,通过大量资源数据的收集,确定缺陷和度量的类型,比较顾客调查结果,发现不足。

分析:改进过程,分析数据、收集方式和流程图,确定造成缺陷的根本原因,确认目前动作水准与目标水平的差距,改进机会优先原则,确认资源的变化。

改进:通过设计处理和预防问题的创新解决方案改进过程,使用技术和培训创新改革方案,开展和展开执行计划。

控制:控制改进,保持新的水准,预防重走"老路",监视计划的开发、执行和文件化,通过系统和组织的修正(参谋、培训、激励)来改进制度化。

实施6S可以降低成本,提高生产率、市场占有率和顾客的忠诚度,缩短运作周期,降低废品率,改变企业文化,促进产品和服务的拓展等。

在1997年的股东大会上,韦尔奇谈到了6S的成功经验:

"通用电气的照明设备部门有一个账单开立系统,在我们的眼中,它的动作算是不错的了,但它却无法与沃尔-马特公司(我们最好的客户之一)的承购指法系统紧密配合。由于我们的系统对他们无法产生作用,因此引发了不少纠纷;不仅延迟了付款,同时也浪费了沃尔-马特公司的时间。于是,一个黑带小组便采用6S的方法以及信息科技和3万美元的投资,以沃尔-马特公司的立场来着手解决这个问题。短短4个月以后,这个系统中原有的缺点已经改善了98%,让沃尔-马特公司的生产力与竞争力都提高了许多,而且纠纷与迟滞的情况也显著降低——这真是省下了一大笔钱。对于通用电气来说,我们也从这项投资中回收了好几倍的报酬。

"如同训练会议将我们带入了一个足以界定行为的学习与开放的文化一样,在6S方法学醒目的规则下所进行的品质改善措施,也界定了我们工作的方式。"

事实证明,6S不仅适合于制造型企业,也适合于金融、服务、贸易型企业。当然6S不是万灵药,包治百病,它较适合大中型企业,对于小型企业不一定适用,但可以作为有益参考。

三、采用创新的质量管理模式

质量改进活动使许多美国公司摆脱了20世纪80年代到90年代初的困境,并为其恢复强劲增长奠定了坚实的基础。因此,这些质量管理体系和方法深深影响着亚洲、欧洲、拉丁美洲和中东地区的商业活动。

然而就在此时,强劲的全球化新经济势力使质量观念及其管理方法变得面目全非。这些力量使得经理们不得不实施以质量为本的管理项目,以适应商业新纪元的要求。

1. 影响质量管理发展趋势的因素

影响质量管理未来发展趋势的因素有很多,其中有要求苛刻的消费者、不断提升的顾客价值期望和各种经济压力。

1) 顾客至上

那些在市场上呼风唤雨的跨国公司,其销售业绩和市场份额之所以日益增长,关键是对全球顾客的要求能不折不扣地及时回应。通用电气公司所做的调查表明,如果全市中的一名消费者对某产品或服务的质量满意,那么他会告诉另外六个人;如果他不满意,则会告诉二十二个人。

至于同行业内的业务来往,数据显示,一名满意的公司买家,再次从同一供应商处购货的可能性,是从其他竞争对手处购货的七至八倍。这就是当今的竞争市场中全面质量管理所蕴含的力量。

当全球化经济大潮的影响遍及国际企业界时,显而易见,不但质量已成为世界贸易网共同的商业语言,而且全球性的经济与社会力量也从根本上改变了质量的概念及管理方法。质量的提升不但意味着良好的性能、服务、设计和实惠性,也代表着产品价值的递增。

理解并使用这种新质量语言,并相应地改变质量管理流程,是那些成功地在销售增长和盈利方面领先的公司的首要目标。

2) 价值期待

也许最重要的是,全球市场顾客价值期望发生了本质的变化。在全球各大市场中对顾客购买模式所做的调查表明,每10个顾客中会有9人将质量作为他们挑选商品的主要标准,而10年前只有3到4人会这么做。顾客购物时,越来越注重质量。他们评判质量时,不仅依据产品的整体价值,而且也顾及提供产品的公司。这意味着产品本身和商业服务的质量尽管重要,但也只是顾客所期望得到的服务的一部分,全部的服务可能包括配套的服务、精准的账单和可靠的送货等。

追求全面顾客满意,昭示着全球消费者和商业买家的巨大变化。那些心无旁骛地专注于减少次品的公司,往往忽视了顾客新的期望。许多公司的质量满意标准与顾客的质量满意标准的差异很明显地表明了这一点。一些公司自豪地展示他们质量改进的有关数据,而顾客却并不觉得该公司产品的质量有丝毫长进,因此减少了跟这些公司的业务往来。

3)成本控制

企业承受着巨大的经济压力,它就如同一把巨型剪刀,在相对的方向步步紧逼。

一方面,尽管企业已绞尽脑汁地削减成本,但来自成本的压力依然不断上升;另一方面,压力来自市场变化对产品价格的无情打压。雪上加霜的是,许多公司尽管进行了多年成本核算,但许多东西的真实成本仍是一笔糊涂账。

譬如,一些公司已采取了一刀切的方式来削减成本,也就是在所有地方都紧缩费用。可是除非结合整个流程的改善,否则这种削减成本的方式的效果就如同不改变生活方式的减肥一般,难以持久,相反还会导致更多的成本削减和内部重组。

由此可见,关键是要将顾客价值观与成本直接联系起来,在提升质量的同时提升整个公司的经营水准,从市场营销、产品设计一直到公司经营、产品分销。因此,成本不但要囊括运行和销售费用,也应将使顾客满意的成本计算在内。

2. 采用创新的质量管理模式来实现领先地位

竞争领域中的公司在许多商业成功方面有着各不相同的机制,下面是一些质量领先的公司所具备的特点:

(1)将质量作为增加利润和提升竞争力的中心。

(2)通过提供左右顾客看法的完美商品和服务来使顾客完全满意。

(3)通过减少质量问题来加大销售额与利润额的增幅。

(4)在产品、服务的周转时间的管理上进行创新。

(5)利用各种方式和资源鼓励员工参加质量改进活动,以恢复工作兴趣。

(6)发展与供应商的卓有成效的伙伴关系。

(7)在顾客、生产商和供应商之间建立紧密的质量价值网络体系。

(8)在环保和产品安全方面保持领先。

(9)确保质量是公司在国际竞争中贯彻始终的标准。

采取这些措施的公司在质量管理方面具有共性,尤其值得一提的是:

(1)将不断为顾客、投资者和雇员创建价值作为企业的基本目标。

(2)强调市场导向,根据顾客的要求来管理质量。

(3)将激情、纪律和人性结合起来进行领导,致力于自我提高并强调沟通。

(4)认识到任何时候,企业的可持续增长都需要顾客满意、成本领先、有效的人力资源和与供应商的紧密联合。

(5)通过知识技巧、民主形式和团队精神,倡导精益求精的不懈精神。

这些独树一帜的方法能使顾客得到更佳的品质,同时帮助企业在全球化经济的新纪元中,阔步迎接社会经济的变革浪潮。

第八章
国际化企业管理

XIANDAI YU GUOJI
QIYE GUANLI

 **案例引导**

案例 华为国际化成功的三条经验：抛弃价格战、走马换将的权利基因、做丹柯不做黑寡妇

任何企业的成功都有其自身规律，阅读华为、研究华为、学习华为，对中国企业发现自身规律具有积极意义。

两个十年成就国际化

代志华作为华为匈牙利公司总经理，已经在布达佩斯工作了将近两年。匈牙利市场虽然不大，但华为志在必得。2004年首次进入匈牙利通信市场后，华为先后与匈牙利电信、Telenor、沃达丰（Vodafone）、Pantel等当地主流运营商建立了战略合作关系。匈牙利电信控股股东是全球第五大电信运营商德国电信（Deutsche Telekom），在华为看来，通过匈牙利电信进入德国电信的采购短名单具有战略性价值，这一想法遵循华为一直以来的农村包围城市的市场策略，历经多年依然充满活力。

"什么叫国际化？中国企业做事的思想和方法，如果被海外客户接受了，我认为也是一种国际化。"爱立信（Ericsson）、诺基亚西门子（诺西，NSN）或者阿尔卡特朗讯（Alcatel-Lucent）的高管如果仔细思考代志华这句话，或许可以读出别样的滋味。作为电信设备供应商的领路人，十年前，它们完全可以忽略这家发音都困难的中国公司。但现在，华为已成为全球最大的电信设备供应商，这是令人难以置信的。2000年，彼时爱立信的年收入还是华为的10倍。

刚到欧洲时，华为颇为困惑：爱立信的报价与华为的差不多，甚至有时还低，但毛利却很高，原因是报价不含每年更新的软件费，这是中国市场还不普遍认可的游戏规则。"你把设备合规合流程安装好了就行了。"代志华说。华为深受启发，在B2B市场，它所面对的是一群被惯坏的竞争对手，更重要的是，在欧洲市场，价格并非唯一的竞争策略。华为不再把策略仅仅放在价格战上。这不仅让它与其他中国式跨国公司很不一样，也让它更为成功。

建立自身的销售模式，并为客户所接受，成为华为打入欧洲市场的必要修炼。在华为国际化的第一个十年，他们沿用农村包围城市的策略，从那些落后的国家和发达国家中弱小的电信运营商下手，屡有所得。也门和老挝是华为最早的海外客户，但订单都太小，无法成气候。进入国际化的第二个十年，华为从爱立信、阿尔卡特朗讯和诺基亚西门子的薄弱环节找到了突破口——快速响应客户需求。

快速响应客户需求让华为抓住了最后的救命稻草。沃达丰在其增速最快的西班牙，试图对高铁进行信号覆盖。仅仅出于为数不多的客气，说先看看华为的解决方案吧。说者无心，听者有意，三个月内，华为就自行在上海磁悬浮沿线搭建了模拟信号覆盖，请沃达丰高层到上海现场体验。

故事的结局略显俗套：华为的耐心和流程规范的做事方法打动了沃达丰。西班牙市场的突破，标志着华为真正进入电信市场大国、成熟电信大网和一流电信市场，从而告别欧洲市场开拓的蛮荒时期。

代志华是华为国际化老兵，1997年加入华为，起先在中国东北担任技术服务工程师，做固定网络的交换接入网，不久担任交换接入网技术部总经理，三年之后，转岗成为一名客户经理。在华为，主要有三种类型的岗位：一是技术服务岗位；二是客户经理，做产品行销；三是产品经理,提供解决方案。明眼人一看便明白,这完全是客户需求导向的管理架构安排。"不要先吆喝你的技术,急着推销你的产品,首先你得摸清楚客户的需求,然后提供客户满意的解决方案。"代志华解释说。

电信设备市场竞争激烈,各有各的潜规则。电信设备市场有两大规律:一是网络更新快,从GSM/2G 到 3G 再到 LTE(长期演进,准 4G),也就弹指十年间;二是设备和技术更新快,类似PC 行业的摩尔定律,每隔一段时间,电信设备价格也会快速下降。电信设备市场的两大规律让华为这样的后起之秀有后发优势。全球五大电信设备供应商经常在扩大市场份额与毛利率之间的冲突中起起伏伏。虽然行业毛利率经常可达 35% 甚至更高,但销售费用也很高,并极受市场波动的影响。电信设备业的领头羊爱立信长期面临这样的困扰。2007 年 10 月,这家瑞典公司仅仅发布了利润严重下滑的预警,当天市值就跌去了四分之一。资本市场的过度反应让爱立信趋于保守,引发了公司策略大范围的改变。人们或可理解,任正非为何一直不让华为上市:在市场份额与利润的追逐中,他要保持最大的灵活性。

华为的狼性文化与两次濒死之危

外界偶有华为狼性文化的传闻,一位与华为长期打交道的人士说,无外乎两个方面:一方面,提供了优越的薪酬和项目提成激励;另一方面,一旦重要客户或项目搞砸,过去的功劳一笔勾销。走马换将在华为的权力基因中极为果断且频繁。

华为目前有 18 万员工,充裕的人力资源储备和具有诱惑的薪酬激励制度,使得华为的海外扩张具有先天的狼性和残酷性。"国内来的华为主管一个比一个厉害。"熟悉华为文化的卢森堡中资银行业人士意味深长地说。

国际化曾经让华为和任正非安然度过了 2002 年互联网泡沫破裂后的冬天。历史上华为曾有两次闻到死亡的气息。

最早一次是 1992 年,成立才 5 年的华为因为资金链紧张,被迫改为集体企业,以获得银行贷款,最终渡过了难关。2002 年这场被赋予生死意味的赛跑,无论是对华为还是对任正非,都具有刻骨铭心的意义。在互联网泡沫破裂的 2002 年,华为当年的收入锐减 80 亿元。如果不算上新增加的 2 亿美元海外收入,实际收入锐减近 100 亿元。大批人员离开,内外矛盾交集。任正非所做的演说《华为的冬天》广为流传。他说:"十年来我天天思考的都是失败,对成功视而不见,也没有什么荣誉感、自豪感,而是危机感。"当时还很少有人知道,在这番痛定思痛的演说前后几年,任正非累垮了,身体多项疾病,甚至动过两次癌症手术。

2002 年华为差点崩溃。多年之后,在给华为的董事会领导下的 CEO 轮值制度辩护时,任正非说,他为当时没有能力控制公司而感到内疚。那时候,这位 40 岁才创业,未来将引领中国企业国际化潮流的商人,有半年时间都在做噩梦,梦醒时常常哭。彼时任正非已 58 岁,近花甲之年。

华为的丹柯式道路

任正非认为,要成为通信和互联网技术领域的领路人,需要接受更严格的检验,以前是世界渴望揭开华为的神秘面纱,现在是华为自己要做丹柯的时候了。

丹柯是高尔基的作品《伊则吉尔老婆子》中的神话人物,他年轻、英俊、勇敢,把自己的心掏出来,用火点燃,为后人照亮前进的路。从小喜欢听母亲讲神话故事的任正非说,华为要像丹柯那样,引领通信产业前进的路。

任正非开始反思,过去的行事风格太黑寡妇了,经常在一两年后就把合作公司吃了或者甩了。黑寡妇是一种毒蜘蛛,雌性的蜘蛛会在交配后立即咬死配偶,因此而得名。任正非在内部会议上提出了这个比喻,也许不需要什么勇气,他要将华为带向更为开放、合作和共赢的道路上。走向丹柯式的道路,首要改变的是华为缺乏透明度的形象。

任正非唯一可做的便是创造条件来提升华为的透明度,冰释外界的疑虑。作为非上市公司,华为从2006年开始发布年报,但直到2010年,其年报才有了呈现透明度的价值。华为首次公布了公司的治理结构,附上了每位高管的详细简历。如果仔细品读和检视人们最为关心的任正非简历,或可略见华为的隐藏意图:回应那些政治猜测。华为向外透露了两个细节:一是任正非因为"工作不顺利"才下海创业,二是创业的2.1万元资金来自于"集资"。

争议已经产生,姗姗来迟的信息也于事无补。华为在透明化道路上需要做得更多。

案例讨论
1. 什么是国际化企业?
2. 华为是如何成为国际化企业的?

第一节 国际化企业管理理论

一、国际企业的内涵与特征

国际企业(international enterprises)是指从事涉及国际范围内的产品、技术、劳务、信息、资金等经营活动的企业。它是将各国经济联系在一起的重要力量,其国际生产流动过程的中心环节,就是将企业的人力、物力、财力等要素进行有效的规划、组织、协调、指挥和控制,形成有形资产和无形资产在国际间的移动,从而获取利润,并推动世界经济的发展。在过去的几十年间,世界上数以百万计的国际企业和数以万计的跨国公司参与国际竞争,形成了一股强劲的国际化潮流。

涉及国际企业经营管理的概念很多,这里主要介绍国际企业的主体经营活动——国际商务,以及国际企业的主要代表类型——跨国公司。

1. 国际商务

国际商务(international business)是指两国或多国卷入的全部商业交易活动的总称。也有人认为,国际商务包括跨越国界的任何形式的商业活动。这里所指的商业活动包括各种形式的商品、劳务和资本的国际间转移。

一般来讲,参与上述商务活动的主体可能是企业,也可能是国家政府。企业卷入商务活动往往是为了获取利润,而政府卷入商务活动却不一定是为了利润。

2. 跨国公司

1) 广义的跨国公司定义

广义的跨国公司定义使用于普遍意义上的跨国公司。

1963年,美国《每周商务》杂志对跨国公司做了描述性定义:"跨国公司是指符合下列两个条件的公司:第一,它至少要在一个或一个以上的国家设定生产点或是争取其他形态的直接投资;第二,具有名副其实的世界性预测能力,其经营者在市场开发、生产和研究等方面,能做出适用于世界各国的多种多样的基本决策。"

著名的英国跨国公司研究专家约翰·H.邓宁(John H. Dunning)曾指出:"国际的或者多国的生产企业的概念……简单地说,就是在一个以上的国家拥有或控制生产设施(例如工厂、矿山、炼油厂、销售机构、办事处等)的一个企业。"

2) 狭义的跨国公司定义

狭义的跨国公司定义着重突出在跨国公司的巨大规模上。

1968年,著名的哈佛大学商学院教授雷蒙德·弗农(Raymond Vernon)把跨国公司定义为"一个跨国公司就是一个控制着一大群在不同国家设立公司的母公司,不同国家的各个公司之间的人力和财力实行统筹使用,并且有共同的经营战略,它们共同的特点是规模巨大""销售额在1亿美元以下的跨国公司,是不被人注意的""它们不是单纯的出口商,也不是单纯的技术提供者,它们具有广泛的地理分布,在本国以外的活动往往涉及两个以上的国家"。他把跨国数限定在六个以上。

还有一种定义认为,跨国公司是在世界各地的适当地点布下许多工厂和销售据点,组成密网,并以其世界战略为基础,追求整个公司的最大利润和发展的企业。

3) 联合国对跨国公司的定义

对跨国公司(transnational corporation)的解释众说纷纭。1973年,联合国在《跨国公司对发展和国际关系的影响》的报告中给跨国公司下了一个定义:跨国公司就是在它们总部所在的国家之外拥有或控制着生产服务设施的企业,这种企业不一定是股份或私人的公司,它们也可能是合营组织或国有企业。1984年,联合国在《跨国公司行为守则草案》中,给跨国公司下了一个新的定义:跨国公司是指由两个或多个国家的实体所组成的公营、私营或混合所有制企业。不论此等实体的法律形式和活动领域如何,该企业在一个决策体系下运营,通过一个或一个以上的决策中心得以具有吻合的政策和共同的战略。该企业中的各个实体通过所有权或其他方式结合在一起,从而其中一个或更多的实体得以对其他实体的活动施行有效的影响,特别是与别的实体共享知识、资源和责任。

具体来说,一个跨国公司的基本条件是:①由两个或两个以上国家的经济实体所组成;②在一个统一的决策体系下,拥有共同的战略和配套政策;③各个经济实体通过股权或其他方式相互联系,它的一个或多个经济实体能够对其他实体施加有效的影响,特别是各个经济实体之间能够共享知识、资源、信息,并且需要共同承担责任和风险。

从本质上说,联合国在1973年和1984年关于跨国公司的定义,主要反映了企业战略(strategy)和组织一体化(organizational integration)对跨国公司的重要性。因此,对各个国家市场运营系统实施统一战略和组织一体化管理是跨国公司的一个显著特征。跨国公司与国内公司的真正区别在于:跨国公司建立一个内部组织来经营各种跨国界的业务,而且实行内部化交易,而不是通过公开市场完成交易。

虽然1984年关于跨国公司的定义至今尚未由联合国大会通过,并非正式文件,但其影响很大。《跨国公司行为守则草案》的起草始于1977年,其间数易其稿,最后一稿的文本是在1986年发行的。该草案中关于跨国公司的定义,充分吸收了其他国际机构(如亚太经合组织、欧洲共同体等)有关文件中的说法,并以此为基础进行了综合、补充和完善。

由于跨国公司经营的形式多样,所有权的形式也有很大的差异,研究的学者往往站在不同的角度思考和判断问题,因而,不仅造成了跨国公司不同的定义,而且使其具有不同的称谓。如有人称跨国公司为多国企业(multinational enterprise,MNE)或多国公司(multinational corporation,MNC),也有人将跨国公司称为全球公司(global corporation),甚至还有人称其为宇宙公司。后来,为避免与安第斯条约国家共同创办的多国联营公司相混淆,1973年,联合国经济与社会理事会讨论由知名人士小组提供《跨国公司对发展和国际关系的影响》报告时,一位拉丁美洲的代表建议用"transnational corporation"替代"multinational corporation"。此后,"transnational corporation"成为联合国称呼跨国公司的正式用语。

4) 我国学者早期对跨国公司的定义

我国学者对跨国公司的研究是从20世纪90年代初开始的。著名跨国公司专家藤维藻先生指出,跨国公司研究的对象主要指发达资本主义国家的跨国企业,尤其是那些规模较大、分支机构较多、行为比较典型的制造业跨国企业。这种企业是为了对外进行经济扩张,携其资金、技术、管理与组织等方面的优势,通过对外直接投资,到海外国家和地区设立分支机构或控制子公司,形成生产、销售、研究与发展的网络组织,采取集中与分散相结合的全球战略,从事国际生产和其他业务经营的一种国际化产业组织。

陈同仇、薛荣久主编的《国际贸易》中写道:"跨国公司主要是指发达资本主义国家的垄断企业,是以本国为基础,通过对外直接投资,在世界各地设立分支机构或子公司,从事国际化生产和经营活动的垄断企业。"

这些定义只是针对发达资本主义国家而言的,过于强调国家制度的性质,难以涵盖发展中国家的跨国公司。

综上所述,不同的定义和称谓反映了跨国公司的复杂形态。实际上,跨国公司就是跨越国界进行商务活动的企业。由于从事国际商务活动的企业不一定都是跨国公司,而且在进行国际商务活动时,企业规模的大小、跨国的程度都有很大的差异,用跨国公司难以概括所有从事国际商务活动的企业。在此,我们用国际企业进行概括,这不仅符合研究的内容,也符合我国各种文献中名称使用的惯例。

二、国际企业的类型

按不同的标准进行划分,国际企业可以有多种类型。

1. 从分工和组织结构进行划分

(1) 水平型:母公司和子公司之间没有严格的专业分工,基本上生产同种产品,经营同类业务。这种国际企业主要利用各国的有利条件,通过内部转移技术、商标、专利等无形资产,加强母公司与子公司的合作,扩大经济规模。

(2) 垂直型:母公司与子公司之间实行专业分工,制造不同的产品,经营不同的业务,但其生产过程是相互联系和衔接的。垂直型又可分为两种:一种是母公司与子公司属于同一行业,只是生产和经营不同加工程度或不同工序的产品;另一种是母公司与子公司生产和经营不同行业的相互有关的产品,是一种跨行业的国际企业,主要涉及有关原材料及初级产品的生产和加工的行业。

(3) 混合型:母公司与子公司生产经营的产品不仅跨行业,而且相互间毫不相关,范围很广。

2. 从经营的内容进行划分

(1) 资源型：直接投资于资源所在国，以获取本国所短缺的各种资源和原材料。

(2) 制造型：主要从事加工制造业，开始是以加工装配为主，随着当地工业化程度的提高，投资转向资本货物部门和中间产品部门。

(3) 服务型：提供技术、管理、金融、保险、咨询等服务的国际企业。

3. 从经营的价值取向进行划分

(1) 母国取向型（ethnocentric，直译为"民族中心"）：以母国为中心进行决策，经营中也优先考虑母国企业的利益，在东道国直接套用母国的经营方式，虽然也雇用当地员工，但当地企业的主管仍由母国企业派遣，对母国员工的评价和信任要高于当地员工。当然，以母国为导向的跨国经营在短期内对企业是有益的，因为它结构简单，母公司与海外子公司进行专业知识的交流比较便利，对国外子公司的高级管理人员外派也拥有控制权。但以母国为导向的跨国经营有两个明显的缺陷：一是对国外市场的商业机会可能缺乏足够的认识，二是对来自国外竞争对手的潜在竞争压力认识不够。许多企业由于持有不在当地生产制造就不构成竞争的观点而深受其苦。

(2) 东道国取向型（polycentric，直译为"多元中心"）：决策权逐步分散和下放给东道国的子公司，不再集中于母国总部，经营中既考虑母国企业的利益，也兼顾国外企业的要求，考核国外企业的经营业绩时，已转向以当地的环境和条件为依据。以东道国为导向的主要代价包括重复建设，以及由于生产适合东道国市场需求的产品而可能使母国企业的特定优势得不到充分利用等。以东道国为导向的主要风险是，由于过于强调当地消费者的传统和市场增长水平而导致企业的全球扩张速度延缓；主要优点是可以充分开发当地市场，获得更多的当地市场份额，在新产品开发方面会有更多主动权，有助于充分调动当地管理人员的积极性。

(3) 世界取向型（geocentric，直译为"全球中心"）：从全球竞争环境出发进行决策。在经营中，母国企业与国外企业的相互依存和配合协作大为加强，要求不论是母国企业还是国外企业，均必须服从全球范围内的整体利益，故考核业绩的标准也面向全球，对母国职工和东道国当地职工同等重视，东道国当地职工人数增多，地位也有所提高。通常，只有当企业的价值和战略是"世界导向"时，企业才可以说是真正的跨国公司。当然，"世界导向"必然会导致企业能力和资源过于分散，而且会产生许多人力资源管理与开发方面的问题。

4. 从企业积极参与国际分工的地理导向进行划分

(1) 内向型：通过进口、作为许可证交易的受约人、购买技术专利、在国内与国外建立合资企业、成为国外跨国公司的分支机构、成立国外企业的全资子公司（或与国外企业并购）等方式，发展国际化经营。

(2) 外向型：通过出口、出让技术专利、向国外公司发放许可证、在国内与国外建立合资企业、建立或收购国外企业、兼并国外企业、进行国际战略联盟等方式，发展国际化经营。

通常，"走向世界"并不是地理意义上的。越来越多的企业发现，它们所面临的国际竞争并不是在遥远的异国他乡，而是在它们的"后院"，就在它们生长发展的本地市场。改革开放以来，数百亿美元的外资涌入中国，在中国直接生产产品销售，这既给中国经济带来了巨大的活力，也给技术和管理相对落后、受旧体制约束较大的许多原来的国有骨干企业造成了巨大的压力。对这类企业来说，"走向世界"在很大程度上意味着如何在本地市场迎接世界竞争的问题。因此，

"走向世界"可以分为"外向型"和"内向型"两类,或者说,分为"走向世界"的"外向道路"和"内向道路",如表 8-1 所示。上汽集团和德国大众汽车公司合营,在上海生产桑塔纳轿车;北京的首都钢铁公司投资 3.12 亿美元去秘鲁开采铁矿,这些分别是"内向型"和"外向型"走向世界的例子。

表 8-1 "走向世界"的"外向"角度和"内向"角度

类 别	外 向	内 向
贸易形式	出口	进口
技术转让形式	技术出让	购买技术专利
合资合营	国外合营公司	国内合营公司
独立跨国投资	在国外建立分公司或兼并国外企业	成为国外跨国公司的国内分公司

国际企业在经营国际化的进程中,内向国际化是其外向国际化的必要基础和条件。这是因为:①技术、设备进口及合资企业的建立是企业跨国经营的前期准备;②内向国际化的方式、速度、规模影响外向国际化的方式、速度、规模;③内向国际化的经验积累直接影响企业跨国经营的成功率;④企业内向国际化对外向国际化的联系和影响并不限于企业跨国经营的初期,而是贯穿于企业国际化的全过程;⑤企业的外向国际化也会在一定程度上影响其内向国际化的深度和广度。

三、国际企业的特征

尽管国际企业的实体名称不一,它们的分支机构设在不同国家,但作为现代国际性企业,它们都具有以下共同特征。

1. 在众多国家从事生产经营活动,以共同的所有权为纽带而相互联结

国际企业至少在两个以上的国家或地区从事生产经营活动,大型的国际企业通常在二十个以上的国家开展业务。在经营形式上,国际企业以对外直接投资为主,而其经营范围则十分广泛,涉及许多领域。国际企业的跨国生产经营活动是通过设在国外的众多分支机构或子公司来进行的。这些子公司以股权为纽带互相联结,构成国际企业的网状组织。近十几年来,国际企业越来越多地采用非股权的形式进行经营,如采取专利权许可证形式,进行各种合同安排、经济合作,提供或出租工厂、承包加工等。国际企业不参加直接投资或不再保留股权,而以承包商、代理商或经销商的身份获得产品或收益。

2. 企业的跨国程度是由跨国指数决定的

跨国指数是三个比率,即国外资产/总资产、国外销售额/总销售额、国外雇员/员工总数的平均数。世界上最大的 100 家跨国公司的平均跨国指数由 1990 年的 51% 上升到 1997 年的 55%,1998 年下降为 54%(下降的主要原因在于将跨国公用事业公司和电信公司统计了进来,而这些公司的平均跨国指数仅有 37%)。来自国内市场规模比较小的国家的国际企业,通常具有更大的动力进行国际扩张,因此具有很高的跨国指数。道理很简单,企业规模扩张需要有一个基本的市场规模作为支持,而国内市场规模小的国家的国际企业必然要把对外市场扩张作为自己的主要目标之一。如瑞士、瑞典、加拿大、荷兰等国家的一些行业的国际化程度非常高,其中,食品和饮料行业具有更高的跨国程度。

3. 规模庞大，依赖于共同的资源组合

规模大有利于跨国公司降低产品成本，获得规模经济效益。跨国公司凭借雄厚的资金，从事研究和开发活动，并利用遍布全球的公司网络收集信息，作为决策参考。它们依赖于共同的资源组合，如货币的信用、信息系统，以及商标和专利等。跨国公司往往依赖于专业化生产，使用第一个地方的廉价劳动力、第二个地方的廉价原材料、第三个地方的市场和第四个地方的资金等。它们以世界为工厂，以各国为车间，充分利用世界各地的技术、资源、劳动力和市场优势，以全球化发展的战略眼光，将公司的生产和经营活动建立在全球基础上，利用国际分工和资源的全球性配置，建立起庞大的全球生产网络体系，使经济全球化在深度和广度上都能得到拓展与加强。

4. 具有寡头独占性质

大型国际企业凭借先进的技术，多样化的产品，雄厚的资金、规模优势，较高的商业信誉和驰名品牌，以及遍布全球的广告宣传和机构网络，在其经营活动的市场中处于寡头竞争的地位。其他企业若要与国际企业展开竞争，打入其经营领域，是很困难的。

5. 实行全球经营战略

所谓全球经营战略，是指企业在从事国产经营活动时，必须以世界市场为目标来制订经营战略，谋求在全球范围内最大限度地获取利润。国际企业有一个中央决策体系，制定共同的政策。这些政策反映了企业的全球战略目标，并在各子公司的日常经营活动中得以贯彻。国际企业在制订其经营战略时，往往从全局出发，考虑公司在全世界的总体利润，而不计较某一国外子公司的盈亏得失，不但考虑公司的现在，而且要考虑整个公司未来的发展。

6. 实行高度的内部分工

国际企业设立在世界各地的子公司、分公司及其他经营单位，实行内部专业化生产和国际分工，并彼此进行内部交易，利用国与国之间比较成本上的差异，获取比较利益。许多国际企业还通过转移价格来达到获取高额利润和转移风险的目的。科技成果国际转移的内部化在国际企业中也较为普遍，这样既可以避开外部市场的阻碍和高成本，占据科技制高点，也可以凭借先进技术的优势迅速对市场做出反应，在企业内部合理安排产品的生产和分配。

沃尔玛公司

沃尔玛公司由美国零售业的传奇人物山姆·沃尔顿先生于1962年在阿肯色州成立。经过数十年的发展，沃尔玛公司已经成为世界最大的私人雇主和连锁零售商，多次荣登《财富》杂志世界500强榜首及当选最具价值品牌。

目前，沃尔玛公司在全球27个国家开设了超过10 000家商场，下设69个品牌，全球员工总数为230多万人，每周光临沃尔玛的顾客有2亿人次。2011财年（2010年2月1日至2011年1月31日），沃尔玛公司的销售额达4190亿美元，比2010财年增长3.4%。2011财年，沃尔玛公司和沃尔玛基金会慈善捐赠资金累计3.19亿美元，物资累计超过4.8亿美元。2018年，沃尔玛公司再次荣登《财富》世界500强榜首。

沃尔玛于1996年进入中国，在深圳开设了第一家沃尔玛购物广场和山姆会员商店。目前，沃尔玛在中国经营多种业态和品牌，包括购物广场、山姆会员商店、社区店等。截至2012年3

月1日,沃尔玛已经在全国21个省、4个直辖市的140个城市开设了370家商场,在全国创造了超过106 500个就业机会。

沃尔玛在中国的经营始终坚持本地采购。目前,沃尔玛(中国)与近2万家供应商建立了合作关系,销售的产品中本地产品超过95%;同时,沃尔玛(中国)注重人才本土比,鼓励人才多元化,特别是培养和发展女性员工及管理层。目前,沃尔玛(中国)超过99.9%的员工来自中国本土,商场总经理100%由中国本土人才担任,女性员工占比超过60%,管理团队约40%为女性。2009年公司成立了"沃尔玛中国女性领导力发展委员会",以加速推动女性的职业发展。

四、国际企业经营的动机与方式

进行国际性商务活动的企业,为了适应更为复杂的经营环境,达到企业的既定目标,必须建立可能完全不同于在自己国家经营时所建立的经营体系。这种为适应新的经营环境而建立的经营体系,既会受到企业经营目标的制约,也会受到企业经营环境的影响。

图8-1清楚地反映了企业实现国际化时,国际企业的经营目的、经营手段、外部环境、竞争环境之间相互影响和相互制约的关系,同时也清楚地表明了国际企业经营的基本动机和经营的种种方式。国际企业虽然在经营动机上与在自己国家开展的经营活动的差异不大(但其内涵必然会更加丰富),但在经营方式上却有明显的不同。

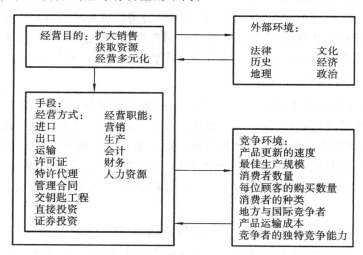

图8-1 国际企业的经营和影响

1. 国际企业经营的基本动机

对于一个企业来讲,其进行国际性经营的基本动机是:扩大销售、获取资源和经营多元化。

1) 扩大销售

根据市场营销学的基本原理,一个企业的销售状况将受到对其产品或劳务感兴趣的消费者人数和消费者购买力水平的影响。而当企业将其市场扩大到其他国家后,消费者的人数必然会增加,绝对的购买力水平也会增强,在一般情况下,销售额会有所增长。因而具有较强的经济实力,特别是具有过剩生产能力的企业,都会有跻身于国际市场的强烈动机和愿望。例如,总部在国内市场、较为狭小的企业一般都有强烈的向外扩张的倾向,如雀巢咖啡、诺基亚手机等,都明显地具有这样的特征。改革开放后兴起并迅猛成长的我国家电企业,如康佳集团、海尔集团,在国内市场相对饱和以后,纷纷出国投资建厂,这也可以认为是这一动机驱使的结果。

一般来说,较大的销售量意味着较高的利润。这是因为,在单个产品利润较为固定的时候,其利润的总量与销售的数量存在直接的关系。但从更深的层次讲,销售量的增长还会因产量的增加而使单位产品的固定成本减少,从而使公司在扩大销售量的同时,获得更为丰厚的利润。

微软在印度投资17亿美元

美国微软公司总裁比尔·盖茨在2005年12月7日宣布,该公司计划在印度投资17亿美元(约合14亿欧元),并增加3000个岗位,以便在迅速增长的印度市场寻求发展。长期以来,微软一直把拥有十几亿人口的印度视为一个潜在的巨大市场。该公司的这一投资是IT公司在印度最大金额的单笔投资之一。比尔·盖茨表示,微软非常愿意增加在印度的投资活动。这笔投资中的大部分资金用于开发专门为印度设计的Windows操作系统,以帮助微软应对Linux等操作系统在印度市场上带来的挑战。另外,有部分资金用于提高微软的研发能力,包括在印度IT产业的集中地南部城市班加罗尔建立一个新的研发机构。印度通信和信息技术部长达亚尼迪·马朗说,微软此举说明该公司很重视其在印度的拓展及研发工作。比尔·盖茨曾于2002年访问印度,当时他宣布向印度投资4亿美元。近年来,一批美国的技术类公司相继宣布在印度投资。

2)获取资源

提供商品和劳务的厂商或推销商,往往喜欢在商品市场的所在国生产和推销产品,其根本原因是希望降低成本,以获取更高的利润。例如,利用原材料丰富的国家就地生产,显然可以大大地降低在产品成本中占有很高比例的原材料成本;生产基地接近市场,可以减少运输成本,并可以更好地收集信息,了解市场,服务于市场,避免决策失误带来的损失,从而增强企业的竞争实力。比如,西方石油公司几乎都将大量的投资投向了西亚地区;为开拓中国市场,众多的西方发达国家的公司纷纷到中国投资兴办企业;在北京获得2008年奥运会举办权后,许多国家的企业都开始制订应急计划,以准备在中国抓住2008年奥运会的无限商机。这些都可被认为是获取资源、降低成本、争取获得高额利润的跨国经营的做法。

成本的降低,一方面可以增加企业的利润,另一方面又可以使企业制订更为合适的市场战略,吸引顾客,扩大产品销售量,以利于企业与竞争对手展开竞争。

到具有市场潜力的国家投资兴办企业的另一个目的是绕过贸易壁垒,避免国际商务纷争,更好地挤占他国市场(从本质上看,这也可以看成是一种资源的获取)。比如,海尔集团到美国投资生产电冰箱,就是在海尔集团生产的中小型电冰箱已占领美国市场30%以上份额的情况下,为进一步打开美国市场,避免可能发生的贸易纷争而采取的跨国投资行为。

3)经营多元化

经营的多元化是指企业为避免生产、销售、利润的大幅度波动而采用的经营策略,主要做法是在关联度不大的产业进行投资,或在不同的市场开展经营,以确保"东方不亮西方亮,黑了南方有北方"的经营效果。具有一定实力的企业,往往利用国际性经营活动实现经营的多元化,以保证企业收入的稳定,避免市场波动带来的风险。

经营方式的多元化主要是经营、产品和市场的多元化。经营的多元化是指企业在不同的行业开展经营活动。例如,在垂直多元化的经营中,钢铁企业可以向铁矿、煤矿经营方向发展,石油企业可以向化工生产方向发展。也就是说,企业可以将经营活动扩充到原材料生产、产品深度开发,甚至是产品的销售市场中去。又如,在水平多元化的经营中,工业企业可以向金融、房地产等其他行业扩展,从而可以占领多个不同产业的市场。在产品的多元化经营中,企业可以开发多种不同类型的产品,以满足顾客的不同需求;也可以生产一种产品的系列品种,以满足不同层次顾客的需求。市场的多元化可以根据国与国、地区与地区在发展、需求、民族文化等方面的差异,以及所处商业周期的不同,而采用不同的市场开发策略。

比如:1986年,美国的施乐公司在其主要的经营方向——办公室自动化设备销售不景气的情况下,却在金融业上取得了成功,为公司提供了2.28亿美元的收入,填补了主业的亏空;日本电气公司曾在电子领域的计算机、通信设备、电子元件、家用电器四个方面开发出15 000多个品种的产品,在140多个国家销售,成为世界著名的电气公司;美国的福特汽车公司针对北美、南美、欧洲及东南亚市场需求的差异,开发出不同档次的产品,全方位地开展市场争夺,在满足不同地区顾客需求的同时,保证了公司在各个市场的竞争实力。这些都是多元化经营取得成功的范例。

2. 国际企业经营的基本方式

如前所述,国际企业的经营方式与在自己国家的经营方式相比,要多一些,也复杂一些。这些差异主要是由跨国经营本身导致的风险、差异带来的。国际企业在经营过程中可以选择的经营方式主要有商品的进出口、劳务的进出口和投资活动三大类型。国际企业可以根据自己的经营目标、可得资源和经营环境,选择恰当的经营方式来开展商务活动。

1) 商品的进出口

商品的出口是指一个国家输出商品的活动,而商品的进口则是指一个国家输入商品的活动。由于进出口商品的可见性,因此往往又称之为有形商品的进出口。对于绝大多数国家来讲,商品的进出口是国际收支的主要来源,也是国际企业参加国际商务活动的主要方式。

一般来说,商品的进出口活动被认为是一个企业卷入国际商务活动的第一级台阶。这是因为,企业参加商品进出口活动可以通过商品的进出口商进行代理,企业只需承担较少的义务和风险,花费较少的代价。例如,企业参与商品的进出口活动,只需利用过剩的生产能力生产出口的商品,而不必另外扩大生产规模;企业没有必要花时间和精力去探索国际市场的情况;企业也可以通过进出口商安排进出口业务,而不必自己安排人员参与活动,也不需设置有关的组织机构来经营。由于企业与国际市场之间存在隔离带——商品进出口代理商,企业也不必自己承担市场的巨大风险,因此,商品进出口活动的参与必然成为希望参与国际竞争的企业的首选经营方式。

2) 劳务的进出口

世界性的劳务进出口已成为国际贸易活动中举足轻重的一类活动,也是近几十年来发展十分迅猛的一类国际商务活动。在我国,经常将劳务进出口称为国际劳务合作(内涵存在一定差异),特指通过提供劳务来获取收益的商品活动。与商品进出口活动相比,劳务进出口活动具有无形的特点,因而往往又被称为无形的商务活动,并具有多种活形式。

(1) 交钥匙工程。交钥匙工程是工程技术劳务常采用的一种形式。在交钥匙工程中,承包人按技术输入方的要求拟订方案,承包全部工程,培训技术输入方所需的管理人员、技术人员和操作人员,直到工厂建成、验收合格后才交给技术输入方。由于在合同完成后,技术输入方可以获得随时启动和运行整个设施的"钥匙"(key),因此交钥匙(turn-key)工程的名称由此而来。

(2)特许专营。特许专营(franchising)是一种专业化的许可协议。它是指经营成功的企业,将其商标、商号名称、服务标志专利、诀窍和管理方法或经验转让给另一家企业,后者〔通常称为特许专营接受人(franchisee)〕有权使用前者〔通常称为特许专营授权人(franchiser)〕的商标、商号名称、服务标志专利、诀窍及管理方法或经验,但需支付一定的特许费。特许专营方式的特殊性在于,特许专营接受人往往在技术操作和经营方式上受到特许专营授权人的控制,但特许专营授权人并不确保特许专营接受人能获得利润,且对特许专营接受人的盈亏不负任何责任。一般来讲,特许专营主要用在服务业领域。如世界著名的快餐连锁店麦当劳就是通过特许专营的方式发展起来的。人们也可以感觉到,在世界各个地方的麦当劳饮食店虽存在一定的差异,但店面的基本格局,供应的品种,服务的风格,汉堡包、薯条的味道却完全一样,其标准化的程度正如有人指出的那样,从各国汉堡包的价格中可以判断出各国币种之间的汇率比价。

麦当劳的特许专营

麦当劳最初是加利福尼亚州的一家小餐馆,这家由街边小店发展起来的连锁餐厅,目前已扩展到全球200多个国家和地区。它不仅创造了巨额利润,而且还成为美国文化和全球化趋势的代言人。美国《财富》杂志公布的2008年度世界500强企业中,麦当劳以232.31亿美元排在第359位,成为全球最大的快餐服务机构。

20世纪50年代,雷·克洛克与迈克唐纳兄弟合伙,开始新的麦当劳式连锁经营。第一家麦当劳快餐店于1955年4月15日在芝加哥诞生。到了20世纪60年代,克洛克又买下迈克唐纳兄弟的股份,独自掌控这个迅速膨胀的快餐帝国。在第一家麦当劳快餐店开业那天,汉堡包的标价是15美分,全天营业额为366.12美元。而今,麦当劳在全球121个国家已有3万多家分店,每天为5000多万名顾客服务。

麦当劳餐厅选址这一重要的资源要素,被塑造成为麦当劳集体性的"选地能力"。在决定餐厅经营成败的因素中,餐厅开在什么地方是至关重要的。麦当劳不卖地区性连锁权,只卖个别连锁权,由麦当劳决定在什么地方开店。麦当劳会把最佳的地方一次性买断,然后建成统一标准的餐厅。这样,当一个人获得麦当劳的特许经营权时,他每年都要支付两笔费用:一笔是特许加盟费,另一笔是地租。从20世纪60年代初开始,麦当劳便雇用了一批专业房地产人才去专门负责买地,还雇用了一批高级金融人才去获得优质贷款,以强化餐厅选址、土地经营及经营房屋贷款的能力。与此对应的是,麦当劳要求,当餐厅生意达到一定水准以后,各店必须缴纳一定的营业百分比,作为增值租金。

麦当劳是一个利用特许专营模式很有经验的企业,在全球3万多家麦当劳门店中,68%都是特许专营。在美国,特许专营门店的比例达到86%。从2004年起,麦当劳在中国天津开始进行特许专营试点,到2005年已经有1000多家申请者。麦当劳计划到2008年在中国内地要使其餐厅数达到1000家,其中特许加盟连锁的目标是20%。

在中国,要成为麦当劳的特许经营商,申请者必须具备250万~320万元人民币的资金实力,必须居住在所开设餐厅的社区中,必须经过麦当劳16~18个月的专门培训和一系列面试。

在经营过程中,麦当劳也会派出业务代表做顾问,进行适当的培训,并在品质、推销、管理上对特许经营店进行培训。至于麦当劳的特许经营的品牌控制问题,麦当劳从扫地等最基本的工作开始培训。在特许经营体系里,麦当劳将在土地和建筑物方面投资 400 万元人民币左右,而业主、经营者或特许经营人则需在设备、招牌、桌椅和装饰方面进行投资。仅仅是在设备、店标、桌椅和装修上的投资,加盟麦当劳的费用就要 300 万~400 万元人民币。麦当劳通过收取租金、服务费和专利权费获利,而特许经营人则拥有全部经营利润,同时支付员工薪水和餐厅经营费用。

麦当劳中国总部的负责人说:"我们是一个在本地开本地公司的公司。特许经营将使我们更加本土化,本土化的投资、本土化的管理、本土化的员工,我们将完全融入本地文化,与当地社区一起发展我们的事业。"

资料来源:李秀平、韦海燕,《跨国公司经营与管理》,重庆大学出版社,2006 年,第 70-71 页。

(3) 管理合同。管理合同(management contract)是一个公司通过合同的形式,在一些或全部管理职能的领域,向另一个公司提供管理诀窍,并按照销售额的一定比率(通常是 2%~5%)收取费用的劳务活动。这种活动的开展往往需要人员的参与。如提供服务的企业往往需要派出一定的人员到需要服务的企业中去,通过具体的管理工作,向需求方提供管理的经验和诀窍。

(4) 许可协议。许可协议(licensing agreements)是许可人将无形资产的使用权授予被许可人,并允许被许可人根据协议使用特定的一段时间(5~7 年),作为回报,被许可人以经济上的使用效果(通常按销售额)作为提成基数,以一定的比例(通常为 2%~5%)按期连续向许可人支付特许权使用费。无形资产通常包括专利权、商标、配方、工艺、设计和版权等资产。

劳务输出通常是那些在出口活动中取得成功,并占有一定市场的国际企业开展的活动。相对于出口活动而言,劳务输出是具有更高层次的跨国经营活动。这是因为,在这类活动中,企业已更深地卷入了国际商务活动中。企业在这类活动中或多或少地使自己的资产(如商标、专利)、技术(如方法、诀窍)和人员(如管理合同、交钥匙工程)卷入了商务活动,公司获取回报的时间明显变长,风险也自然增加。例如,若资产转移的所在国不注意对知识产权的保护,使制造技术、诀窍,甚至商标不正当地扩散,就可能造成竞争对手的增加和市场的混乱,最终失去潜在的市场。

3) 投资活动

投资包括直接投资(direct investment)和间接投资(portfolio investment)。直接投资主要是指为了达到控制企业目的的投资活动。虽然控股的理论值在 50% 以上,但随着公司股权的分散,在很多情况下,实际上只要获得某企业 10% 的股份就可以达到控股的目的。直接投资的核心不是单纯的货币资本流动,而是直接参加国外企业的管理。直接投资的主要方式有:在国外开办工厂、建立贸易公司、开采矿产资源和其他资源、购买当地原有企业,以及与当地私人、团体、政府合资兴办和经营企业,等等。直接投资通常是为了增加获得资源或市场的机会,它不仅意味着承担更多的义务、获取更多的资产所有权和经营决策权,而且意味着承担输送更多的资本、技术、人员到经营所在国的义务。因此,企业也需要承担更多的责任(有人认为这是一种最高的责任)。其主要原因是企业要承担大量投资于国外、回收期很长的资金风险,而且还要承担输送更多的专业人员和转移更多技术的风险。鉴于上述原因,直接投资往往被有国际商务经验的企业采用,也往往在国际企业获得商品、劳务进出口活动成功后采用。在两个或更多的经济实体分享直接投资的所有权时,这种经营形式的企业被称为合资企业(joint venture)。

间接投资的最大特点是在进行投资时并不刻意追求对企业经营的控制权,它往往可以通过购买股票或债券的形式进行,如通过分红或利息收取投资的回报。比如,美国2011年11月的数据显示,海外投资者所持的美国国债的总价值增加了1.7%,为4.75万亿美元;第二大海外投资者日本所持的美国国债的总价值增加了6%,为1.04万亿美元;最大海外投资者中国所持的美国国债的总价值减少了0.1%,为1.13万亿美元。

世界上最大的电子市场？摩托罗拉的大赌注

摩托罗拉在中国现有总投资为34亿美元,计划到2006年增加至100亿美元。摩托罗拉不仅将中国看作成本低的生产基地,也将中国作为其研发基地。这样做值得吗？当地的竞争者经常模仿跨国公司的产品,迅速制造出成本更低的仿造品。然而很多高新技术业内人士,如英特尔前总裁安迪·格鲁夫、微软创始人比尔·盖茨,都认为中国的13亿人口最终将成为半导体产品和电子产品的主要消费者。目前中国已经是世界上最大的手机市场,并且每三个月新增的市场就相当于澳大利亚的整个手机市场。摩托罗拉的主要竞争对手——诺基亚也已经在中国投资了24亿美元。

摩托罗拉于1987年进入中国,首先在北京设立办事处,后于1992年在天津注册成立摩托罗拉(中国)电子有限公司,从事各方面的工作,从研发工程、传呼机和手机制造、半导体包装,到制造出口和国内销售时用的外壳等。目前摩托罗拉世界销售收入的20%以上来自中国市场(大部分来自传呼机和手机),由此看来其投资还是有利可图的。然而,一些股东觉得把超过10亿美元的资金投入中国不值得,而且诺基亚和摩托罗拉争夺中国手机市场的拉锯战远没有停止,当地竞争者又发展迅猛,中国政府还鼓励国内企业与国外企业展开竞争。然而,摩托罗拉的高层管理者坚持认为,他们要用更长远的目光看待中国市场,他们的巨额投资将获得回报。

五、国际企业的产生与发展

产业革命后,资本的国际化运动经历了商品资本国际化、货币资本国际化和生产资本国际化三个阶段,相应地,企业经营国际化也经历了商品出口—劳务出口—直接投资这样的发展过程。这不仅是企业减少风险、获得稳定发展的需要,也是企业适应国际市场必然经历的阶段。在一个企业进入国际市场时,企业将面临与本国不同的外部环境,需要花费大量的时间和精力去研究分析外部环境的差异,以适应环境、降低经营风险。因此,企业经营国际化必然要经历一个渐进的、逐步参与和发展的过程。资本的国际化运动进入生产资本国际化阶段后,不仅使生产力要素实现了国际化,而且使生产过程及其组织形式也实现了国际化,国际企业正是在这样的历史背景下产生和发展起来的。

1. 国际企业的产生

企业跨国经营的萌芽最早可以追溯到16世纪末17世纪初英国的特许公司(chartered company)。特许公司是由英国王室赋予某种特权的垄断性公司。当时的特许公司已经有相当大的规模,业务拓展至海外殖民地。近代的跨国经营始于德国的拜尔公司。1865年,该公司投资购买了美国纽约州奥尔巴尼的苯胺工厂的股票,不久后又把它吞并为自己的工厂,由此拉开了企业经营国际化的序幕。此后,阿克苏诺贝尔公司、帝国化学工业公司、联合利华公司、通用电气公司、雀巢公司、杜邦公司等先后开始跨国生产和跨国销售。

第一次世界大战前的资本主义自由竞争时期,是国际企业的产生和形成时期。这一时期许多企业纷纷开始跨国经营,进行海外投资,设立海外制造厂及销售机构,包括美国的美孚石油公司、福特汽车公司、通用电气公司、西屋公司,以及欧洲的西门子公司、巴斯夫公司、英荷壳牌公司等。此后,跨国公司迅速发展,规模不断扩大,并因兼并其他公司而使得自身的资本越来越雄厚,开始大规模地进行国际投资。其中,最有代表性的便是美国的美孚石油公司,它是当时最典型的托拉斯企业。一些大型托拉斯企业开始大量输出资本,从而进一步发展成跨国公司。这些企业采取直接参与管理国外被投资企业的方式,不仅拥有对国外企业的所有权,而且拥有对国外企业经营活动的实际控制权,即股权安排。直接投资通常以子公司或分公司的形式存在。直接投资在资本输出中所占的比重较小,资本输出大多是间接投资,生产资本还未实现国际化。

2. 国际企业的发展

国际企业诞生于19世纪中期,成长于第二次世界大战之后。关税及贸易总协定(GATT)大大促进了世界范围内的贸易自由化和企业经营国际化。在20世纪60年代之前,跨国公司几乎全是西方发达国家的大型垄断企业;20世纪60年代以后,发展中国家的跨国公司开始出现并迅速发展。20世纪80年代以来,随着新技术革命的出现、国际分工的深化和经济全球化趋势的增强,企业经营国际化的发展势头更为迅猛。

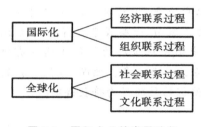

图 8-2 国际企业的发展阶段

如上所述,由于国际商务经营环境中存在着巨大的风险,国际性经营活动中也存在着企业参与程度深浅不同、经营方式风险不一的情形,这就决定了一个企业在其国际化的过程中,会为了获得丰厚的利润,避免可能存在的经营风险,而利用风险不同的商务活动,采取逐步的、分层次的方法,分阶段地参与到跨国经营活动中去,这被称为国际企业发展的阶段性。国际企业的发展一般经过两个主要阶段(国际化和全球化)和四个环节(过程),如图 8-2 所示。

企业国际化和企业全球化并非同义词。国际化是指国与国之间的企业在经济、贸易等方面的联系和交往,有一定的政治含义。企业国际化在企业管理人员的观念中有着很强的民族意识。全球化则是将整个世界视为无国界的,货物、劳务、资金、人员、技术、信息等在其中自由流动。在当今资本必须有效、充分地加以利用的国际环境中,国别之间的界线相对于企业来说越来越不明显,人们很少关心资本的民族性。对于消费者来说,只要所购买的产品能满足他们的具体需要,原产地问题就变得无关紧要,即消费者不会太关心产品的国别。

1) 企业国际化经营

企业国际化是一个渐进的发展过程。一般认为,企业国际化的基本进程是:商品进出口—劳务进出口—投资活动。这一进程是企业规避风险、获得稳定收入的需要,也是企业适应国际市场,进而参与国际市场竞争所必须要经历的过程。

第一环节:经济联系过程。经济联系过程从 19 世纪开始,至今仍在继续。在这一环节中,以传统的商品进出口贸易、对销贸易等为主的国际贸易成为各国之间经济交往的主要方式,企业的主要组织形式为外贸公司。在一个企业为谋求更大的销售额、追求新的资源和多元化经营而开始进行跨国经营的时候,它的经营活动往往限于间接的进出口贸易,甚至依靠一些进出口公司来安排经营活动。

第二环节:组织联系过程。组织联系过程主要发生在20世纪50年代到70年代,现在仍在发展中。第二次世界大战后,世界进入了直接国际化大生产的新阶段,许多企业在进出口贸易的基础上已开始独立地安排一些国际商务活动,主动、直接地寻求贸易伙伴,到国外投资,建立生产型企业,形成本国母公司和国外诸多子公司的网络,大量交易在公司内部进行,从而使各国之间的经济交往通过企业这种组织上的渗透加以巩固,扩大了企业外向型的商务活动。

2) 企业全球化经营

实行全球化经营的企业在海外进行投资时,不仅要给本国返回利润,而且要对东道国或所在地区的利益有所贡献。在管理机制上,公司总部与海外子公司更加强调实行双轨沟通、协调管理。全球化是大势所趋,任何国家、企业和个人都不能回避。

第三环节:社会联系过程。社会联系过程从20世纪70年代开始,至今仍在发展。在这一阶段,跨国公司成为国际经济活动的主体,发达资本主义国家的老牌跨国公司逐渐向全球公司发展,发展中国家的跨国公司也在数量和规模上不断发展、壮大,成为国际经济中一股不可低估的力量。企业经营更加多元化,贸易、生产、科研、运输、保险、金融、仓储等业务活动交织在一起,经营跨度趋于全球化。此阶段最明显的特点是,企业的经营活动已直接参与到国外的商品、劳务、生产、销售环节中去了,并已在国外设立了常驻的代表或机构。例如,安排出口业务的企业已有常驻国外的代表或贸易代办处。从企业的组织形式来看,企业负责国际商务活动的部门已建立了专门的机构,负责处理相应的国际商务事务。在这一阶段,跨国公司和众多的国际企业除了广泛进行合资和合作外,还组成了新型的战略联盟公司。

第四环节:文化联系过程。国际企业在世界各地投资建厂,雇用当地和其他国家的人员,进行跨文化管理,这必然会给东道国的社会风俗、文化传统、价值观念等带来影响,促进各国在文化上的交流和联系。在此阶段,企业已将自己的战略目标从国内转向国外,国内经营活动的重要性也随着企业国际化的加深而减弱,企业已不再只是面向国内、附带进行一些国际商务活动的企业,而是成为以全球经济活动为出发点、在广阔的国际市场上寻求全球最佳经营效果的跨国公司。为适应这些变化和复杂的经营环境,企业的商务活动也由比较单一的经营形式发展成多种形式,组织机构也相应地发生了巨大的变化,以便领导和控制已在全球许多国家和地区进行商务活动的子公司。

表8-2是对企业介入国际商务活动各个环节特征的小结,它简明扼要地介绍了企业在国际化进程中的各个环节在经营方针、经营活动种类、组织结构等方面的特征。

表8-2 企业国际化发展四个环节的基本特征

类 别	第 一 环 节	第 二 环 节	第 三 环 节	第 四 环 节
与国外市场的接触情况	间接地 被动地	直接地 主动地	直接地 主动地	直接地 主动地
国际性经营地点	国内	国内	国内和国际	国内和国际
公司的经营方针	国内	国内	首先考虑国内	国际
国际性经营活动的种类	商品和劳务的贸易	商品和劳务的贸易	贸易、国外投资	贸易、国外投资
组织结构	传统的国内结构	国际部门	国际部门	全球性组织结构

参照以上标准不难发现,我国在跨国经营活动方面开展较早并取得成功的一些企业,如中国化工进出口公司、首都钢铁公司、海尔集团等,都可以被认为是我国跨国经营的先锋。但如果按照企业国际化的环节细分来看,中国化工进出口公司、海尔集团应处在企业国际化的第三环节,与第四环节的国际经营的特征相比,最大的差异就在于它们还未能从全球市场的角度进行战略性思考,还未能从全球目标的角度进行资源配置和经营安排;而首都钢铁公司只能被认为处于第二环节,虽然它已在有些国家建立了自己的原料基地、生产厂家甚至研发部门,但其内向性的特点十分突出,基本上还只是服务于国内市场。

3. 国际企业的发展趋势

在国际化过程中,现代企业越来越显露出战略全球化、规模大型化和组织股份化等发展趋势。

1) 企业战略全球化

全球战略是指跨国企业在全球范围内实行资源的最优化配置,以期达到长期的总体效益最优化,即在变化的国际经营环境中,为求得长期生存和发展而做出的总体的、长远的谋略。全球战略是一种以变革为实质内容的概念,以全球化、长远性、纲领性、抗争性、风险性为特征。世界各地的跨国企业越来越注意从全球的角度进行战略思考,抓住全球性机遇,合理安排有限的资源,制订全球战略目标,替代仅从一个国家或地区的目标出发而确定的局部型战略。决策者不受民族和国家的限制,考虑世界市场和世界资源的分配,而不斤斤计较一个国家的市场和资源,以更广阔的视野看待企业的生产、贸易、投资的组织,以及技术的开发和转移。各国企业越来越认识到实施经营战略全球化是社会分工国际化的必然要求,这样可以带动和促进产品在更广阔的国际市场上销售,有利于打破国与国之间的贸易壁垒,更迅速、更准确地掌握世界市场的动态。

2) 企业规模大型化

国际竞争是经济实力的较量,国家经济实力的竞争分解到最后应是企业之间的国际竞争,这就必然要求企业大型化和国际化。美国的埃克森公司、通用汽车公司、IBM公司,日本的丰田汽车公司、松下电器公司,韩国的三星电子公司、大宇集团等,实际上代表着"国家队",对一国经济有着举足轻重的作用。发达国家的一些著名跨国企业往往通过跨国垂直一体化、横向一体化和综合一体化的途径来壮大实力、回避风险、取得规模经济,从而走向国际化,并在此基础上建立并逐步推行全球战略。这些巨型公司集资金优势、技术优势、产品优势、人才优势于一身,又得到本国政府的支持,在国际市场上具有很强的竞争优势,甚至在整个世界经济和特定经济技术领域中也具有举足轻重的地位。值得一提的是,第二次世界大战后,国际经济发生了宏观(国家)和微观(企业)逆反的现象,有的跨国企业生产总值的发展,甚至超过了以国家为单位的GNP的发展,使其在世界经济系统中成为超越主权国家的权力主体。例如,沃尔玛公司是世界上最有影响力的企业之一,它如果是国家,在世界财富排行榜上应该排在沙特阿拉伯、瑞士和奥地利之前,居第十三位。从跨国经营的实践来看,企业国际化和大型化之间在客观上存在着某种必然的联系。有意思的是,一些后来居上的发展中国家和地区的著名跨国企业也深得规模经济的好处,从而有大型化的趋向。这些公司具有相当大的规模,在国际上,随着其市场价值和竞争力的增强,其知名度也在逐步提高。

3) 企业组织股份化

与企业大规模经营相联系,跨国企业通常都实行公司制,以股份制形式将分散的资金集中起来。在发达国家,所有者的出资方式呈现五个特征:①出资者股权一定程度的分散化,几乎没有单个出资者持有一半以上的股份,持10%以上股份的也很少见;②出资者的人格化,即出资者以企业法人的形式体现人格化,特别是在日本,法人资产占公司资产的75%以上,法人资产占公司资产的绝大部分比重;③出资方式的契约性,即通过符合法制的规范方式出资,行使权利,获取收益,如通过母子公司、子孙公司持股,通过合同出租国有企业等;④最终所有者出资方式的间接性,即绝大多数投资者是通过几个或多层次的法人层层持股,从而"最终"拥有"末端"企业资产的,如美国的洛克菲勒财团有1000多亿美元的实力,并不是说洛克菲勒家族有这么多钱,事实上,洛克菲勒家族只有几十亿美元的家产,但它通过子公司、孙公司层层控股,所支配的资金达到1000多亿美元;⑤法人股份资产既具有流动性,又具有一定的长期稳定性。这些特征既是科技进步、国际分工、世界经济一体化发展的客观要求,也是各国企业进一步实现全球性多元化经营的必然趋势。

美日国际企业的发展与现状比较

一、美国国际企业的发展与现状

1. 美国国际企业的发展

1)美国国际企业的发展初期在1850年以后

19世纪中期,随着美国机器工业的蓬勃发展,厂商开始到国外寻求市场,进行产品出口,继而到国外投资设厂。1914年,第一家向海外投资建厂的是美国的胜家公司,然后通用电气等企业也纷纷到国外投资建厂。到第一次世界大战前夕,通用电气公司已经在加拿大、英格兰、法国、德国和日本开展了相关的制造业务,墨西哥、南非、澳大利亚都拥有它的子公司和办事处。这期间,美国烟草公司也垄断了国内市场并开始向外扩张,为了应付国外的高关税,先后在澳大利亚、加拿大、日本和德国建立了子公司。

2)1914—1980年间是美国国际企业走向成熟的时期

这一期间,美国国际企业获得了空前的发展,其中最显著的一个特点就是大企业多。在这段时间里,美国大型国际企业在世界各国排位中始终名列前茅。1956年,在世界100家最大国际企业排名中,美国企业达到79个,占到近80%;20世纪六七十年代,在世界100家最大国际企业排名中,美国企业占到一半以上。尤其是美国制造业国际企业,在第二次世界大战后发展十分迅速。美国国际企业就是以制造业为基础形成并发展壮大的。

3)20世纪90年代后,美国企业开始迈向全球化和国际一体化生产

世界国际企业的竞争加剧,尤其是20世纪90年代以来日本国际企业的快速发展,给美国国际企业带来了严峻的考验。1994—1996年间,日本在世界100家最大国际企业排名中超过美国,占世界第一位。这一现实迫使美国国际企业进行大规模的战略改组,以提高企业的竞争力,加速实现全球化的扩张战略。1998年4月6日,花旗银行同旅行者集团进行合作,组成世界上最大的金融服务企业,总资产达到6980亿美元。无论是并购前的资产规模还是并购后的资产规模,花旗银行都创造了世界之最。通过并购,花旗银行成为世界银行业的龙头老大。大通银行和美洲银行也跻身于世界十大银行之列。

美国大企业的改造和兼并无疑大大提高了它们的竞争力。1990年,通用电气公司在《商业周刊》公布的全球1000家大公司排行榜中排第五位,1997年一跃成为第一位并一直保持至

1999年;1990年,可口可乐公司在全球1000家大公司排行榜中排第23位,1997年上升到第二位。究其重要原因就是实行了全球一体化战略。

2. 美国国际企业的现状

美国是世界经济强国,也是世界国际企业大国。今天,美国国际企业通过迅猛发展和不断壮大,已经成为美国经济的重要基础和国际竞争力的来源。

1) 整体水平高

在世界国际企业中,美国国际企业具有良好的经营业绩。就利润而言,2000—2004年世界赢利最多的十大国际企业中总有五家以上是美国企业,甚至前三甲均为美国企业。在《财富》杂志公布的2001年世界500强企业中,有179家是美国企业,超过了1/3。在排名前十的大公司中,有六家公司的总部在美国。在《财富》杂志公布的2004年世界500强企业中,美国企业有189家。目前美国国际企业在全球建立了2.4万多个分公司,对全球经济具有举足轻重的影响。

2) 行业中的领头羊较多

就行业情况而言,在《财富》杂志公布的2004年世界500强企业中,美国在诸多产业中拔得头筹。在计算机和办公设备方面,IBM公司荣获桂冠,其次是惠普;在电子、电气设备方面,为首的是通用电气公司;在汽车产业中,通用汽车公司位居首位,紧随其后的是福特汽车公司;在零售业方面,沃尔玛高居榜首;在石油精炼方面,埃克森美孚公司位居首位。

二、日本国际企业的发展与现状

1. 日本国际企业的发展

日本国际企业的发展可以分为两个阶段:第一阶段从第二次世界大战结束到1974年,这期间日本国际企业的海外投资总量较少,增长率低,资本投向主要是一些传统产业,如纺织业,它们在海外寻求低劳动成本,以抵消日益增长的国内工资水平,因而发展中国家,特别是南亚地区,成为日本投资的主要场所;第二阶段是从1975年到20世纪90年代,日本国际企业逐步与美国国际企业分庭抗礼,形成了美、日、欧三极的国际企业时代。日本国际企业的崛起给世界国际企业,尤其是美国国际企业带来了强烈的震撼和冲击。20世纪70年代后期,日本外资大规模到美国投资建厂,着重投资在附加值高的诸如汽车、家用电器等资本密集型产业。日本国际企业的产品开发和设计水平已经优于其众多对手,挤占了美国大量的市场,许多供应美国需求的产品都是在美国设厂生产的。比如,1987年日本供应美国的彩电有600万台是在美国生产的,仅有140万台是从日本进口的。除此之外,日本银行在美国投资的比重也在不断上升。20世纪80年代后期,日本银行控制的美国银行资产比所有其他外国银行资产的总和还要多。1988年,美国《商业周刊》公布全球1000家大公司排名时,日本位列其中的大公司有333家,其市场价值在1000家大公司总价值中占48%。1994年、1995年、1996年的世界前100家大公司中,日本分别达到了41家、37家、29家,高于美国,居世界第一位;1997年、1998年、1999年,分别达到了26家、23家和18家,居世界第二位。

2. 日本国际企业的现状

日本国际企业近年来经营业绩不佳,国际竞争力有所下降,这与它们自身存在的问题有直接关系。许多日本国际企业僵化的股东结构以及保守的公司战略成为其发展的障碍。目前,除个别企业(如佳能公司)积极推行面向全球化经营的企业改革尚有成效外,多数日本大型国际企业的改革乏善可陈。在2001年世界经济放缓的形势下,缺乏应变能力的公司自然面临着更加严峻的经营困境。以至于当历来被视为日本企业的经营典范、世界家电王国松下电器公司在2001年8月宣告2001年第二季度出现历史上的首次亏损时,在国际企业界引起了不小的震动,更使得人们对未来日本大型国际企业的整体前景堪忧。但这种情况到2004年有所改善。《财富》杂志公布的2004年世界500强企业中,日本企业有82家;排名前50位的企业中,有8家日本企业。丰田汽车公司、日立公司、本田汽车公司、索尼公司等知名的日本国际企业都榜上有名。其中,2004年日本最大的国际企业是丰田汽车公司,所占市场份额达到11%;同时日产汽车公司、本田汽车公司和三菱汽车公司也跃居世界汽车业十强,其市场份额分别约为5.4%、4.0%和3.3%。在泰国、马来西亚、印度尼西亚等亚洲汽车市场,日本大型企业的统治地位表现得更为突出;而在电信业中,日本电报电话公司成为世界上该领域里的龙头老大;在电子、电气设备行业,日本的日立公司仅次于德国的西门子公司,名列全球第二位。

六、经济全球化的兴起与发展

1. 经济全球化的兴起

全球化这个概念最早是由美国经济学家提奥多尔·拉维特于1985年提出的,但究竟什么是经济全球化,还是众说纷纭。一般认为,经济全球化是指世界各国和地区的经济相互融合、日益紧密,逐渐形成全球经济一体化的过程。经济全球化包括贸易全球化、生产全球化和金融全球化三个阶段,以及与此相适应的世界经济运行机制的建立与规范化过程。总的来说,经济全球化产生的原因如下。

(1) 以信息、通信技术为核心的现代科学技术的进步和发展,为经济全球化提供了技术基础条件。交通运输技术的发展使国际货运成本大大降低、时间大大缩短,推动了国际贸易、生产、投资等经济因素在世界范围内进行优化配置;信息、通信技术的发展使信息交流的成本大大降低。如今,信息网络技术已跨越地区、国家、制度等障碍,触及世界的各个角落,新的沟通技术使规模空前的资金流动成为可能,也使跨国公司真正在全球范围内的生产、销售成为可能,网络技术已经把世界经济联结成一体,推动了经济全球化的发展。

(2) 跨国公司的迅速发展和能力的日益增强,为经济全球化提供了发展载体。跨国公司的规模不断扩大,数量不断增加。现在跨国公司已有4万多家,在国外的子公司的附属企业有28万个。它们控制了全世界生产的40%,贸易的50%~60%,发明专利的80%。跨国公司已成为当今世界的经济主宰力量,它们在全球范围内对全球的资源、劳动力进行配置,在全球市场组织生产和销售,这种跨越时空的国际分工模式有力地推动了经济全球化的发展。

(3) 世界银行、世界贸易组织等国际组织制定的经济规则为经济全球化提供了制度保障。世界银行、国际货币基金组织、世界贸易组织等国际经济组织制定了国际经济秩序的基本规则,在全球经济运行中,这些组织的作用不断增强,它们使世界各国能在全球统一的市场内自由、公平地竞争,极大地促进和保障了经济全球化的发展。

国际货币基金组织

国际货币基金组织(international monetary fund,IMF)是政府间国际金融组织,世界两大金融机构之一,1945年12月27日正式成立,1947年3月1日开始工作,1947年11月15日成为联合国的专门机构。国际货币基金组织在经营上有其独立性,总部设在华盛顿。

1. 宗旨

国际货币基金组织建立的宗旨是:①通过一个常设机构来促进国际货币合作,为国际货币问题的磋商和协作提供方法;②通过国际贸易的扩大和平衡发展,把促进和保持成员国的就业、生产资源的发展、实际收入的高水平,作为经济政策的首要目标;③稳定国际汇率,在成员国之间保持有秩序的汇价安排,避免竞争性的汇价贬值;④协助成员国建立经常性交易的多边支付制度,消除妨碍世界贸易的外汇管制;⑤在有适当保证的条件下,向成员国临时提供普通资金,使其有信心利用此机会纠正国际收支的失调,而不采取危害本国或国际繁荣的措施;⑥按照以上目的,缩短成员国国际收支不平衡的时间,减轻不平衡的程度等。

国际货币基金组织的资金来源于各成员国认缴的份额。成员国享有提款权,即按所缴份额的一定比例借用外汇。1969年,国际货币基金组织又创设了"特别提款权"的货币(记账)单位,作为国际流通手段的一个补充,以缓解某些成员国的国际收入逆差。成员国有义务提供经济资料,并在外汇政策和管理方面接受该组织的监督。

2. 组织结构

国际货币基金组织的最高权力机构为理事会,由各成员国派正、副理事各一名组成,一般由各国的财政部长或中央银行行长担任。理事会在每年九月举行一次会议,各理事单独行使本国的投票权(各国投票权的大小由其所缴基金份额的多少决定)。

执行董事会负责日常工作,行使理事会委托的一切权力。执行董事会由二十四名执行董事组成,其中八名由美、英、法、德、日、俄、中、沙特阿拉伯指派,其余十六名由其他成员国分别组成十六个选区选举产生。执行董事每两年选举一次;总裁由执行董事会推选,负责基金组织的业务工作,任期五年,可连任;另外还有三名副总裁。

国际货币基金组织临时委员会被看作是该组织的决策和指导机构,由24名执行董事组成。委员会在政策合作与协调,特别是在制定中期战略方面充分发挥作用。

国际货币基金组织设五个地区(非洲、亚洲、欧洲、中东、西半球)部门和十二个职能部门(行政管理、中央银行业务、汇兑和贸易关系、对外关系、财政事务、国际货币基金学院、法律事务、研究、秘书、司库、统计、语言服务局)。

3. 会员资格

加入国际货币基金组织的申请,首先会由该组织的董事会审议;之后,董事会向管治委员会提交"会员资格决议"报告,报告中会建议该申请国可以在基金中分到多少配额;管治委员会接纳申请后,该国需要修改法律,确认签署的入会文件,并承诺遵守该组织的规则。

成员国的"配额"决定了该国的应付会费、投票力量、接受资金援助的份额,以及特别提款权(SDR)的数量。

中国是该组织的创始国之一。1980年4月17日,国际货币基金组织正式恢复中国的代表权。中国当时在该组织中的份额为80.901亿特别提款权,占总份额的4%(数据来源于2012年6月19日国际货币基金组织官网公布数据)。

2010年11月6日,国际货币基金组织通过改革方案,中国投票权份额占比升至6.39%。中国自1980年恢复在国际货币基金组织的席位后,单独组成一个选区并指派一名执行董事。1991年,该组织在北京设立常驻代表处。

国际货币基金组织是由185个国家参与的组织,致力于促进全球金融合作、加强金融稳定、推动国际贸易、协助国家达到高就业率和可持续发展,除了朝鲜、列支敦士登、古巴、安道尔、摩纳哥、图瓦卢和瑙鲁外,所有联合国成员国,而且只能是联合国成员国才有权直接或间接成为其成员。

(4) 市场经济在全球的深入发展,为经济全球化奠定了体制基础。当今世界,虽然局部地区的战争从未间断过,但从世界发展的大趋势来看,和平与发展依然是时代的主题。发展经济、提升自己的综合国力已成为世界各国的共识。东欧剧变,特别是苏联解体后,从苏联分解出的俄罗斯等国以及东欧的原社会主义国家开始建立市场经济体制,中国等社会主义国家也实行社会主义的市场经济,使原来的计划经济逐渐退出历史舞台。市场经济的发展使各国的经济日益以市场为纽带而紧密地结合在一起,为经济全球化的发展创造了良好的条件。

(5) 世界局势总体上趋向缓和。各国政府都把发展经济放在首位,积极走向世界市场,不断加强相互间的协调与竞争,推动产业结构在全球范围内的大调整,并使世界经济从工业经济向知识经济过渡。

2. 经济全球化和经济一体化

经济全球化和经济一体化是当今世界经济发展的重要特征,是世界经济发展中并行不悖的两股潮流,两者既密切相关,又有不同。

1) 经济全球化的含义

对于经济全球化的概念,国内外学者从不同的角度进行过阐释。其实,对于经济全球化的发展趋势,马克思和恩格斯早在1848年发表的《共产党宣言》中就做出过论断:"资产阶级,由于开拓了世界市场,使一切国家的生产和消费都成为世界性的了……过去那种地方的和民族的自给自足和闭关自守的状态,被各民族的各方面的互相往来和各方面的互相依赖所代替了。"事实上,经济全球化就是指社会发展呈现出这样一种趋势:生产力的高度发展使所有生产要素和经济关系跨越国家及地区界限而日益自由流动,使世界经济在全球融合为一个难以分割的整体。在经济全球化和国际分工深化的基础上,人类社会生活在全球范围内展现全方位的沟通、联系和相互影响。经济全球化要求在国际范围内实现资源的全球优化配置,强调国际合作与协调,它是经济国际化的进一步发展和更高级的表现。目前,经济全球化还处在不断深入发展的进程中,其本质是市场和资本的全球化。总之,经济全球化是生产力和生产关系发展的必然结果。

2) 经济一体化的含义

经济一体化源于西欧,其本义在于以区域为基础,提高资源的利用效率。经济一体化的实现,需要在一体化区域内消除阻碍贸易与生产要素流动的各种障碍,因此,有学者简单地将其表述为"再生产过程各个阶段中国际经济障碍的消除"。此外,经济一体化还需要在区域范围内设立机构,形成共同的内在管理机制,制定共同的制度规范,为市场提供有效的制度保证和持续不断的动力。所以,组织性和制度性是经济一体化的基本特征。

经济一体化有多种表现形式:关税同盟、自由贸易区、共同市场、货币联盟、经济与货币联盟及完全的一体化。由于国际经济和政治问题互相影响、密不可分,在经济一体化的过程中不可避免地会掺杂对政治一体化的要求。所以,完全意义上的经济一体化要求政治、法律、安全防务等领域的一体化,要求更多的主权让渡和主权共享,这意味着建立机制化的制度具有很大的难度。一般而言,参与的国家和地区越多,经济一体化的发展就越困难和曲折。

3) 经济全球化与经济一体化之间的关系

经济全球化和经济一体化是两个不同的概念,但是两者之间既有逻辑上的联系,又有本质上的差别。经济全球化是经济一体化的客观基础,经济一体化是在经济全球化基础上的更高层次的经济融合。从目前的世界格局来看,经济全球化已是一个既成事实,经济一体化只是局部区域、局部领域内的状态和进程,全球经济一体化仍然只是经济全球化的一个理想目标。

3. 发展中国家面临的挑战

关于经济全球化对发展中国家的影响,不能简单地得出其对发达国家利大于弊、对发展中国家弊大于利的结论。事实上,经济全球化对世界各国都带来了一定的冲击,很难说对一些国家的冲击小,对另一些国家的冲击大。经济全球化带来的激烈竞争,既包括发达国家和发展中国家之间的竞争,也包括发达国家之间以及发展中国家之间的竞争。这种空前激烈的竞争,可能给世界各国带来巨大的冲击。对于某一具体国家而言,这种冲击的可能性能否变为现实,或者说受冲击程度的大小,并不取决于该国是发达国家还是发展中国家,关键在于该国所采取的应对措施是否得当。否则,即使是发达国家,同样也会受到严重冲击;相反,如果是发展中国家,只要应对得当,同样也会实现经济的快速发展。

发展中国家由于实行改革开放政策,对外贸易联系不断扩大,在国际贸易、国际金融和国际投资中所占的份额逐步增加,在世界经济中的地位逐渐上升,已成为世界经济发展最具潜力的一个中心所在。同时,发展中国家同发达国家之间在经济上存在着较强的互补性,有利于多种资源、多种市场的有机结合,为发展中国家经济的进一步发展提供了有利的契机。但是,经济全球化在为发展中国家注入活力的同时,也危害到它们的可持续发展。不可否认,经济全球化也使发展中国家的经济面临一定的冲击和挑战,这主要表现在如下几个方面。

1) 跨国公司的"双刃性"

20世纪80年代,发展中国家改变了对资本流入的态度,采取吸引外资的新政策,在引进知识、技术方面发展较快。跨国公司的投资和技术转让,使发展中国家有可能利用"后发效应"实现超常规发展,摆脱贫困。但是,跨国公司从自身国家利益出发,按照它们固有的理念和思路拟定国际贸易的标准和重建国际贸易的秩序。因此,资金引入产生明显的替代效应;大量外资渗透到发展中国家的经济命脉中,给经济安全留下隐患;在技术方面,发展中国家形成对发达国家的技术依赖,这不利于本国高新技术的发展。

2) 生态安全受到威胁

发达国家利用其技术和资本优势,在充分利用甚至掠夺发展中国家资源的同时,还把污染严重、耗能高的产业转移到发展中国家,从而导致资源从发展中国家向发达国家转移,污染源从发达国家向发展中国家转移。

3) 南北矛盾更为突出

据联合国的一份报告说,国际互联网名副其实地成为一张覆盖全球的大网,张开双臂欢迎上网的人,却无形之中排斥着穷人,使贫富差距拉大,可持续发展难以为继。由于发达国家拒不兑现在联合国环境与发展大会上关于对发展中国家的资金和技术援助的承诺,发展中国家实施可持续发展受到限制,一些发达国家以"环境标志"等为手段,筑起了国际经济贸易合作中的绿色壁垒。这些都在很大程度上影响了发展中国家的可持续发展。

4）可能诱发金融风险

金融全球化是经济全球化的重要方向。在金融全球化的浪潮中,国际资本的流动速度大大加快。在流动的国际资本中,"游资"占有很大的比例。这种资本的最大特点是投机性强,它以很快的速度出入各国的资本市场,在给各国带来巨大的资金供给的同时,也给各国的金融和经济带来了巨大的冲击。如果短期资本突然大规模地撤出本国市场,那么本国将不可避免地发生货币和金融危机。近年来的墨西哥金融危机、亚洲金融危机、巴西金融危机就是很好的例证。

第二节 三来一补企业

一、三来一补企业的概念

所谓三来一补,是指来料加工、来样加工、来件装配和补偿贸易四种外商直接投资形式的总称。它是国际上通行的利用外资形式,也是中国开展对外贸易的重要方式。三来一补企业,是指中国从事三来一补经营活动的具有法人资格的经济实体或经济组织。在三来一补企业中,外商称为定做方,中方称为承揽方,双方通过签订合同来确定相互权利义务关系,开展加工装配业务。三来一补的规范化称谓表示如图8-3所示。

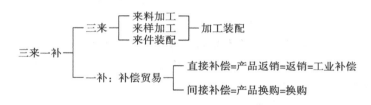

图8-3 三来一补的规范化称谓表示

1. 来料加工

所谓来料加工,是指外商提供原材料、辅料和包装材料,中方企业按照规定条件(如图纸标准和工艺要求)进行加工,成品交给外商,中方收取工缴费。来料加工的具体方式有:

(1) 外商提供全部或部分原材料、辅料和包装材料,成品交给外商,中方只收加工费。

(2) 外商"来料"和中方加工后的"成品"分别作价,根据"各作各价"合同,中方只收差价。

(3) 外商除提供"来料"以外,还提供加工所需的技术、设备、设施,其价款从中方工缴费中清偿。

(4) 中方外贸部门同外商签订合同,承揽来料加工业务,然后组织加工企业生产,外贸部门同加工企业之间按购销业务关系办理。(也适用于来样加工和来件装配)

2. 来样加工

所谓来样加工,是指外商提供产品的样式、规格、商标、花色和质量标准等,中方企业按照规定要求,用自己的原材料加工生产,成品交给外商,中方收取加工费和所供原材料的价款。

如果外商提供了加工所需的工具、设备和技术,其价款则从中方工缴费中清偿。

3. 来件装配

所谓来件装配,是指外商提供元器件、零部件和装配用的工具设备,中方企业按外商要求的质量、规格、款式进行加工装配,成品交给外商,中方收取工缴费或装配费。

外商的"来件"分为两种形式:①全分解零件,即外商将零件以散装的形式运来,中方企业先将散零件组装成部件,再将部件组装成成品;②半分解零件,即外商将部件以散装形式运来,由中方企业把部件组装成成品。

上述"三来"业务,统称加工装配。中方承揽加工装配的企业,有国有企业、集体企业、私营企业和个体企业;从事的行业有机械工业、电子工业(以来件装配为主)、轻纺工业和农牧渔养殖业(以来料加工、来样加工、来料种养为主)等。

4. 补偿贸易

所谓补偿贸易,是指中国以信贷方式引进外资、技术、设备和原材料,然后以产品分期偿还价款的一种投资形式,具体方式有如下几种。

1) 按产品补偿方式划分

(1) 直接补偿:用引进的技术和物料直接生产的产品叫直接产品,用直接产品偿还的叫直接补偿,又叫产品返销(简称返销)。此种方式一般适用于设备和技术贸易,国外也有人称之为工业补偿。

(2) 间接补偿:偿还外商的产品,不是用引进的技术和物料直接生产出来的产品,而是双方均能接受的等值的其他产品,故又称为等价商品补偿,也叫商品换购(简称换购)。

2) 按产品补偿所占的比例划分

(1) 全额补偿:合同价款(包括贷款本息),百分之百用产品偿还。

(2) 部分补偿:合同价款用部分产品、部分现汇来偿还。部分现汇一般是指一定百分比(通常在15%以内)的现金支付定金。

3) 按补偿贸易的行为主体划分

(1) 双边补偿:补偿贸易的参加者,若仅有中外双方,则中方向外商补偿。

(2) 补偿贸易的参加者是多国多方,即提供技术、设备的一方不一定就是借贷者,也未必是产品返销的接受者,它可以是三角补偿或四边补偿。这种方式的补偿贸易比较复杂,其特点是由第三国代替首次进口的中国一方承担或提供补偿产品的义务。这种情况一般发生在对外签有支付清算协定的国家。例如,中国与伊朗签有支付协定,进行记账贸易,并经常处于顺差状态,但伊朗没有合适的产品可供中国进口;与此同时,中国需要进口意大利的设备和技术,但苦于外汇短缺,想利用补偿贸易方式进口。经中国同意大利谈判以后,知道意大利需要伊朗可供出口的产品,伊朗也愿意向意大利出口,于是,中国便利用支付协定所赋予的购买第三国产品的权利,用伊朗的产品换意大利的设备和技术。这种贸易就是多边补偿,也叫转手补偿。

4) 综合补偿贸易

所谓综合补偿,是指把上述各种单一简单的补偿贸易进行灵活组合。例如,直接的、部分的三角补偿,就是既包括直接用产品补偿,又包括用部分现汇补偿(15%定金),还包括三国三方参加的广泛的多边合作补偿。由于综合补偿贸易对参加的各方都有利,故综合补偿贸易已成为当代国际流行的补偿贸易形式。

总的来看,对于一个企业来说,三来一补业务,实际上往往是有所侧重而又互相渗透、融为一体的。

5. 三来一补的特点

由于三来一补既具有对外经济合作的性质,又具有一般贸易的某些属性,因此综合起来看,三来一补具有如下几个特点。

1) 吸收外商"实物"投资

外商提供的设备、原材料、辅料、零部件、元器件等,均应视作直接投资。中方利用外商提供的"实物"投资,加工生产,收取工缴费;或以直接产品或间接产品或工缴费,来清偿外商预先垫付的"实物"资金。

2) 中方一般不需要流动资金

在外商提供"实物"投资的条件下,中方只需提供厂房或加工场所、劳动力和一些简易设备,不需要筹措流动资金,就可以开展生产和业务活动,合作方式简便易行。

3) 供产销一体化,中方承担风险较小

三来一补中的料、样、件、技术设备和销售市场在国外,即"两头在外",生产或加工装配环节在国内,供产销是一个统一的整体。中方既不担心"供",也不担心"销",而且结算和支付方式对中方有利。

4) 提供劳务出口

三来一补大都是劳动密集型产品,占用劳动力甚多。一般来说,投入的活劳动越多,出口创汇就越多,完全是不出国门的劳务出口。

由此可见,三来一补是将外资利用、技术引进、劳务合作、商品贸易整合在一起的总称,是既包括对外经济合作,又包括一般对外贸易的供产销综合体。目前,中国的三来一补正深入发展,前景十分广阔。

二、三来一补企业的发展、转型和转移

三来一补企业是改革开放的产物。自从珠海香洲毛纺厂在1978年8月签订第一份毛纺织品"来料加工"协议以来,中国三来一补企业取得了长足发展,直到现在,大量的三来一补企业转型为三资企业,大量的三来一补工厂重新注册为外资企业(即外商独资企业),大量的三来一补项目由东向西梯度转移。其发展过程主要经历了如下四个阶段。

1. 起步阶段(1978年—1987年)

该阶段企业总体规模较小,内资企业开展的来料加工占主导地位,以简单加工和劳动密集型加工为主,加工地域相对集中在广东省、福建省。这里说的"来料加工",是指进口料件由外商提供,既不必付汇进口,也不必用加工费偿还,而是将加工制成品交由外商销售,加工经营企业收取加工费的加工贸易活动。该阶段的加工装配主要是"贴牌生产"(OEM),是指按原单位(品牌单位)委托合同进行产品开发和制造,用原单位商标销售或经营的合作营运方式。OEM在中国家电等行业得到了广泛应用。

2. 快速发展阶段(1988年—1995年)

该阶段进料加工和外商投资企业迅速发展,规模迅速扩大,并占据主导地位。这里说的"进料加工",是指进口料件由经营企业付汇进口,加工制成品由经营企业外销出口的加工贸易活

动。该阶段的产业结构从劳动密集型向资本密集型和技术密集型过渡,加工地域向东南沿海及内地快速扩散(时称"漫山放羊"),加工贸易进出口额开始占据中国外贸半壁江山。

3. 稳步发展阶段(1996年—2006年)

随着越来越多的大型跨国公司来华,加工贸易向高新技术产品方向升级取得积极进展,机电产品取代了传统大宗出口商品(如服装、玩具、鞋类、箱包等),占据主导地位。

自1996年以来,中国加工贸易占比一直保持在55%左右,特别是在1998年、1999年一度高达56.9%。2006年加工贸易占中国外贸比重为52.7%;同时,加工贸易顺差高达1888.8亿美元,是中国贸易顺差的主要来源,也是中国对外贸易的主要方式,对中国出口的贡献率达到了60%以上。多年来,加工贸易累计创造就业岗位3000万余个,约占中国第二产业就业人数的20%,而相关配套产业就业人数更达到了5000万~6000万人。因此,三来一补成为加工贸易的经营方式,其历史功绩无可匹敌。

4. 转型升级与梯度转移发展阶段(2007年至今)

1) 转型与转移的背景

(1) 宏观调控解决困局的需要。

中央宏观调控明确要求:继续发展加工贸易,不失时机地引导加工贸易转型升级和梯度转移。

长期以来,中国加工贸易基本为贴牌生产(OEM),后来有了委托设计生产,继而产生了自主品牌营销(如惠州的TCL,深圳的华为、中兴、康佳,顺德的美的、科龙,珠海的格力等)。但总体来看,问题较多:①技术含量和增加值较低;②土地、能源、资源占用和消耗大;③环境污染较重;④最关键的是,加工贸易的某些发展趋势,似乎要将中国固定在国际分工产业链低端;⑤通过加工贸易方式猛然增加的贸易出口份额和顺差,已使中国产品更直接地暴露在国际贸易摩擦之中。

(2) 经济规律驱使。

经济规律表明,一般而言,加工制造业转移周期为20年。目前,东部加工贸易的边际利润已经从5年前的18%下降为10%左右,很自然地推动了加工贸易向周边"扇状转移"。说到底,加工贸易的经营模式,是成本导向的"游牧型经济",企业"逐水草而居",旨在追逐低廉的生产成本。因此,无论是从国际产业转移的大趋势来看,还是从中国区域经济协调发展的角度来看,加工贸易梯度转移都是十分必要的。

2) 转型与转移的两大方略

国家确定了加工贸易转型升级与梯度转移的两大方略,分列如下。

方略一:梯度转移3年工作总体目标(2007年—2010年)。2007年11月,商务部与国家开发银行共同公布了《商务部、国家开发银行关于支持中西部地区承接加工贸易梯度转移工作的意见》,明确了3年工作的总体目标:至2010年,培育中西部加工贸易重点承接地50个,使用政策性银行贷款总规模300亿元人民币,使中西部加工贸易年进出口额占中国加工贸易总额的比例提高到5%。

方略二:梯度转移重点承接地发展的7项指导意见。2011年12月16日,商务部、人力资源社会保障部、海关总署联合公布了《商务部 人力资源社会保障部 海关总署关于促进加工贸易梯度转移重点承接地发展的指导意见》(以下简称《指导意见》),由两部一署共同认定和培育加工贸易梯度转移重点承接地。现将该《指导意见》7个方面的内容要点分述如下。

(1) 承接地发展目标和基本原则。

① 发展目标。

通过市场引导和必要的政策扶持，在中西部地区和东部欠发达地区，培育若干具有比较优势的加工贸易梯度转移重点承接地，提高中西部地区加工贸易在中国加工贸易中的比重，促进区域经济协调发展，更好地扩大就业、改善民生。

② 基本原则。

五项原则：a. 坚持市场导向和政府推动相结合，促进资源要素的合理配置；b. 坚持承接转移和节能环保相结合，禁止开展"两高一资"（高能耗、高污染、资源消耗性）产品加工贸易业务，防止对环境造成不良影响；c. 坚持分类指导和重点突破相结合，防止低水平重复建设，实施重点突破，带动周边及上下游产业整体协调推进；d. 坚持存量调优和增量调强相结合，发挥存量规模优势，推进集群式发展，培育高技术产业与战略性新兴产业，大力发展生产性服务业，推进产业结构优化升级；e. 坚持发展产业和促进就业相结合，鼓励劳动者就地、就近转移就业和自主创业，实现经济发展与扩大就业的良性互动。

(2) 承接地发展优势特色产业。

四种产业：a. 大力承接劳动密集型产业（如纺织、服装、玩具、家电、轻工等），促进劳动力本地就业，建设劳动密集型产业接替区；b. 承接发展高新技术产业，发展电子信息、生物、航空航天、新材料、新能源等战略性新兴产业，促进高新技术产品出口；c. 积极承接发展配套产业，注重集群配套项目引进，加快产业集群的形成和发展；d. 发展生产性服务产业，积极发展与加工贸易相关的运输、仓储、物流、人力资源市场、检测维修等生产性服务产业，通过加工贸易带动生产性服务产业发展。

(3) 改善承接转移环境。

五种环境：a. 完善重点承接地基础设施建设（如园区七通一平、环境综合整治工程等），打造功能完善的承接平台；b. 强化承接转移公共服务支撑（如公共信息、公共试验、公共检测、技术创新等），规范发展技术评估、检测认证、产权交易、成果转化等中介机构；c. 加快通关便利化服务体系建设，推进分类通关和"属地申报、口岸验放"通关模式，提高通关效果；d. 支持重点承接地建立快速物流通道，开展多式联运，组织集装箱直达运输，增加集装箱分拨站，增加航空、铁路、水路货运线路、班次，满足物资流通需要；e. 改善经营环境，转变政府职能，简化办事程序，提高服务效率，避免出台不符合市场经济要求和世贸组织规划的政策，防止无序竞争，积极营造公平、有序的良好环境。

(4) 完善承接转移机制。

五种机制：a. 加快海关特殊监管区域的发展，包括产业配套设施、园区基础设施、保税监管场所、保税物流体系、信息互联互通，以降低企业物流成本；b. 引导转移产业向海关特殊监管区域集中，发挥政策和功能优势，引导大型加工贸易企业入区发展；c. 鼓励合作共建产业转移园区，通过委托管理、投资合作等形式，与东部地区或港、澳、台地区合作共建承接产业转移园区，探索承接产业转移新模式；d. 搭建承接平台，提升各类大型投资贸易会展活动的质量和水平，发挥各类行业协会、商会等中介机构的桥梁和纽带作用，有效开展承接转移促进活动；e. 加强资源节约和环境保护，提高土地投资强度和用地密度，发展循环经济，推行清洁生产，完善废水排放、废料处理、废物利用的科学管理制度，严格执行环保标准。

(5)强化人力资源支撑和就业保障。

三个加强：a.加强职业培训，包括资金投入、培训网络、实训基地建设，开展专项职业培训，组织加工贸易企业与技校、职业培训机构对口合作，形成人才定向培养机制；b.加强就业、创业服务和用工指导，健全公共就业服务体系，搭建便捷的就业服务平台，落实社保补贴、税收优惠、小额贷款等政策，鼓励加工贸易企业吸纳劳动者就业，对于自主创业的，及时提供创业服务，帮助创业者享受场地安排、小额贷款、税费减免等优惠政策，做好社会保险关系转移接工作，规范企业用工行为，建立健全的企业工资正常增长机制和支付保障机制；c.加强人才引进机制的建立，创新引进、使用、激励、服务保障机制，制订、发布紧缺人才目录，组织引才活动，引进高层次人才，吸引东部沿海地区和海外高层次人才在中西部地区落户。

(6)加强政策支持和引导。

四个支持：a.支持加大对重点承接地的资金投入，有条件的地区可设立承接转移专项资金，用于相关促进工作，充分利用各项扶持政策，支持承接地的公共服务平台建设、员工技能培训、招商引资、就业促进等相关工作；b.支持为重点承接地提供信贷和保险，国家开发银行发挥优势，为重点承接地提供投、贷、债、租、证等多种金融服务，中国进出口银行发挥优势，为加工贸易企业提供订单融资、应收账款融资，并在固定资产投资、产业整合、自主创新、国际物流等领域提供金融服务，中国出口信用保险公司，通过出口信用保险和国内贸易信用保险，为企业提供信用风险保障和融资便利；c.支持认定和培育承接加工贸易转移示范地，该示范地在条件相对成熟、发展较好的承接地中认定和培育，并加大政策支持和宣传推介力度，发挥典型示范和辐射带动作用；d.支持加快出口基地和外贸公共服务平台建设，支持出口产业集群申报国家外贸转型升级示范基地，支持建设公共技术研究平台、产品设计中心、检测中心和公共实验室等公共服务平台，鼓励加工贸易企业发展已建创新平台的社会化服务功能，提高本地区产业技术水平。

(7)加强组织领导。

四项组织活动：a.建立健全的组织领导工作机制，完善工作机制，明确责任制和目标考核，积极有效推动承接转移工作；b.加强承接地发展规划引导，明确发展目标、发展重点、空间布局、产业结构、生态环境、外贸发展等重大问题，全面提升综合竞争力；c.建立和完善评价体系，包括评价指标体系，实施考核机制，开展检测评价；d.加强经验推广，加强统计数据承接转移动态等信息的沟通和交流，搭建信息交流平台，建立健全的信息共享机制，加强对承接转移工作的指导、跟踪和评价，及时总结经验，并在全国推广。

3）梯度转移三项差异性促进政策

加工贸易梯度转移，是指优化加工贸易区域布局，即东部地区要"承外启内"，中部地区要"承东启西"，西部地区要开放，促进开发，扩大与周边国家的合作。也就是说，加工贸易梯度转移要采取差异性促进政策：①鼓励东部地区"腾笼换鸟"，提升开放型经济发展水平，加快从全球加工装配基地向研发、先进制造基地转变，并率先推进服务业开放和国际服务贸易先行先试，吸引国际服务业要素聚集；②扩大内陆开放，以中心城市和城市群为依托，以开放区为平台，发挥资源和劳动力比较优势，积极承接国际产业和东部产业转移，形成若干国际加工制造基地和外向型产业集群；③加快沿边开放，发挥地缘优势，加快重点口岸、边境城市和边境经济合作区、跨境经济合作区的建设，发展面向周边国家的特色外向型产业基地。实施上述三项差异性促进政策，将加快东、中、西地区的产业引导、合作及工业现代化进程，也将改变东部地区对外贸易占中国外贸总规模90%以上的局面。

4) 转型升级"微笑曲线"

加工贸易转型升级,是指加工贸易向产业链的高端发展,即加工贸易"微笑曲线",向前延伸到研发、设计、采购,向后延伸到市场销售、售后服务,实现供应链、产业链、价值链有机链接。简而言之,"微笑曲线"的两端分别是研发和品牌,代表高附加值;中间最低点是制造,代表低附加值。

5) 转型升级成效范例

实践说明,"技术谋变"成为转型升级的中心词,且转型成效显著。截至2011年底,世界500强企业中已有480家落户中国,共设立了7万多家加工贸易企业,分布在102个海关特殊监管区域,包括23个保税物流中心、764个保税仓库、116个出口监管仓库。这个"世界加工厂"解决了4000万人直接就业,占中国第二产业就业人数的20%。

与此同时,加工贸易加快"西进"。如全球第二大个人品牌电脑宏碁,于2010年12月落户重庆,加上原有的全球最大个人品牌电脑惠普体系的产业集群,重庆迅速形成"2+6+200",即2个品牌商、6个代工企业、200家配套厂商的笔记本电脑产业集群。再如,全球最大的电子产业专业制造商——富士康科技集团,于2010年10月在成都投资的第一个生产性项目正式宣布投产,投资总额达21亿美元,成为四川对外开放史上的一件大事。还有,2011年在第十二届中国西部国际博览会上,富士康与长虹集团签署了投资总额为5亿美元的"绵阳智慧手机协定",使得富士康入川的意义已不只是项目本身的引进,更重要的还有投资战略的延伸,以及带来的观念改变与国际化视野。

第三节 三资企业概述

一、三资企业的概念

所谓三资企业,是指在中国境内创办的中外合资经营企业、中外合作经营企业和外资企业,统称为外商投资企业,简称三资企业或外企。它是中国吸收外商直接投资的最主要方式。

1. 中外合资经营企业

中外合资经营企业(joint venture),即股权式合营企业(equity joint venture),它是依据中国法律在中国境内取得了中国法人地位的,由中外合资者共同投资、共同经营、共负盈亏、共担风险的有限责任公司,其主要特征如下。

(1) 中国的法人,即在中国登记注册的企业。经济法人享有盈利的权利,承担纳税的义务。

(2) 共同投资,即合资各方以现金、实物、工业产权(专利权、商标权等)、专有技术、场地使用权等作价出资,并计算股权。

(3) 共同经营,即合资各方共同组成本企业最高权力机构——董事会,企业实行董事会领导下的总经理负责制。

(4) 共负盈亏,共担风险,即合资各方按股权比例分担企业的盈亏和风险。

(5) 有限责任,即中外合资经营企业的组织形式为有限责任公司。有限责任指的是企业的债务责任以其资产总额为限,股东的债务责任以其出资额为限,股东之间相互不负连带责任。

中外合资经营企业属于纯资合团体性质（资合公司），而非以人的信誉为基础的无限公司（人合公司）。

2. 中外合作经营企业

中外合作经营企业（cooperation venture），即契约式合营企业（contractual joint venture）。契约，即合同，中国港台地区又称"合约"。中外合作经营企业是依据中国法律，由中外双方在中国境内建立的，以合同为基础的经济联合体或经济实体，又称合作生产企业（coproduction venture），或非股权式合营企业（non-equity joint venture），其主要特征如下。

（1）中外双方的合作条件、责任、权利、义务和风险，均由合同加以规定。

（2）投资方式灵活多样，不一定用货币计算股权比例。通常由中方提供土地、自然资源、劳动力和劳动服务或房屋、设施等，由外商提供资金、技术和设备等。

（3）组织形式自由，可以是具有法人地位的经济实体，也可以是不具有法人地位的松散的经济联合体。

（4）经营管理自由，可以建立董事会，也可以建立联合管委会；可以以一方为主管理，也可以委托第三方管理。

（5）收益分配、净利润按合同的约定进行分配。

（6）合同期满，外商在合同期限内先行回收投资的，企业的固定资产无偿归中方所有，不再同外商进行清算。

（7）企业的法律形式实行有限责任制，中外双方的债务责任仅以出资额为限。

3. 外资企业

外资企业（foreign-owned enterprises），是指依据中国法律在中国境内建立的、全部资本由外国投资者投资的企业。外资企业是国际投资的一种传统形式，也是国际投资的一种常用的有效形式，其主要特征如下。

（1）资本所有权人必须是外国人，包括相同国籍和不同国籍的外国人。

（2）企业资本必须全部是外资，包括参照《中华人民共和国外资企业法》实施细则办理的港澳台地区公司，企业和其他经济组织或者个人以及在国外居住的中国公民在大陆设立全部资本为其所有的企业，以及外商在中国境内以银行贷款投资所建立的企业（以外商自身的资信所获得的资本贷款为限）。

（3）企业的法律地位，不是外国的企业和外国的法人，而是中国的企业和中国的法人。

（4）企业的组织形式为有限责任公司，经批准也可以为其他责任形式。

（5）外商独家经营管理，权力独揽，自负盈亏，自担风险。

4. 外商投资企业称谓的规范化

值得指出的是，外商投资企业的称谓应予以规范化。在中国某些媒体的报道中，时有这样的错误发生，即把"外商投资企业"简称为"外资企业"，似乎外商投资企业等于外资企业。这是不妥的。这不仅造成基本概念、基本理论的误导，将混合所有制企业与单一资本主义所有制企业相混淆，而且也造成外商投资企业称谓逻辑的混乱。

溯及既往，有据可查。"外商投资企业"这一概念，最早出现于1986年10月11日发布的《国务院关于鼓励外商投资的规定》中。该规定的第二条称："国家鼓励外国的公司、企业和其他经济组织或者个人（以下简称外国投资者），在中国境内举办中外合资经营企业、中外合作经营企业和外资企业(以下简称外商投资企业)。"根据这一规定和随后的有关法律法规及规章中的规定,可以明确看出,"外商投资企业"已经成为一个经济和法律的概念,它包括几种企业类型,而"外资企业"只不过是三种企业类型之一。因此,不可以将"外商投资企业"简称为"外资企业"。

另据考证,1998年,国家工商行政管理总局、国家统计局联合发布了《关于划分企业登记注册类型的规定》。该规定明确规定了"外商投资企业"包括四种企业类型,即中外合资经营企业、中外合作经营企业、外资企业和外商投资股份有限公司。该规定与12年前颁布的《国务院关于鼓励外商投资的规定》相比,将"外商投资企业"的内涵与外延均扩大了。内涵扩大,是指"外商投资企业"的组织形式由过去只是有限责任公司,扩大到现在可以是股份有限公司;外延扩大,是指"外商投资企业"的概念由过去包括三种企业类型,扩大到现在包括四种企业类型。这些变化是形势发展、与时俱进的结果。很显然,从《关于划分企业登记注册类型的规定》中可以看出,"外资企业"只是"外商投资企业"的类型之一,而不能涵盖全部外商投资企业类型。

还要指出的是,中国"外商投资股份有限公司"自1997年开始设立至今,占外商在华投资企业总数的比例甚微,且发展速度缓慢。因此,"外商投资企业"这一概念,主要是指中外合资经营企业、中外合作经营企业、外资企业三种企业类型,故称"三资企业",或简称"外企"。但不可以将"外商投资企业"简称为"外资企业"。外商投资企业的规范化称谓表示如图8-4所示。

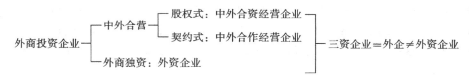

图8-4 外商投资企业的规范化称谓表示

二、发展三资企业的意义

自1980年4月10日第一家中外合资经营企业批准建立以来,至今38年,中国从零开始,发展成为全世界吸收外资最多的国家之一,1993年以来,连年居发展中国家首位,至2011年末,累计设立外商投资企业73.788 9万家,实际吸收外商直接投资超过11 626.8亿美元。近年来,平均每年实际利用外资的规模在1000亿美元左右,对华投资的企业来自世界近200个国家和地区,世界500强企业中有480多家在华有投资。投资领域在扩大,投资形式也有了新的变化。外商直接投资在中国国民经济中的比重越来越大,已经成为国民经济新的增长点。实践证明,外商直接投资为中国经济科学发展提供新的强大动力,在中国现代化建设的过程中起着重要的积极作用。

这些积极作用可以概括为六个方面:一是有利于弥补国内建设资金的不足;二是有利于引进先进技术,促进产业升级;三是有利于吸收先进的企业经营管理经验;四是有利于创造更多的就业机会和增加国家的财政收入;五是有利于促进对外贸易和对外经济合作的发展;六是有利于社会主义市场经济体制的建立和完善。现逐一分析如下。

1. 弥补国内建设资金的不足

第一,经济理论说明,发展中国家利用外资弥补国内资金不足是必要的。中国是发展中国家,现正处于社会主义初级阶段,从发展生产力的需要出发,将长期存在着发展中国家共有的问题,即资本不足。也就是说,存在着"双缺口":一是投资与储蓄之间的缺口(储蓄缺口),二是进口与出口之间的缺口(外汇缺口)。由于投资、储蓄、进口、出口这些因素都是独立变动的,因此,这两个缺口之间往往不能平衡。为了不减缓经济发展速度,只能在缺口之外寻找财源,填补缺口,使其达到平衡。这就是利用外资。

第二,利用外资也是邓小平理论的重要组成部分,是对外开放基本国策的重要内容,是建设有中国特色社会主义市场经济的伟大实践之一。邓小平指出:"对外开放具有重要意义,任何一个国家要发展,孤立起来、闭关自守是不可能的,不加强国际交往,不引进发达国家的先进经验、先进科学技术和资金,是不可能的。"他又指出:"不开放不改革没有出路,国家现代化建设没有希望。"

第三,利用外资是公有制实现形式之一。例如,在中国正在运作的几十万家三资企业的资产总额中,多半为国有和集体成分。这种混合所有制下的公有制实现形式,是用公有资产调动了更多的国外资本,实现了公有经济成分的资产重组和结构调整,提高了资产的运行效益,并在多种所有制经济共同发展中实现了公有资产的保值增值。

第四,实践说明,中国每年实际利用的外资占全国社会固定资产投资完成额的比重在逐年上升,外商来华投资办企业,以现金、实物、工业产权、专有技术等作为资本投入,不仅弥补了国内资本的不足,而且扩大了中国的生产规模,增强了工业发展后劲,促进了国民经济建设的持续快速发展。如兴办了一批国民经济发展急需的项目,其中有广东的大亚湾核电站(内地与香港合资)、山西平朔安太堡露天煤矿(中美合作)、广深珠高速公路(内地与香港合作)、海南洋浦的成片开发土地等,这些项目都是国民经济发展的"瓶颈",且投资额大,建设期长,国内资金投入是"杯水车薪",很难奏效。

2. 引进先进技术,促进产业升级

第一,有利于引进先进适用的技术。在外商投资办企业的过程中,由于合营双方的经济利益紧密相连,因此,外商十分关心企业产品的先进性和国际市场的竞争性,一般而言,是愿意将先进技术投入企业的,由此可使企业引进相当数量的先进适用的技术,其中有许多是用许可证贸易方式所不可能得到的。

第二,有利于引进动态技术。所谓动态技术,它是相对于静态技术而言的,它不是一次性技术(或不变的技术),而是不断改进中的技术。外商来华创办三资企业,特别是生产型企业,一般都有技术出让。企业不但取得技术秘密出让方已经成熟的技术成果,而且得到整个经营期内出让方动态技术的入股,实现动态技术引进,这也是一般许可证贸易方式办不到的。如北京吉普汽车有限公司(BJC),美方合作者以动态技术入股,在合营期内连续不断地向BJC提供现有的和随后发展的先进技术,使北京"Jeep"始终立于技术潮头。

第三,有利于促进产业升级。由于企业新技术的使用,特别是三资企业中的先进技术企业,对国内其他企业提高技术、更新产品都产生了示范效应和辐射作用,带动了国内产业技术的改造和进步,缩短了与国际先进技术水平之间的差距,促进了产业升级和经济增长。如中法合营王朝葡萄酿酒有限公司引进法国冷发酵酿酒工艺、设备和菌种,使中国传统的葡萄酿酒生产周期由三年缩短为两三个月;又如中国的电子、汽车等工业引进了国际上先进的技术,使得中国能用四五年的时间缩短了与发达国家近二十年的差距。

3. 吸收先进的企业经营管理经验

第一,经营管理是一门科学。资本主义的经营管理有其科学的一面,诸如认真进行市场调查,严格管理产品质量,讲究"少投入、多产出",追求最大的投资利润率,注意非价格竞争等,这些都是各国所公认的。

第二,吸收先进的经营管理经验的方法是:中国的三资企业,一般由外商派来总经理、技术专家和专业管理人员,从母公司带来一套科学的管理方法,中国企业家在同他们共事的过程中,耳濡目染,可以学到许多现代经营管理的知识和经验,从而推动中国现代企业制度的建立、管理方式的改革和经营管理水平的整体上升。

第三,从示范效应看,中国的三资企业为加速企业发展,在体制和管理机制方面都做了一系列改革,主要包括:领导体制和组织机构的改革、劳动人事制度的改革、员工培训制度的改革、工资制度的改革、经营管理制度的改革等。如北京建国饭店吸收香港半岛酒店的管理经验,结合我国的具体情况,形成了一套有自己特色的科学管理办法,并在各旅游饭店中推广,带动了整个行业经营管理水平和服务水平的提高。

4. 创造更多的就业机会和增加国家的财政收入

第一,从创造就业机会看,每兴办一家三资企业,都要招收一批职工,加上与三资企业协作的单位的职工,就业人员就更多了。目前,三资企业直接从业职工达到4000万余人。随着就业面的扩大,职工的收入也会相应得到增加。

第二,从增加财政收入看,由于每一家三资企业都是义务纳税法人,国家的税收将随着企业的增加而增加,这些税收是国家财政收入的一个重要来源。据统计,涉外税收占全国工商税收的比重在20%以上,而来自三资企业的税收占涉外税收的比重在98%以上。这就是说,在中国的涉外税收中,三资企业的税收不仅是最主要的源头,而且对中国财政收入的贡献越来越大。

5. 促进对外贸易和对外经济合作的发展

第一,三资企业在中国外贸企业中占有重要地位。法律赋予三资企业有经营自身产品进出口贸易的权利。因此,每兴办一家三资企业,等于在法定的经营范围内兴办一家专业进出口公司。统计表明,三资企业占全国各类外贸企业总数的96%以上。

第二,三资企业自营进出口额在全国进出口总额中占有重要比重。三资企业的产品主要面向国际市场,出口程度最高达100%,有的达90%或80%。四十多年来,中国对外经济贸易高速增长,1978年中国外贸总额只有206亿美元,排名世界第32位,而2011年中国外贸总额已达36 423.7亿美元,增长了176倍,成为世界第一大贸易国。现在两天的进出口额,就相当于1978年全年的进出口额。中国对外贸易在世界贸易中的地位之所以上升,重要因素是日益增长的三资企业出口额的拉动(2011年外企进出口占比为51%)。

第三,从促进对外经济合作方面来看,吸引外资,特别是海外营销网络促进了中国经济与世界经济的融合,使中国在参与经济全球化的过程中取得了快速发展,不仅进一步开拓了国外市场,提升了商品出口的竞争力,而且促进了对外经济合作项目的迅速增长与发展。2002年到2007年,中国对外直接投资从27亿美元增加到187亿美元,投资额排名世界第13位,居发展中国家首位,近5年年均增长47%。由此,形成了对外贸易和对外经济合作的良性互动关系。

6. 有利于社会主义市场经济体制的建立和完善

第一,市场经济有其共性。也就是说,市场经济并不具有社会制度的属性,不存在姓"资"和姓"社"的问题。市场经济的共性表现为:①承认个人和企业等市场主体的独立性;②建立具有竞争性的市场体系,如生产资料市场、货币金融市场、劳务市场、技术市场、信息市场、人才市场、房地产市场、企业产权市场、拍卖市场、国际市场等众多市场的有机结合,便形成了市场体系;③建立有效的宏观经济调控体系;④必须有完备的经济法规,保证经济运行的法治化;⑤遵守国际经济交往通行的规则和惯例。

第二,社会主义市场经济有其个性。社会主义市场经济是社会主义条件下的市场经济的简称。社会主义市场经济的个性表现为:①社会主义市场经济是在以公有制为主体、多种所有制经济共同发展的基本经济制度下运行的;②坚持以按劳分配为主体、多种分配方式并存的分配制度;③有"发展生产""共同致富"的社会主义原则;④不能够搞完全自由放任的自由市场经济。总之,社会主义市场经济的本质特征是:政权的性质是社会主义,由共产党领导,以公有制为主体,有共同富裕的原则。

第三,三资企业在开放经济中崛起,在市场经济中求生存、求发展。它是非公有制经济和混合所有制经济的重要市场主体,是把公有制和非公有制结合起来的寻找能够发挥市场优势、极大地促进生产力发展的所有制实现形式。国家对各类所有制企业都是一视同仁的。2018年3月11日第十三届全国人民代表大会第一次会议通过的《中华人民共和国宪法修正案》第十六条明确指出:"在法律规定范围内的个体经济、私营经济等非公有制经济,是社会主义市场经济的重要组成部分。"三资企业理所当然也是社会主义市场经济的重要组成部分。三资企业越发展,就越能够发挥市场优势,越有利于社会主义市场经济体制的建立和完善,使市场在国家宏观调控下对资源配置起基础性作用,并有利于促进人们的思想解放和观念更新。

三、中国三资企业的发展

1. 中国三资企业分阶段发展概况

截至2011年底,三资企业的发展基本上可以分为四大阶段,现列表归纳说明,如表8-3所示。

表8-3 中国三资企业发展的四大阶段(1979—2011)

	总量	起步阶段 (1979—1986)	开拓发展阶段 (1987—1991)	高速发展阶段 (1992—1999)	转型期发展阶段 (2000—2011)
项目数/个	737 889	7819	34 208	299 035	396 827
实际利用外资 金额/亿美元	11 626.4	65.55	167.53	2825.75	8567.57

注:上述统计数据截至2011年底。

表8-3反映了中国三资企业发展的综合状况。下面将分阶段评述三资企业发展的主要背景,核心是变化中的投资环境,焦点是投资软环境。良好的投资环境,特别是投资软环境,是一个国家社会进步的重要标志和经济发展的重要保证,也是国际竞争力的重要体现。投资软环境的主要内容包括:稳定透明的政策环境、统一开放的市场环境和规范高效的行政环境。具体评述如下。

1) 起步阶段(1979—1986)

1978年党的十一届三中全会被喻为"社会主义时期的遵义会议"。此次全会实现了伟大的历史转折,把党的工作重心转移到经济建设上来,确定了改革开放的基本方针。改革开放方针的确立,是中国改革开放进程中的第一次历史性突破,为中国参与经济全球化奠定了思想理论基础,并从此拉开了外商在华直接投资的序幕。在该阶段,由于中国水、路、电、通信等基础设施还比较落后,有关利用外资的立法还很不完善,人们的思想观念尚未完全转变,办事效率比较低,外商对于在华投资还有很多顾虑。因此,该阶段外商基本上持试探的态度,在华投资较少,徘徊不前,且起落不定。

统计显示,在起步阶段的8年时间里,年均成立三资企业977家,年均协议利用外资金额23.9亿美元,年均实际利用外资金额8.2亿美元。

2) 开拓发展阶段(1987—1991)

进入20世纪80年代中期以后,中国在加快基础设施建设的同时,也加快了有关外商在华直接投资的立法,相继颁布了一些法律、法规和规章。特别是1986年4月12日第六届全国人民代表大会第四次会议通过了《中华人民共和国外资企业法》,1986年10月11日国务院制定并颁布了《国务院关于鼓励外商投资的规定》,1988年4月13日第七届全国人民代表大会第一次会议通过了《中华人民共和国中外合作经营企业法》;与此同时,第七届全国人民代表大会第一次会议对1982年颁布的《中华人民共和国宪法》做了第一次修订,肯定了私营经济的地位,允许土地使用权依法转让。这些重要的法律法规的出台,如同航海中闪烁的灯塔与航标,改善了中国的投资环境,增强了外商的投资信心,从而促进了外商在华直接投资的开拓性发展。

统计显示,在开拓发展阶段的5年时间里,年均成立三资企业6841家,年均协议利用外资金额66.4亿美元,年均实际利用外资金额33.5亿美元。该阶段的上述三项指标,均比第一阶段有了显著增长。

需要指出的是,1979年至1991年期间,中国利用外资以间接外资为主,使用国外政府、银行和国际金融组织贷款占吸收外资的65%左右,外商直接投资占33%左右。1991年当年,中国对外借款68.9亿美元,外商直接投资只有43.7亿美元。这一时期,中国关税水平较高(1991年为40%以上),进出口配额许可证管理商品范围较广(1991年进口许可证商品金额约占39%)。为扩大开放和吸收外商直接投资,中国实行了来料和进料加工等特殊海关监管下的加工贸易政策。

3) 高速发展阶段(1992—1999)

进入20世纪90年代以后,特别是1992年邓小平同志的南方谈话,扫清了改革开放的理论障碍和思想障碍。同年,党的十四大提出了加快改革开放的方针和政策,确立了经济体制改革的目标是国家实行社会主义市场经济——这是中国改革开放进程中的第二次历史性突破,为中国参与经济全球化提供了体制基础。1993年第八届全国人民代表大会第一次会议对1982年颁布的《中华人民共和国宪法》做了第二次修订,明确规定国家实行社会主义市场经济。这使得中国新的经济体制取得了法律地位,得到了宪法保障。

与此同时,中国加快了对外开放的步伐,在沿海开放的基础上,1992年相继实施沿江(开放重庆等6个沿江港口城市)、沿边(开放满洲里等14个陆地边境城市)、沿交通干线及内陆省会全面开放战略,并实施灵活的鼓励外商投资的区域经济政策。至此,全国基本形成了对全世界开放的格局,为大力发展与世界各国(或地区)的经贸合作,特别是为吸收外商直接投资的高速发展奠定了坚实的基础。

1997年,党的十五大强调对外开放是一项长期的基本国策,要大力发展开放型经济。1999年第九届全国人民代表大会第二次会议对1982年颁布的《中华人民共和国宪法》做了第三次修订,把邓小平理论的指导思想地位、依法治国这一治理国家的基本方略、社会主义初级阶段的基本经济制度和分配制度,均写入宪法,将其提升到宪法的高度,向世界表明了中国改革开放的郑重态度。

在这种良好的投资环境的吸引下,外商在华直接投资呈飞跃性发展,尤其是1992年新成立的三资企业为48 764家,等于前13年成立的三资企业数的总和。1993年新成立的三资企业为83 437家,是中国改革开放以来新建三资企业数量最多的一年。正是从这一年开始,中国吸引外商直接投资金额连年在发展中国家名列榜首,并居世界第二位。

统计显示,在高速发展阶段的8年时间里,年均成立三资企业37 342家,年均协议利用外资金额701.4亿美元,年均实际利用外资金额353.2亿美元,这三项指标均比第二阶段有了飞跃性增长。

4) 转型期发展阶段(2000—2011)

1999年11月和2000年5月,中美和中欧先后签署关于中国加入世贸组织的双边协议,中国申请加入世贸组织的谈判,终于迈过了最高的门槛,扫除了最大的障碍。经过长达15年艰难而曲折的历程,中国在2001年12月11日成为世贸组织第143个成员。

加入世贸组织,成为中国全面参与经济全球化的新起点,是中国改革开放进程中的第三次历史性突破,标志着中国对外开放进入了一个新阶段。

在新的阶段里,中国开放经济要实现三个转变:①由有限范围和有限领域内的开放,转变为全方位开放;②由以试点为特征的政策性开放,转变为法律框架下的可预见性开放,即按承诺的时间表开放;③由单方面为主的自我开放("引进来"),转变为中国与世贸组织成员之间的双向开放("走出去")。

在新的阶段里,中国继续贯彻积极、合理、有效利用外资的方针,进一步提高利用外资的质量和水平。为此,中国利用外资工作相应做出战略调整,即利用外资要实现三个转变:①从过去以吸引资金为主,向更注重引进先进技术、现代化管理和优秀人才转变;②从过去只注重引进加工工业,向建立高新技术产业转变;③从过去只注重工业方面利用外资,向服务贸易领域转变。

加入世贸组织兑现承诺,中国下大功夫改善投资软环境。如2000年和2001年相继修订了外商投资企业三部主体大法,2002年出台了新的《指导外商投资方向规定》,2004年第十届全国人民代表大会第二次会议对1982年颁布的《中华人民共和国宪法》做了第四次修订,把"三个代表"重要思想、保护公民的私有财产权和继承权、国家建立健全的同经济发展水平相适应的社会保障制度、国家尊重和保障人权,均写入宪法,将其提升到宪法的高度,中国投资政策的日趋自由化和透明度,投资保护与投资促进措施的不断完善,全国开展的规范市场经济秩序、打击假冒伪劣的活动,更好地保护中外投资者的知识产权,进一步提升政府的办事效率等,都是中国对外商投资家们的魅力所在。2003年,中国接受外商直接投资535亿美元,首次成为全球接受直接投资最多的国家。

入世6年(2001—2006),中国对外开放凸显三个重大转变:①区域性推进的对外开放转变为全方位的对外开放;②开放领域由传统的货物贸易向服务贸易延伸;③市场准入条件更加法制化,更加透明和规范。这些变化大大改善了投资环境,开拓了投资空间和渠道,为外商在华投资提供了新的转型发展机遇。

在转型期发展阶段,外资的质量和水平均有较大提升。外商,特别是欧美、日本和韩国的跨国公司,在对华投资规模大、产业新、领域广的基础上,开始呈现出新的战略调整,表现为如下两个方面。

一是投资领域发生重大变化。他们在继续投资制造业,使中国成为"世界工厂"的同时,对已有的项目进行整合,将各大生产线、各大产品线、各个事业部门进行排序,舍弃没有优势的部分,控股有优势的部分,且用其全球通行的管理模式对中国公司进行管理。目前,日用化工和家电行业的跨国公司基本完成了这种整合,汽车业跨国公司的整合正在进行之中。跨国公司的这种资源整合,将使其投资目标战略化、投资结构产业化、投资产品系列化、投资趋向配套化,并注重投资研究与开发以及生产服务业,包括金融、分销、电信等领域。

二是投资方式发生新的变化。他们在继续采用设立三资企业这一外商直接投资最主要方式的同时,正在启用新的投资方式(如外商投资股份制企业),并探索通过兼并和收购来进入中国市场(如美国艾默生电气公司收购华威集团下属的电器企业便是其中一例)。值得注意的是,并购在全球跨国投资中占67%左右,而在中国年均550亿美元左右的投资中只占5%~6%,95%左右还是绿地投资,这种局面正在改变之中。

值得指出的是,目前中国利用外资的资金和外汇"双缺口"动因似乎消失了,引资到了转型关键期。然而,所谓"转型",并非是从鼓励转向不鼓励,而是从重数量转向重质量,从"招商引资"转向"招商选资"。

2. 中国三资企业发展评析

1) 三资企业发展特征

中国三资企业的发展特征可以归结为一点,就是经历了四个阶段(见表8-3)和三次高潮(见表8-4)。

表8-4 中国三资企业发展的三次高潮

	第一次高潮 (1984年出现)		第二次高潮 (1988年出现)		第三次高潮 (1992年出现)	
	1984年	比1983年增长	1988年	比1987年增长	1992年	比1991年增长
项目数/个	1856	295%	5945	166%	48 764	276%
协议利用外资金额/亿美元	26.51	53%	52.97	43%	581.24	385%
实际利用外资金额/亿美元	12.58	98%	31.94	38%	110.07	152%

中国三资企业发展出现三次高潮的原因分析如下。

(1) 第一次外商投资高潮(1984年出现)。

由表8-4可见,1984年批准三资企业数比1983年增长约3倍。这是在中国外商投资企业起步阶段中出现的高潮期。其原因是:①国民经济因改革开放连续5年(1979—1983)出现两位数高增长,市场需求旺盛;②中国外贸出口连续5年以超过国民经济增长的速度增长,连年顺差,国际支付能力增强;③1983年国务院召开了第一次全国利用外资工作会议,总结了对外开放以来利用外资的初步经验,统一认识,进一步放宽了利用外资的政策。

(2) 第二次外商投资高潮(1988年出现)。

由表8-4可见,1988年批准三资企业数比1987年增长约2倍。这是在中国外商投资企业开拓发展阶段中出现的高潮期。其原因是:①国家坚持改革开放政策不变,并进一步扩大开放,鼓励外商投资;②治理整顿国民经济,控制了物价,市场出现繁荣;③鼓励外商投资企业出口,开放外汇调剂市场,方便了三资企业经营和利润汇出。

(3) 第三次外商投资高潮(1992年出现)。

由表8-4可见,1992年批准三资企业数比1991年增长约3倍,比改革开放13年(1979—1991)以来批准三资企业数的总和还要多。1993年新增三资企业8万多家,是历史最高水平。这是在中国外商投资企业高速发展阶段中出现的高潮期。其原因是:①以1992年邓小平同志南方谈话为标志,对外开放进入扩大阶段,这一时期中国确立了社会主义市场经济体制的改革目标,外贸体制改革、外汇管理体制改革等均取得了重大进展,外商投资大规模进入,对外贸易持续增长,"走出去"战略开始实施,对外开放由沿海扩大到内地,浦东开发取得了成功,商业零售、银行、保险、证券、电信等开始对外开放;②国民经济稳定增长,"八五"期间仍呈两位数增长,市场繁荣,外汇储备增加较快,国际支付状况明显好转;③中国政局稳定,和平与发展是世界的主流,20世纪90年代西方国家产业结构继续调整,其一般性产业大量向外转移,为中国吸引外商投资提供了机遇。

2) 第三次外商投资高潮的新特点

自1992年出现第三次外商投资高潮以来,至1999年的8年时间里,外商在华投资呈现出一些新的特点,这些特点主要是:

(1) 外商投资项目数自1994年以来连续6年下降。

(2) 外商实际投资金额连续6年有所增长。

(3) 外商投资项目规模趋向大型化。大项目增加较快,项目平均协议外资金额,1992年为119万美元,1993年为133.6万美元,1994年为171.2万美元,1995年增至246.6万美元,1996年更增至298.4万美元。

(4) 来华投资的世界大跨国公司(包括国际金融资本集团)增多(目前已有400多家),在利用外资总量中的比重有所提升。

(5) 外商投资的质量有所提高,投资结构有所改善。长期以来,外商直接投资项目绝大多数为"短、平、快、小",但1992年以后,新批项目中的资金密集型项目和技术密集型项目明显增加,国家鼓励类项目增加较多,限制类项目减少,基础产业项目和基础设施项目成为外商投资的热点。

(6) 外商投资的地域结构有较大变化。继沿海开放战略之后,随着沿江、沿边、沿交通干线及内陆省会开放战略的实施,在全方位、多层次、宽领域对外开放新格局和外商投资新导向的作用下,吸引了更多的外资投向中国中西部地区。

3) 三资企业发展过程中的突出问题

在发展三资企业的实践中,中国积累了一些有益经验,也出现了一些不可忽视的问题,较突出的是:

(1) 外商投资结构不尽合理,一些行业、产品存在低水平的重复建设和过度竞争问题。

(2) 部分三资企业违法违约,一些合资企业的中方权益受损,国有资产流失,劳资纠纷时有发生。

(3) 实际投入外资的技术含量不太高,高新技术和关键技术比较缺乏。

(4) 部分地区引进外资偏于重数量、轻质量,重争办、轻管理,重硬件投入、轻软件建设,等等。

4）三资企业发展面临的新的机遇和挑战

新的机遇是：从国内看，随着中国成功加入世贸组织，以及社会主义市场经济体制的建立和完善，中国政治稳定，经济实现了高增长、低通胀，市场前景广阔，科技和经济发展潜力很大，人民币币值稳定，外汇储备充实，综合成本较低，有条件继续成为外商投资的热点地区；从国际看，科学技术日新月异，世界各国产业结构的调整和转移加速，跨国直接投资的持续快速增长，为中国经济结构调整和产业升级提供新的机遇。

新的挑战是：从国内看，我们应当清醒地认识到，相对于经济规模和人口规模而言，中国吸收外资的数量和质量仍处于低水平，利用外资的水平仍然不高，还有很多工作跟不上，进一步做好利用外资工作的任务十分艰巨；从国际看，"9·11"事件后，反恐斗争形势复杂多变，2008年金融危机以来，贸易壁垒、投资壁垒日益加剧，世界经济区域化趋势在不断增强，这些变化增加了影响全球资本流向的不确定因素，世界经济的全球化也使各国吸引国际资本，特别是跨国公司直接投资的竞争日趋激烈，这又为中国利用外资的工作提出了新的挑战。

5）中国利用外资的方针

对外开放是中国的一项长期的基本国策，强调利用外资的方针是积极、合理、有效。积极，就是进一步解放思想，进一步拓宽视野，认真改善、利用外资环境，保持外资的稳定增长；合理，就是按照国民经济发展的总体要求引导外资投向，优化利用外资结构，扬长避短，趋利避害；有效，就是提高利用外资的质量和效益，进一步增强中国的综合国力和国际竞争力。积极是前提，合理是关键，有效是目的。

6）发展三资企业应采取的措施

针对三资企业在发展过程中的突出问题及其面临的机遇和挑战，发展三资企业应采取的相应措施包括以下五个方面。

（1）办好现有的三资企业，依法保护外商投资企业的权益，实行国民待遇。

（2）大力改善投资环境，特别是注重改善投资的软环境，如加强法治建设、保护知识产权、大力培养人才（特别是高水平的专业人才）、实施高效的管理与服务。

（3）为了吸引更多的外商来华投资，仍需制定一系列优惠政策。例如：鼓励外资投向农业、基础工业、基础设施、支柱产业及高新技术产业，对高新技术项目、国家产业政策鼓励项目及进口自用设备实行进口税收优惠；引导外商向中西部地区投资，促进地区经济合理布局和协调发展；以市场换技术，加大先进适用技术的引进力度；进一步开放国内市场，兑现入世承诺，有步骤地推进服务业利用外商投资等。

（4）加强对外商投资企业的监督管理，重点抓好税收管理、合同履行和劳动者权益的保护，维护中外双方合法权益。

（5）借鉴符合国际规范的办法，维护国内市场竞争秩序，注意保护自己，避免过度竞争，等等。

总而言之，以邓小平理论、"三个代表"重要思想、科学发展观及习近平新时代中国特色社会主义思想为指导，按照国家总体部署，加快实现从计划经济到市场经济、从粗放型增长到集约型增长的"两个根本性转变"，进一步扩大对外开放，继续坚定不移地吸收外商直接投资，重优化结构、重质量、重效益，开创21世纪积极、合理、有效利用外资的新局面。由此可以预言，中国三资企业的发展必将高潮迭起，保持兴旺势头，从而有利于国民经济持续、快速、健康发展和社会全面进步。

参考文献

[1] 宁凌,唐楚生. 现代企业管理[M]. 北京:机械工业出版社,2011.
[2] 王方华. 市场营销学[M]. 上海:上海人民出版社,2007.
[3] 吴健安. 市场营销学[M]. 4版. 北京:清华大学出版社,2010.
[4] 张玉利. 管理学[M]. 2版. 天津:南开大学出版社,2004.
[5] 赵景华. 现代管理学[M]. 济南:山东人民出版社,1999.
[6] 张德. 人力资源开发与管理[M]. 北京:清华大学出版社,1996.
[7] 刘宁杰,杨海光. 企业管理[M]. 2版. 大连:东北财经大学出版社,2008.
[8] 郭克莎. 中国最有影响的企业案例 管理[M]. 北京:商务印书馆,2004.
[9] 李小红. 市场营销学[M]. 北京:中国财政经济出版社,2006.
[10] 吴贵生. 技术创新管理[M]. 北京:清华大学出版社,2000.
[11] Peter F. Drucker. Innovation and Entrepreneurship[M]. New York:Harper Business,2006.
[12] 吴照云. 管理学原理[M]. 3版. 北京:经济管理出版社,2001.
[13] 李玉刚. 战略管理[M]. 2版. 北京:科学出版社,2009.
[14] 施金龙. 企业战略管理[M]. 北京:中国电力出版社,2009.
[15] 黎孝先. 国际贸易实务[M]. 4版. 北京:对外经济贸易大学出版社,2007.
[16] 韩经纶. 国际贸易基础理论与实务[M]. 3版. 天津:南开大学出版社,2006.
[17] 吴薇. 国际贸易实务[M]. 北京:对外经济贸易大学出版社,2007.
[18] 〔美〕David H. Holt,Karen W. Wigginton. 跨国管理[M]. 2版. 王晓龙,史锐,译. 北京:清华大学出版社,2005.
[19] 曹洪军. 国际企业管理[M]. 北京:科学出版社,2008.
[20] 方虹. 国际企业管理[M]. 北京:首都经济贸易大学出版社,2006.
[21] 梁能. 国际商务[M]. 上海:上海人民出版社,1999.
[22] 王坚平. 国际企业管理学[M]. 北京:科学出版社,2000.
[23] 朱勇国. 国际人力资源管理[M]. 北京:中国人事出版社,2006.
[24] 吴拓. 现代企业管理[M]. 2版. 北京:机械工业出版社,2009.
[25] 陈秋元. 现代企业管理[M]. 北京:经济科学出版社,2003.
[26] 邓建成. 新产品开发与技术经济分析[M]. 北京:化学工业出版社,2001.
[27] 张永成. 人力资源管理革命[M]. 武汉:武汉大学出版社,2006.
[28] 谢明荣. 现代工业企业管理[M]. 南京:东南大学出版社,2000.
[29] 于卫东. 现代企业管理[M]. 2版. 北京:机械工业出版社,2010.
[30] 杨怀印. 企业文化学[M]. 长春:东北师范大学出版社,2000.

[31] 郭咸纲.西方管理学说史[M].北京:中国经济出版社,2003.
[32] 于桂兰,魏海燕.人力资源管理[M].北京:清华大学出版社,2004.
[33] 〔美〕弗雷德·R.戴维.战略管理[M].8版.李克宁,译.北京:经济科学出版社,2001.
[34] 张德.人力资源开发与管理[M].3版.北京:清华大学出版社,2007.